UNIVERSITÉ DE FRANCE

ACADÉMIE DE DOUAI. — FACULTÉ DE DROIT

DE LA

LÉGISLATION DU THÉATRE

A ROME ET EN FRANCE

THÈSE POUR LE DOCTORAT

PAR

Albert GUICHARD

Avocat,

Laureat de la Faculté de Droit de Douai.

LILLE

IMPRIMERIE LEFEBVRE-DUCROCQ

rue Esquermoise, 57.

1880

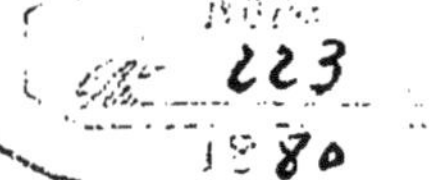

UNIVERSITÉ DE FRANCE

ACADÉMIE DE DOUAI. — FACULTÉ DE DROIT

THÈSE

POUR

LE DOCTORAT

L'acte public sur les matières ci-après sera soutenu le vendredi 28 mai 1880, à trois heures de l'après-midi,

PAR

Albert GUICHARD,

Avocat,

Lauréat de la Faculté de Droit de Douai.

Le Candidat devra en outre répondre à toutes les questions qui lui seront faites sur les autres matières de l'enseignement.

PRÉSIDENT : M. DANIEL DE FOLLEVILLE, doyen;

SUFFRAGANTS : MM. FÉDER, professeur;
DANJON, JOBBÉ-DUVAL, MICHEL, CHEVALLIER, agrégés, chargés de cours.

LILLE

IMPRIMERIE LEFEBVRE-DUCROCQ

rue Esquermoise, 57.

1880

FACULTÉ DE DROIT DE DOUAI

MM.

DANIEL DE FOLLEVILLE ✿, doyen, professeur de code civil et de droit des gens.

DRUMEL ✿, député, professeur de droit romain.

FÉDER, professeur de code civil et d'enregistrement.

DANJON ✿, agrégé, chargé d'un cours de code civil.

POISNEL-LANTILLIÈRE, agrégé, chargé d'un cours de droit romain.

JOBBÉ-DUVAL, agrégé, chargé du cours de droit administratif.

BEAUREGARD, agrégé, chargé du cours de droit commercial et du cours d'histoire du droit.

MICHEL, agrégé, chargé d'un cours de droit romain et du cours sur les Pandectes.

FAURE, agrégé, chargé du cours d'économie politique et d'un cours sur une matière approfondie du droit français.

GARÇON, docteur en droit, chargé du cours de législation criminelle.

PIÉBOURG, docteur en droit, chargé d'un cours complémentaire de code civil.

LEPOITTEVIN, docteur en droit, chargé du cours de procédure civile.

BASTID, docteur en droit, chargé d'un cours de Pandectes.

CHEVALLIER ✿, docteur en droit, chargé d'un cours complémentaire de code civil.

VALLAS, docteur en droit, chargé d'un cours de droit romain.

DOYEN HONORAIRE. — M. BLONDEL ✿ ✱ (I. P.), conseiller à la Cour de cassation.

MOREL, licencié en droit, secrétaire, agent comptable.

COUSIN, licencié en droit, bibliothécaire.

A M. J. CHAUDRON

Ingénieur Principal Honoraire du Corps des mines Belge,
Officier de l'Ordre de Léopold, Chevalier de la Légion-d'Honneur etc..., etc.

DE LA

LÉGISLATION DU THÉATRE

A ROME

INTRODUCTION

A l'heure où Juvénal, résumant dans un vers fameux les aspirations de ses contemporains, s'écriait que le peuple de Rome ne demandait à ses maîtres que du pain et des spectacles, le souvenir du caractère sacré de l'institution des jeux scéniques s'était considérablement affaibli sous l'influence des siècles, et l'on s'était accoutumé peu à peu à ne voir dans ces cérémonies du culte qu'un amusement frivole et profane.

Chez les Romains cependant, le théâtre avait eu, comme chez les Grecs, une origine religieuse. Pendant longtemps, cette nation belliqueuse, uniquement occupée de guerres et de conquêtes, n'avait connu que les jeux du cirque, quand en 389, sous l'empire de circonstances imprévues et fortuites, les premiers germes de l'art dramatique s'introduisirent dans la capitale de l'Italie. La ville, ravagée par une épidémie terrible, avait en vain épuisé, nous dit Tite Live [1], tous les moyens en usage pour fléchir la colère des dieux; enfin on se décida à faire venir d'Etrurie des *ludiones* ou danseurs, et on célébra des jeux scéniques. Le fléau disparut, mais l'institution demeura, se développa progressivement,

1 Tite Live, *Histor*. lib. VII, c. 2; Valer. Maxim. lib. II, c. 4.

et les calendriers de l'ancienne Rome attestent que des fêtes de ce genre furent établies tour à tour en l'honneur de presque toutes les divinités de l'Olympe. Aux ébauches primitives, aux compositions imparfaites des premiers acteurs, succédèrent peu à peu des ouvrages d'une haute valeur littéraire : toutefois, le peuple romain n'avait pas le sens artistique et l'exquise délicatesse du peuple d'Athènes, les combats sanglants de l'arène obtinrent toujours la préférence sur les jeux scéniques, et par suite on comprend aisément que le théâtre latin n'ait jamais atteint les hauteurs sublimes du théâtre grec.

De même que les jeux du cirque étaient précédés d'une *pompa* dans laquelle on portait processionnellement les statues des dieux, de même les représentations scéniques étaient accompagnées de sacrifices destinés à implorer la faveur de la divinité en faveur de laquelle elles étaient célébrées. *Ludorum celebritates Deorum festa sunt,* dit Lactance [1]. Chaque théâtre contenait deux autels, placés à droite et à gauche de la scène, et voués l'un à Bacchus ou à Apollon, l'autre à Vénus. C'est à cette déesse que l'édifice tout entier était solennellement consacré : sa dédicace était l'objet de cérémonies religieuses dont les historiens nous ont légué le souvenir et qui en faisaient, selon l'expression de Tertullien, le *sacrarium Veneris*. Aussi les théâtres rentrent-ils dans la catégorie des *res divini juris,* et doivent-ils être considérés comme *res sacræ.*

Ces idées et ces souvenirs disparurent avec les dieux du paganisme : mais cette passion des spectacles, profondément enracinée dans le peuple, ne s'affaiblit guère, et constitua un des principaux obstacles contre lesquels eut à lutter le christianisme naissant. Les empereurs n'osant supprimer ces fêtes [2], se contentèrent d'en proscrire ce qui y rappelait le culte des idoles, et une constitution [3] d'Arcadius et Honorius s'exprime

1 Tertullien, liber *de Spectaculis*; Saint Augustin, *de Civitate Dei*, lib. II; Arnobe, Lactance, saint Cyprien, *passim*.

2 « Ut sub hâc oblectatione populus sua tristitia consoletur. » L. 169 C. Theod. *de Decurion*, lib. XII, tit. I; L. 2 *de Maiumâ*, Cod. Théod., lib. XV, tit. VI.

3 L. 4, Code *de Paganis*, lib. I, tit. XI.

à cet égard dans les termes suivants : *Ut profanos ritus jam salubri lege submovimus, ita festos conventus civium et communem omnium lætitiam non patimur submoveri. Undè absque ullo sacrificio, atque ulla superstitione damnabili, exhiberi populorum voluptates, secundum veterem consuetudinem, ministrari etiam festa convivia, quando exigunt publica vota, decernimus.* On en vint cependant à défendre de donner des jeux le dimanche, le jour de Noël, le jour de Pâques, le jour de la Pentecôte, et pendant certaines périodes déterminées par les textes [1]. Mais c'est en vain que la législation tentait de combattre une passion en face de laquelle l'énergie des apologistes chrétiens des premiers siècles restait impuissante [2]. Il fallut la chute de l'empire romain pour amener, avec l'anéantissement de toutes les institutions et l'effondrement de tous les usages, la disparition des représentations théâtrales.

Une législation minutieuse, dont on retrouve les traces éparses et incomplètes dans les historiens et dans les compilations législatives de Théodose et de Justinien, réglait jusque dans ses moindres détails l'organisation des spectacles. Nous nous sommes efforcés de rassembler les dispositions juridiques qui se rapportent aux théâtres, de les grouper dans leur ordre normal, et de reconstituer ainsi dans son ensemble cette intéressante partie des lois romaines. Nous examinerons donc, dans six chapitres, les questions suivantes :

1° De la construction des théâtres.

2° Par qui les jeux sont-ils donnés ?

3° Des places dans les spectacles.

4° De la police des théâtres.

5° De la censure théâtrale.

6° De la condition légale des acteurs à Rome.

1 L. 2 Cod. Théod. *de Spectaculis,* lib. XV, tit. v ; L. 5 *eod.* ; L. 11, Code *de Feriis,* lib. III, tit. xii.

2 Tertullien, liber *de Spectaculis* ; Salvien, *de Gubernat. Dei,* lib. VI, c. 7 : « Spernitur Dei templum, ut curratur ad theatrum : ecclesia vacuatur, circus impletur » ; Saint Augustin, *de Civitate Dei,* lib. II ; Lactance, *Div. Inst.* XX.

CHAPITRE PREMIER.

DE LA CONSTRUCTION DES THÉATRES.

Pendant de longs siècles, Rome ne connut pas ces édifices qu'on nomme des théâtres, et le peuple, assistant aux jeux scéniques, contempla debout, à l'ombre des forêts [1], les représentations primitives de ses acteurs inexpérimentés. C'est à Valerius Messala et à Cassius Longinus que revient l'honneur d'avoir construit le premier théâtre romain ; mais leur tentative ne fut pas heureuse, leur entreprise parut contraire à l'ordre public, et Scipion Nasica, après avoir ordonné la démolition du nouvel édifice, fit rendre un sénatus-consulte qui défendait *ne quis in Urbe, propiusve passus millia, subsellia ponere sedensque ludos spectare vellet.* On voulait, dit Valère Maxime [2], montrer aux autres nations que la virilité propre aux Romains ne les abandonnait pas au milieu même de leurs délassements.

Le censeur, gardien vigilant des mœurs et des traditions antiques, comprenant l'influence énervante que les spectacles prolongés exerceraient inévitablement sur l'esprit d'une nation belliqueuse, maintint avec un soin jaloux cette prohibition et s'opposa rigoureusement à cette innovation dangereuse. Peu à peu cependant les principes fléchirent, la défense reçut quelques tempéraments, et l'on admit que les magistrats qui donnaient des jeux pourraient construire des théâtres temporaires. Ces édifices, qui n'avaient qu'une durée de quelques jours ou de quelques semaines, n'en

1 Les auteurs font dériver de cet usage l'étymologie du mot *scœna* (σκηνη, ombre). Ovide, *de Arte amandi*, lib. II, v. 100 et s. :

> Tunc neque marmoreo pendebant vela theatro :
> Nec fuerant liquido pulpita rubra croco.
> Illic quas tulerant nemorosa palatia frondes
> Simpliciter positæ, scena sine arte fuit.

2 Valer. Max., lib. II, c. 4.

étaient pas moins d'une inconcevable magnificence, et il faut lire dans les historiens [1] la description des merveilles des théâtres de Mummius, de Scaurus et de Curion, pour se convaincre du luxe et de la prodigalité folle auxquels on en était successivement arrivé. Le premier théâtre permanent est dû à Pompée, qui le construisit sur le modèle de celui qu'il avait visité à Mitylènes pendant la guerre contre Mithridate. Mais le censeur veillait toujours au respect des principes et des volontés du Sénat; Pompée, craignant pour sa mémoire la *nota censoria*, dut user de stratagème, adosser au monument nouveau un temple de Vénus et présenter son théâtre comme une dépendance de l'édifice sacré [2]. Plus tard, on se relâcha complètement de cette sévérité; les censeurs, oubliant l'ancien rigorisme de leurs prédécesseurs, construisirent eux-mêmes des monuments destinés aux spectacles, et l'on en arriva bientôt à élever dans tout l'empire ces édifices somptueux, ornés de marbre et peuplés de statues, dont les ruines colossales excitent encore l'admiration et l'étonnement.

Les théâtres, comme les autres édifices dont l'usage était commun à tous les habitants d'une cité, étaient classés parmi les *res universatis* [3]; ils faisaient partie du domaine public des villes, et comme tels étaient inaliénables et imprescriptibles [4]. Les édiles étaient chargés avec les *curatores operum publicorum* et les *tribuni rerum nitentium* de veiller à leur conservation et d'y faire effectuer les réparations nécessaires. Des fonds spéciaux étaient même affectés à cet usage, notamment l'impôt établi par Caligula sur la prostitution. Jusqu'à Alexandre Sévère, le produit en fut versé dans l'*œrarium*, mais cet empereur défendit de faire entrer dans le trésor public les sommes qui provenaient de cette source

1 Pline, lib. XXXVI, c. 15; lib. XXXIV, c. 7; lib. XXXVII, c. 2, 5, 6, 15.

2 Tacite, *Annales*, lib. XIV, c. 20. « Quippe erant qui « Cn. quoque Pompeium incusatum a senioribus » ferrent « quod mansuram theatri sedem posuisset : nam antea subitariis gradibus et scenâ in tempus structâ ludos edi solitos, vel si vetustiora repetas, stantem populum spectavisse... » — Tertullianus, in libro *de Spectaculis*.

3 L. 6, § 1. D. *de Div. rer.*, lib. I, tit. VIII.

4 L. 9. D. *de Usurp. et usuc.*, lib. XLI, tit. III.

impure et ordonna qu'elles seraient consacrées à l'entretien des théâtres, des cirques et des amphithéâtres [1].

Les théâtres étaient construits par l'Etat, par les villes et surtout par les particuliers.

Lorsqu'ils étaient bâtis par l'Etat ou par les villes, le sénat ou la curie, qui avait la *cura ærarii,* votait, après avoir obtenu l'autorisation de l'empereur [2], les fonds nécessaires à la construction du monument. Mais on ne rencontre que fort rarement des exemples de ce genre, et le plus souvent ces édifices furent élevés par de simples citoyens. Les uns n'avaient d'autre but que de léguer à la postérité le souvenir de leur libéralité et de leurs richesses : il était, en effet, d'usage constant d'inscrire sur des tables de marbre, placées sur le fronton des monuments, le nom et les dignités de ceux qui les avaient fait construire [3]. Les édiles et le *præses provinciæ* devaient veiller soigneusement à ce que le nom du donateur ne fût pas effacé ou remplacé par celui d'une autre personne [4]. D'autres, non moins ambitieux, mais plus intéressés et plus pratiques, voulaient s'attirer par leur munificence la faveur et les suffrages populaires, afin d'arriver aux dignités et aux fonctions publiques. Mais tandis que la construction des divers édifices était complètement libre pour les particuliers, celle des théâtres était subordonnée à l'obtention de l'autorisation impériale [5]. Le jurisconsulte Macer nous fait connaître que cette condition avait été dictée par des motifs d'ordre et de sécurité publique, les représentations théâtrales ne donnant lieu que trop souvent à de sanglantes émeutes et à des rivalités fâcheuses entre les villes voisines [6].

Ces libéralités se faisaient soit entre vifs, soit par testament.

1 Lampridius, in *Alexand. Sever.*, c. 24; Suet., *Caligula*, c. 40.

2 L. 3, § 1. D. *de Oper. publ.*, lib. L, tit. x.

3 L. 2 et 3 *eod.*

4 L. 2, § 2 *eod.*

5 L. 3 pr. D. *de Operibus publicis*, lib. L, tit. x.

6 Voir chap. IV infra.

Liberalités, faites entre vifs. — Entre vifs, elles se faisaient au moyen de la *pollicitatio* que Cujas définit [1] : *Oblatio liberalitatis quam quis facturus est et collaturus in rempublicam.* La différence qui sépare la *pollicitatio* du pacte ou de la stipulation est nettement indiquée par Ulpien : *Pactum est duorum consensus atque conventio : pollicitatio vero offerentis solius promissum* [2]. Bien qu'en principe une action civile ne pût pas naître de cette promesse unilatérale, on admit que dans certains cas la *pollicitatio* acquerrait force obligatoire, et que son exécution pourrait être poursuivie judiciairement. Il faut à cet égard distinguer deux hypothèses :

1°) *La promesse n'a pas encore été mise à exécution.* — Dans ce cas, la *pollicitatio* ne devient obligatoire que si la libéralité a été offerte *ob honorem decretum vel decernendum* ou *ob aliam justam causam* [3]. On entend par ces derniers mots la réparation des ruines amenées dans la cité par un tremblement de terre, les ravages occasionnés par un incendie, ou par tout autre désastre [4]. La *pollicitatio* ainsi faite est absolument irrévocable : *Æquissimum est,* dit Ulpien, *hujusmodi voluntates in civitates collatas pœnitentiâ non revocari* [5].

Toutefois, si le promettant était mort avant d'avoir obtenu la dignité qui avait été la cause de la pollicitation, ses héritiers n'étaient tenus qu'autant que la construction avait été commencée du vivant de leur auteur. Les constitutions impériales leur permirent, même dans ce second cas, de se libérer en abandonnant le cinquième du patrimoine s'ils étaient *heredes extranei*, et le dixième seulement s'ils venaient à la succession en qualité de *liberi* du défunt [6].

Quant au donateur qui se trouvait réduit à la misère après que

1 In leg. unic Code *de Ratiocin.*
2 L. 3. D. *de Pollicitat.*, lib. L, tit. XII.
3 L. 1, § 2. *de Pollicit.*, *eod.*
4 L. 4 et 7 *eod.*
5 L. 3, § 1 *eod.*
6 L. 11 et 9 *eod.*

la promesse avait été ainsi réalisée, il pouvait aussi se libérer en faisant l'abandon du cinquième de ses biens [1].

D'ailleurs, dans notre hypothèse comme dans la suivante, la *pollicitatio* doit toujours avoir lieu *inter præsentes*, et ne peut donner naissance à une action lorsqu'elle a été faite par lettre [2]. Le promettant ne peut être admis à fournir un équivalent en remplacement de la chose qu'il a promise [3], mais sa libéralité peut être affectée de conditions, pourvu toutefois que ces modalités ne soient pas préjudiciables à la ville [4].

2°) *La promesse a reçu un commencement d'exécution.* — Il n'y a plus à distinguer si la *pollicitatio* a ou n'a pas une *justa causa*. Elle est obligatoire et doit recevoir sa complète exécution : *Si sinè causâ promiserit, cœperit tamen facere, obligatus est qui cœpit* [5]. La question de savoir s'il y a commencement d'exécution est un point de fait qui doit être tranché d'après certaines règles et d'après les circonstances de la cause [6].

Dans tous les cas où il y avait lieu de poursuivre judiciairement l'exécution de la *pollicitatio*, on nommait un *actor* chargé de représenter la cité en justice et de demander aux *judices* la condamnation du débiteur récalcitrant [7].

Libéralités faites par testament. — Longtemps, la législation romaine considéra les cités comme des personnes incertaines, et par suite les rendit incapables d'être instituées héritières ou de recevoir des legs : *Nec municipia nec municipes* dit Ulpien [8], *heredes institui possunt, quoniam incertum corpus est, ut neque cernere universi, neque pro herede gerere possint ut heredes fiant.*

1 L. 9 *eod.*
2 L. 5 *eod.*
3 L. 13 *eod.*
4 L. 10, L. 13, § 1 *eod.*
5 L. I, § 2.
6 L. I, § 3, 4, 5 ; L. 3, § 1 ; L. 6, § 1 *eod.*
7 L. 8, *eod.*
8 Ulpien, *Règles*, tit. XXII, § 5.

Une première exception fut apportée à cette règle par le sénatus-consulte Apronien qui permit aux villes de recevoir des fideicommis universels. L'hérédité leur était restituée en vertu du sénatus-consulte Trebellien, et elles étaient investies activement et passivement des actions héréditaires : ces actions étaient exercées par ou contre un *actor* nommé par les villes [1].

On reconnut ensuite aux cités le droit de recueillir des fideicommis particuliers, et enfin sous Nerva celui de recevoir des legs. [2] Un sénatus-consulte rendu sous le règne d'Adrien organisa et réglementa toute cette matière.

Dès lors, on vit se produire un grand nombre de libéralités testamentaires au profit des cités : les legs ou fideicommis pouvaient être faits *ad honorem* ou *ad ornatum civitatis.* On rangeait dans cette seconde classe ceux qui se référaient à la construction d'un théâtre [3].

Le *curator reipublicæ* chargé de poursuivre au nom des villes la délivrance de ces libéralités [4], devait se conformer à diverses règles qui sont indiquées par les textes et que nous allons successivement passer en revue.

Tout d'abord on doit dans l'emploi des capitaux légués se conformer aux intentions et à la volonté du testateur, sans pouvoir donner à ces legs une destination contraire aux prescriptions du *decujus.* C'est ce que dit la loi I *de Administratione rerum* [5] : *Quod ad certam speciem civitatis relinquitur in alios usus, convertere non licet.* Toutefois si le testateur n'a pas donné à son legs une affectation spéciale et déterminée, les sommes doivent être employées à la réparation des édifices déjà existants plutôt qu'à la construction de monuments nouveaux [6].

1 L. 26 et 27. D. *ad Senatus Trebell.* Lib. XXXVI, tit I. L. 26. D. *de Negotiis gestis.* L. III, tit. V.

2 Ulp. *Reg.* XXIV. 28.

3 L. 122 *de Legatis* 1o, lib. XXX t. I.

4 L. 38, § 2 *ad Munic.* lib. L, tit. I.

5 Lib. L, tit. VIII.

6 L. 5, § 1 *eod.*

Cependant on se trouvait parfois dans l'impossibilité matérielle de respecter la volonté du testateur, et l'on dut, dans certaines hypothèses, s'écarter des règles que nous venons de tracer. Ainsi, lorsque par suite de l'intervention de la loi Falcidie, la somme léguée se trouvait réduite au point d'être insuffisante pour la construction de l'ouvrage auquel elle était affectée, on pouvait en faire tel emploi qu'on jugeait le plus utile à la cité [1]. Il en était de même lorsque plusieurs sommes distinctes étaient léguées en vue de plusieurs édifices déterminés, et que, par suite de la réduction du legs, chacune d'elles se trouvait insuffisante pour sa destination propre : on réunissait alors en un total unique le montant de ces legs divers et on pouvait l'employer à la construction de celui des travaux qui était le plus nécessaire à la ville [2].

Bientôt on alla plus loin, et, en dehors même de ces hypothèses où la nécessité pouvait servir d'excuse à la violation des volontés du testateur, Antonin le Pieux décida que l'argent légué en vue de constructions nouvelles devait être employé à la réparation des anciens édifices, lorsque les cités avaient des monuments publics en nombre suffisant et qu'on ne pouvait se procurer facilement les fonds nécessaires à leur entretien [3]. Il est du reste un autre cas ou on viole encore d'une façon manifeste la volonté du testateur, c'est lorsqu'il lègue une somme dont les revenus annuels doivent être consacrés à des jeux publics et à des spectacles. Le Sénat décide que le legs devra être employé à la construction d'un monument utile à la cité sur lequel on inscrira le nom du *decujus* et le souvenir de sa libéralité [4]. De même enfin lorsque le défunt avait légué une somme *ut ex reditibus quotannis in eâ civitate, memoriæ conservandæ defuncti causâ, spectaculum celebrantur*, et que ce spectacle par suite d'une cause quelconque, par suite de l'absence de théâtre, par exemple, ne pouvait être célébré

1 L. 4 *eod.*

2 L. 4, *de Admin. rer.* lib. L, tit. VIII.

3 L 7 pr. *de Operibus publicis.*

4 L. 4, *de Adm. rerum*, lib. L, tit. VIII ; L. 16, *de Usu et usufr.* lib. XXXIII, tit. II.

dans la ville : Modestin répond que dans cette hypothèse le legs ne doit pas faire retour à la succession, mais que, sur l'avis des héritiers et des notables de la cité, on doit en faire un emploi qui honore la mémoire du testateur. Celui-ci avait du reste un moyen facile d'empêcher que sa volonté fût ainsi transgressée et dénaturée ; il lui suffisait d'apposer à son legs une des clauses suivantes : *Quod si conditione supra scriptâ recipere legatam sibi pecuniam civitas noluerit, nullo modo heredes meos obligatos esse ei volo: sed habere sibi pecuniam*[1]. — *Quæ legata peto, decuriones, ne in aliam speciem, aut alios usus convertere velitis*[2].

Il est probable que l'emploi de ces clauses se généralisa et amena par suite une réaction sensible contre ces violations de volontés et un retour aux anciens principes exposés par Ulpien[3]. Nous trouvons en effet dans le Digeste et dans les historiens des exemples qui montrent que, malgré l'avis du Sénat, des sommes léguées *ad ludos scenicos* furent employées à cette destination[4].

1 L. 21 § 3. D. *de Annuis leg.* lib. XXXIII, tit. I.

2 L. 17. D. *de Usu et usufr.* lib. XXXIII, tit. II.

3 L. 1, D. *de Administr. rer.*, lib. L, tit. VIII.

4 L. 6 et 24, *de Annuis*. D., lib. XXXIII, tit. I ; L. 68, pr. *in fine. ad Legem Falcid.*, lib. XXXV, tit. II.

CHAPITRE II.

QUI DONNE LES JEUX.

Les *ludi scenici* se divisaient, d'après leur origine, en trois classes : *ludi sacri, ludi votivi, ludi funebres*. Ils étaient célébrés soit aux frais de l'État, soit aux frais des magistrats, soit enfin aux frais des particuliers. Examinons quelles étaient, dans ces divers cas, les règles applicables aux *editiones*.

Jeux donnés aux frais de l'État. — La réglementation du service religieux et la détermination des fêtes appartenaient à Rome au Sénat. « Dès la plus haute antiquité, dit M. Giraud [1], l'aristocratie, jalouse du pouvoir et parfaitement instruite des conditions de son exercice, s'attribua et conserva l'administration du culte, et en fit l'objet principal du droit public. » Les historiens nous offrent à chaque pas des exemples de cette immixtion du Sénat dans le domaine religieux : S'agit-il d'apaiser la colère des dieux, d'écarter de la patrie un danger qui la menace, on prescrit des sacrifices et on fait le vœu public de célébrer des jeux solennels. Ces *ludi votivi* prirent à côté des jeux sacrés une large place dans le rituel romain : on les promettait surtout en cas de guerre et on les célébrait après la victoire pendant quatre, cinq ou même dix jours, suivant la formule du vœu. Tite-Live nous a laissé des détails précieux sur les cérémonies qui accompagnaient le vote des *ludi votivi* [2]. Quand le Sénat avait pris une détermination et fixé la somme qui serait affectée à cet objet, le consul, ou exceptionnellement le dictateur, se rendait au temple de la divinité envers laquelle on prenait l'engagement, et là, en présence du *pontifex maximus*, renouvelait solennellement

1 *Les nouvelles Tables d'Osuna*, Paris, 1877.
2 Tit.-Liv., lib. XXII; lib. XXXVI.

la promesse du Sénat. Voici, tel qu'il nous est transmis par Tite-Live, le libellé du vœu prononcé par le consul M. Acilius après la déclaration de guerre au roi Antiochus : *Si duellum, quod cum Antiocho rege sumi populus jussit, id ex sententiâ Senatûs populique Romani confectum erit, tum tibi, Jupiter, populus Romanus ludos magnos dies decem continuos faciet, donaque ad omnia pulvinaria dabuntur de pecuniâ, quantam senatus decreverit. Quisquis magistratus eos ludos, quando, ubique faxit, hi ludi rectè facti, donaque data sunto.* Du reste, à côté de ces crédits, qui, pour les *ludi votivi*, variaient avec les circonstances, le Trésor public accordait pour les *ludi sacri* une somme annuelle de 500,000 as [1]. Ces derniers étaient l'objet des prescriptions continuelles du Sénat, et, sans entrer ici dans des détails qui ne sont guère du domaine juridique, nous rappellerons que des lois furent votées relativement à l'organisation du service du culte. C'est ainsi que la loi Licinia, rendue en 545, rendit perpétuels et établit à jour fixe les *ludi Apollini* qui auparavant étaient votés annuellement et avaient lieu à des époques variables [2].

Jeux donnés par les magistrats. — La présidence et la célébration des jeux rentraient dans les prérogatives, ou, pour mieux dire, dans les obligations, sinon légales, du moins morales, des magistrats. Les consuls, les préteurs, les tribuns du peuple avaient coutume de donner, pendant la durée de leurs fonctions, des spectacles nombreux : toutefois la *cura ludorum* et les *editiones* étaient surtout dans les attributions des édiles curules. Leur création remontait à l'an 367 avant notre ère : quand, en effet, après la réconciliation des deux ordres qui suivit la retraite du peuple sur le mont Sacré, le Sénat proposa, pour célébrer cet évènement, d'ajouter un quatrième jour de spectacles aux *ludi magni*, les édiles plébéiens reculèrent devant cette dépense nouvelle. Les jeunes patriciens offrirent alors de prendre ces frais à leur charge, à la condition qu'on les nommât édiles : cette propo-

1 Dionys., VII, 71.
2 Tit.-Liv., lib. XXVII, c. 23.

sition fut accueillie avec joie et fut suivie de l'institution de l'édilité curule [1]. Un passage de Cicéron [2] nous fait connaître leurs obligations en ce qui concerne les jeux : *Nunc sum designatus ædilis : habeo rationem quid a populo acceperim; mihi ludos sanctissimos maximâ cum cærimoniâ Cereri Libero Liberæque faciendos; mihi Floram matrem populo plebique Romanæ ludorum celebritate placandam, mihi ludos antiquissimos, qui primi Romani appellati sunt, maximâ cum dignitate ac religione Jovi Junoni Minervæque esse faciendos.* Les édiles recevaient du Trésor public certains subsides pour la célébration des spectacles : mais ces subventions étaient trop faibles pour suffire à la dépense énorme occasionnée par ces fêtes. Ils devaient, en effet, payer les acteurs, leur fournir les costumes nécessaires [3], acheter les pièces aux poètes, faire au peuple des largesses de tout genre. Cependant, comme l'édilité était pour ainsi dire le marchepied des honneurs, les ambitieux ne reculaient guère devant l'obtention de cette dignité. Du reste, peu à peu les édiles en étaient arrivés à lever sur les provinces [4] une contribution spécialement affectée aux dépenses des spectacles de Rome : ce *vectigal ædilitium* qui avait donné lieu aux exactions les plus graves fut supprimé par un sénatus-consulte [5].

Sous l'Empire, ces attributions des édiles curules passèrent au préteur qui, avec les consuls et les questeurs [6], fut astreint légalement à l'obligation de donner des fêtes. La préture, presque complètement dépouillée de ses anciennes attributions judiciaires au profit du *præfectus urbis* [7], n'était plus, au quatrième siècle,

1 Tit. Liv., lib. VI, c. 42 ; lib. VII, c. 1.

2 Lib. V, act. 2 *in Verrem.*

3 Cette obligation était commune à tous les *editores* : elle fournit à Ulpien un exemple de commodat fait dans l'intérêt du commodant. L. 5, § 10. D. *commodati*, lib. XIII, tit. VI.

4 Act. *in Verr.* IV, 3; *ad Fam.* VIII, 9; *ad Attic.* V, 21.

5 Tit. Liv., lib. XL, c. 44.

6 Lamprid. *Alexandr. Sev.*, c. 43 ; L. 1, 27, Cod. Théod. *de Prætor*, lib. VI tit. IV.

7 La loi 16 Cod. Théod. (Lib. VI, tit. IV) réduit aux fonctions suivantes la juridiction du préteur : 1° *Liberalis causæ cognitio;* 2° *Restitutio in integrum;* 3° *Tutoris et curatoris datio ;* 4° *Manumissiones;* 5° *Emancipationes.*

qu'une vaine dignité entraînant des charges écrasantes. Il faut lire dans le Code Théodosien le titre *de Prætoribus et quæstoribus* : on y trouve, en ce qui concerne ces magistrats, d'étranges dispositions, analogues à celles que nous aurons à examiner plus tard à propos des duumvirs, et qui montrent à quel degré de décadence cette société romaine en était arrivé. Le mouvement se dessine d'une façon bien nette à la fin du deuxième siècle : les magistratures, comme les professions, deviennent obligatoires; et la législation, non contente de forcer les citoyens réfractaires à l'acceptation des charges publiques, dispose que les *munera* seront célébrés à leurs frais, malgré leur absence. Ce n'est guère qu'au quatrième siècle que la détente se produit, et qu'on en revient à des principes moins oppressifs et moins tyranniques. Les lettres de Symmaque et les ouvrages d'Olympiodore [1] relatent clairement les prodigalités inouïes des *editores munerum* et le souci qu'ils prenaient de plaire au peuple. La fête n'était-elle pas assez splendide, on accueillait par des sifflets et des murmures le malheureux préteur qui, souvent, avait dû vendre et engager ses biens [2] pour faire face à la dépense. Aussi depuis longtemps s'était-on efforcé de se soustraire à l'acceptation de ces fonctions ruineuses : mais les constitutions impériales vinrent réprimer cette désertion des charges publiques en édictant les dispositions suivantes.

Les sénateurs, réunis au nombre de cinquante au moins, devaient désigner ceux d'entr'eux qui seraient nommés prêteurs [3]. En même temps qu'on restreignait strictement les causes d'excuses [4], on prenait des mesures sévères contre ceux qui, redoutant le fardeau des charges publiques, quittaient Rome et émigraient dans les provinces les plus reculées de l'empire. Non seulement

1 Cet auteur rapporte que Symmaque dépensa pour les fêtes célébrées pendant la préture de son fils 28,000 livres d'argent. Tom. I *Corp. Bysant. Hist.*, p. 133, édition de Venise.

2 Cyprianus, *de Opere et eleem.*

3 L. 8, 9, 10, 11, 12, 13, 14, 15, C. Th. *de Prætor*, lib. VI, tit. IV.

4 L. 22, 23, 28, 31, *eod.*

les sénateurs *nominati* ne peuvent s'éloigner de la ville [1], mais encore les gouverneurs de province ont ordre de faire rentrer les fugitifs [2]. Quand un préteur est absent à l'époque des jeux, la fête n'en est pas moins célébrée à ses frais : le trésor public fait l'avance des fonds et les recouvre sur les biens du fugitif, à son retour [3]. Celui-ci est en outre condamné, à raison de cette nouvelle espèce de délit, à une amende de 50.000 *modii* de froment [4], qui, par la suite, fut fixée à une somme égale à la moitié de la dépense qui aurait dû être payée [5], puis enfin arbitrée *pro dignitatis gradu* [6]. Du reste, l'obligation de donner des jeux n'est pas purement personnelle au titulaire de la fonction : elle est un *munus patrimonii*, une charge de sa succession. De ce principe, Valentinien et Valens tirent cette conséquence que, lorsqu'un préteur nommé vient à mourir avant d'avoir célébré ses *editiones*, ses fils et ses filles seront contraints de donner des spectacles en son lieu et place [7]. Les empereurs, afin d'empêcher à la fois les prodigalités excessives et l'économie exagérée des préteurs, avaient eu soin de fixer, pour chacun d'eux, les sommes qu'ils pouvaient et devaient dépenser pour les jeux publics. Ce *modus* avait été élevé à 25.000 folles d'or et 50 livres d'argent pour le *prætor Flavialis*, à 20.000 folles et 40 livres d'argent pour le *prætor Constantinianus*, à 15.000 folles et 30 livres d'argent pour le *prætor Triumphalis* [8]. Ces chiffres varièrent, du reste, avec le nombre et l'interversion du rang des prétures [9]. Parfois, du reste, la libéralité des empereurs venait en aide aux *editores* [10].

1 L. 3, *eod.*

2 L. 4, *eod.*

3 L. 6, *eod.*

4 L. 1 et 7, *eod.*

5 L. 13 et 20, *eod.*

6 L. 18, *eod.*; cette règle de l'amende imposée aux absents comportait néanmoins quelques exceptions : voir notamment L. 1, *eod.*

7 L. 17, *eod.*

8 L. 5, *eod.*; L. 24.

9 L. 21, 23, 25, 32, 33, *eod.* Le nombre des prétures fut porté à quatre sous Valens, à huit sous Théodose, et plus tard à dix.

10 Symmaque, *Epist.*, lib. II, 45; lib. IV, 12.

Plus tard, on supprima l'obligation imposée aux héritiers, et on décida que les préteurs absents ne pourraient être forcés de rentrer à Rome [1]. Justinien, dans la Novelle 105, réglementa en les modérant les dépenses ordonnées aux consuls.

A côté des magistrats, nous devons ranger les *sacerdotes*, qui avaient aussi la charge de célébrer des spectacles en l'honneur des dieux, et qui étaient en possession de certains biens spécialement affectés à cet usage. C'est surtout à partir de l'établissement du culte d'Auguste et de l'institution des *Augustalia* et des *Augustales* que le *sacerdotium* prit une grande importance au point de vue des spectacles. Nous aurons, du reste, à revenir sur ce sujet, à propos des *sacerdotia* de province.

Jeux donnés par les particuliers. — Les jeux donnés par les particuliers avaient lieu soit à la suite de *pollicitationes,* soit en vertu des dispositions contenues dans un testament : ils prenaient, dans ce dernier cas, le nom de *ludi funebres*. Nous avons examiné dans le précédent chapitre toutes les règles juridiques relatives à la *pollicitatio* et aux legs faits *ad ludos scenicos* : nous avons vu que, par une étrange violation des volontés des *decujus*, le Sénat avait décidé que les sommes ainsi léguées seraient employées à la construction des monuments publics. Nous ne reviendrons pas sur ces divers points : nous ferons seulement remarquer que, sous Tibère, un sénatusconsulte défendit à ceux dont le cens était inférieur à 40.000 sesterces, de faire célébrer des jeux funèbres. Cette prohibition avait été amenée par les libéralités folles de certains individus qui, pour plaire à la foule, dépensaient en spectacles une grande partie de leur patrimoine. La célébration des fêtes publiques était, en effet, un des plus sûrs moyens de conquérir les suffrages populaires et de se frayer le chemin des honneurs. Les lois répressives de l'*ambitus* durent aussi édicter, pour les *candidati*, la défense de célébrer des jeux.

Toutefois, en dehors des cas prohibés, les fêtes données par les

1 L. 1, Code, *de Prætor*, lib. XII, tit. II.

particuliers jouissaient d'une si grande faveur qu'on décréta une exception à l'interdiction des donations entre époux, pour les libéralités faites par une femme à son mari *ludorum gratiâ* [1]. Ulpien ramène, il est vrai, cette exception à la règle que les donations qui n'enrichissaient pas le donataire n'étaient pas défendues : mais, au cas où le donataire était magistrat et où les devoirs de sa charge l'obligeaient à donner des jeux, la raison donnée par le jurisconsulte n'était plus exacte, en vertu du brocard fameux : *locupletior fit, qui suo pepercit.* Parfois même il arriva qu'on força des citoyens à promettre des spectacles : la loi *Julia de vi publicâ* [2] punit de peines sèvères celui qui *ludos, pecuniamve ab aliquo invito polliceri publicè, per injuriam exegerit.*

Jeux donnés dans les provinces. — L'usage de donner des jeux au peuple ne tarda pas à s'introduire dans les provinces, et nous y trouvons, comme à Rome, un certain nombre de fonctionnaires obligés, moralement et même légalement, de célébrer des spectacles.

En première ligne, viennent les duumvirs. Il n'apparaît pas qu'un texte précis leur imposât, au moins dans les premiers temps, la nécessité de contribuer personnellement aux frais des représentations théâtrales. Toutefois, les nouvelles Tables d'Osuna, découvertes dans ces dernières années, viennent fournir sur ce point, encore assez obscur, des éclaircissements d'autant plus précieux que la loi *Julia Genetiva* remonte à une époque où l'on ne s'était pas encore avisé de contraindre les magistrats à donner des spectacles, et que nulle part ailleurs on ne retrouve, à cette date, d'exemple analogue [3]. La loi Genetivaine dispose que les duumvirs, élus après ceux qui auront fondé la colonie, devront faire célébrer pendant quatre jours consécutifs, et ce pendant la majeure partie de la journée, à la discrétion du sénat colonial, des jeux scéniques en l'honneur de Jupiter, de Junon, de Minerve, et des autres dieux

1 L. 42, *de Donat. int. vir.*, lib. XXIV, tit. I.
2 L. 10, pr. *ad Leg. Jul. de vi pub.*, D. lib. XLVIII, tit. VI.
3 Giraud, *les nouvelles Tables d'Osuna*, pages 9, 54. Paris, 1877.

et déesses : ils devront, dit le chapitre LXX, dépenser en cette circonstance deux mille sesterces au moins de leur fortune privée, et le trésor colonial leur fournira en outre une subvention de pareille somme.

Cet exemple qui, à l'époque de César, était sans doute une rare exception, se généralisa peu à peu et devint, quelques siècles plus tard, la loi générale. Le Code Théodosien contient, relativement à l'obligation pour les duumvirs de donner des spectacles, un grand nombre de constitutions fort intéressantes. Beaucoup de citoyens, ne pouvant fuir une fonction qui était devenue forcée et inévitable, cherchaient du moins pendant la durée de leur charge à se soustraire, par l'absence ou par l'obtention de la dignité sénatoriale, à la ruineuse nécessité d'amuser le peuple. Pour remédier à cet abus qui aurait privé les villes de l'indispensable plaisir de leurs fêtes accoutumées, on eut recours à un procédé fort simple : on décida que les cités feraient l'avance des frais dont les duumvirs étaient tenus pour les jeux, et qu'elles pourraient ensuite en exercer la répétition sur leurs biens en les saisissant [1]. On alla plus loin, et, afin de rehausser l'éclat des spectacles donnés dans les métropoles, afin surtout de s'attirer la faveur du peuple, les gouverneurs de provinces forcèrent les duumvirs et les *sacerdotes* à célébrer leurs *munera* dans les capitales, au lieu de les célébrer, comme jadis, dans les villes où ils exerçaient leurs fonctions. C'est ainsi que les fêtes payées par les magistrats de la province d'Illyrie avaient lieu à Constantinople, celles de la province d'Afrique à Carthage, celles de la Grèce à Corinthe [2]. Comme d'ailleurs ces spectacles étaient célébrés aux frais d'autrui, les gouverneurs de provinces se montraient, envers les acteurs, d'une générosité sans égale, et arrivaient ainsi, par leur prodigalité, à ruiner leurs malheureux administrés [3].

Vers la fin du quatrième siècle, une réaction sensible se pro-

1 L. 29, *de Decurion*, C. Th., lib. XII, tit. I ; Conf., L. 169, *eod.*

2 L. 1 et 4, *de Spectac.*, C. Th., lib. XV, tit. V.

3 L. 1, 3, 4, *eod.*

duisit contre ces étranges abus : Valentinien commence par disposer que les fêtes publiques doivent avoir lieu dans les villes où elles étaient primitivement célébrées, *ut in eorum arbitrio maneant quorum expensis ac sumptibus procurandæ sunt.* On décide ensuite que les spectacles ne peuvent être donnés qu'aux frais de ceux qui y consentent [1]. Puis, Théodose supprime l'ancienne contrainte légale et défend de forcer les *curiales*, qui se seront acquittés de tous les *munera civilia*, à l'acceptation de la *Syriarchia* ou de l'*Agonothesia*, dont les attributions consistaient à donner des jeux publics [2]. Enfin on interdit aux *judices* de dépenser en récompenses, payées par leurs subordonnés, plus de deux solidi, *ne, inconsultâ plausorum insaniâ, curialium vires, fortunas civium, principalium domus, possessorum opes, reipublicæ robur, evellant* [3].

Les édiles provinciaux étaient aussi astreints à la même obligation. Le chapitre LXXI de la loi Julia Genetiva dispose qu'ils devront faire célébrer, pendant trois jours, chaque année, des spectacles en l'honneur de Jupiter, de Junon et de Minerve, qu'ils devront y dépenser 2,000 sesterces de leur fortune privée et qu'ils recevront pour cet objet du trésor colonial une subvention de 2,000 sesterces. De nombreuses inscriptions attestent du reste que les édiles donnèrent fréquemment des spectacles.

En troisième lieu, nous trouvons les jeux donnés par les *sacerdotes*. « Il n'y eut jamais à Rome, dit M. Giraud [4], de caste sacerdotale, et le pontificat y fut toujours une charge laïque, très importante, très considérée, très influente, mais constamment remplie par les mêmes personnes qui suivaient la carrière politique, et se cumulant souvent avec les charges publiques elles-mêmes. » Ces paroles qui s'appliquent d'une façon générale à l'organisation du culte et au recrutement de ses ministres, carac-

1 L. 3, *de Scœnicis*. C. Th lib. XV, tit. VII.
2 L. 103 et 109 *de Decur*. C. Th. *eod*.
3 L. 2, Cod. Th. *de Expensis lud.* lib. XV. tit. IX.
4 *Les nouvelles Tables d'Osuna*, p. 34.

térisent d'une façon parfaite le *sacerdotium*. C'était, nous disent les textes, une fonction élective [1], qui donnait à son titulaire certaines prérogatives [2], notamment celle de présider certains spectacles, et qui entraînait pour lui l'obligation de donner des jeux au peuple [3]. Les interprètes et les commentateurs sont généralement en désaccord sur l'origine de cette institution : sans entrer ici dans les graves controverses agitées à cet égard, nous croyons avec M. Houdoy [4] que les *sacerdotes* étaient les pontifes du culte local d'Auguste.

Nous avons dit déjà qu'à la mort du premier empereur de Rome, on avait établi des fêtes nommées *Augustalia*, dans lesquelles on célébrait la mémoire d'Auguste à l'égal de celle des dieux, et qu'on avait institué un collège de prêtres, désignés sous le nom d'*Augustales*, chargés de présider ces cérémonies religieuses. Le culte d'Auguste se répandit dans toutes les provinces de l'empire et donna naissance aux *sacerdotia provinciarum*. Ces *sacerdotia* prirent différents noms : en Asie, on les appelait *Asiarchia*, en Phénicie, *Phœniciarchia*, en Syrie, *Syriarchia*, en Bithynie *Bithyniarchia*, en Cappadoce, *Cappadocarchia*, à Antioche, *Alytarchia*. Ces charges entraînaient des dépenses considérables à cause des jeux publics donnés par leurs titulaires : aussi peu à peu, s'efforça-t-on de fuir le *sacerdotium* comme on fuyait le décurionat ou le duumvirat. Pour remédier à cet abus qui aurait privé le peuple de ses plaisirs, Dioclétien et Maximin commencèrent par classer le sacerdoce parmi les *munera patrimonii* et diminuèrent ainsi les causes d'excuses applicables à cette fonction [5]. Plus tard on en arriva à imposer cette charge aux *curiales* et on les força à donner des jeux dans les capitales des provinces : les empereurs du quatrième siècle supprimèrent cette contrainte

1 L. unic. § 1, Code *de Lege Julia ambitus*, lib. XLVIII, tit. XIV ; Paul Sent. lib. V, tit. XXX.

2 L. 75, *de Decur*. C. Th. lib. XII, tit. I.— Suet. *Auguste*, C. 31.

3 Voir notamment L. 145, *cod*.

4 *Droit municipal Romain*, p. 479 et s.

5 L. 8, C. *de Muneribus patrimonii*, lib. X, tit. XLI.

vexatoire et rendirent au *sacerdotium* son caractère de magistrature volontaire [1].

Les spectacles étant donnés aux frais des *sacerdotes*, on comprend qu'ils n'étaient pas astreints, comme les *judices*, au maximum de dépenses fixé par la loi [2]. Toutefois, ils ne pouvaient distribuer aux vainqueurs des *sportulæ aureæ* ni des dyptiques d'ivoire, ni des *vestes holosericæ*. Les particuliers qui célébraient des jeux étaient astreints aux mêmes obligations [3].

Le culte d'Auguste disparut le jour où le christianisme devint, sous Constantin, la religion de l'État : mais l'institution du *sacerdotium* survécut comme les jeux publics. Elle fut supprimée par l'empereur Léon qui confia les fonctions de l'*Alytarcha* au *comes Orientis*, et celles du *Syriarcha* au gouverneur de la province de Syrie, défendant absolument aux *curiales* d'exercer cet honneur et cette charge [4].

Enfin viennent les jeux donnés par les particuliers : ils avaient lieu, comme à Rome, soit à la suite de *pollicitationes*, soit en vertu des dispositions écrites dans les testaments.

1 L. 103, 109, *de Decurion*. Cod. Theod. lib. XII, tit. I; L 1, *de Spectaculis* C. Th. lib. *XV*, tit. V.

2 L. 2, *de Spectaculis, eod*; L. I. *de Expens lud*. lib. XV, tit. IX.

3 L. 1, C. Th. *de Expens lud*. lib. XV, tit. IX.

4 L. *unic*. Code *de Offi. com. Orient*. lib. I. tit. XXXVI.

CHAPITRE III.

DES PLACES DANS LES THÉATRES.

Avant d'aborder l'examen des dispositions qui réglaient cette question, si importante chez les Romains, des préséances et des places dans les représentations scéniques, il est nécessaire que nous fassions connaître sommairement la disposition intérieure des théâtres antiques.

Le théâtre était un édifice construit en forme de demi-cercle, dont les extrémités étaient coupées par une ligne droite qui avait comme longueur le diamètre du cercle. La partie rectangulaire formait la scène : la partie arrondie formait la salle [1].

La scène comprenait le *postscœnium,* dans lequel on trouvait les salles affectées aux acteurs et les magasins de décors ou de costumes, — la *scœna* proprement dite, dont la décoration variait avec le genre et le sujet de la pièce, — le *proscœnium,* vaste espace qui s'étendait en avant de la *scœna,* — enfin le *pulpitum,* c'est-à-dire la partie sur laquelle se mouvaient les acteurs pendant la représentation.

Des *aditus* ou *vomitoria,* pratiqués dans les portiques extérieurs du rez-de-chaussée, donnaient accès dans la salle. La partie dans laquelle on pénétrait directement et de plain-pied portait le nom d'*orchestra :* de larges escaliers aboutissaient aux divers étages du théâtre, composés de gradins circulaires et appelés, suivant leur hauteur, *ima, media* ou *summa cavea.* Les degrés supérieurs étaient couronnés par un portique, soutenu par des colonnes, et surmonté de *mali* auxquels on attachait un *velum* pour protéger les spectateurs contre l'intempérie des saisons [2].

1 On trouvera, dans le *Traité d'architecture* de Vitruve, tous les détails techniques relatifs à la construction et à la disposition des salles de spectacles.

2 On a retrouvé à Pompéï des affiches de théâtres qui annoncent au public que l'auditoire sera préservé par un *velum : vela erunt.*

Un fonctionnaire désigné sous le nom de *dissignator*, et dont la charge d'abord dédaignée acquit sous l'empire une grande importance [1], avait pour mission de placer les spectateurs : il avait la faculté d'*excitare* ou de *pellere* ceux qui usurpaient un siège auquel ils n'avaient pas droit. Des licteurs l'aidaient dans l'accomplissement de sa tâche et arrêtaient au besoin les spectateurs récalcitrants.

Des traits gravés dans la pierre limitaient l'espace affecté à chaque personne. Parfois même, à Pompéï, par exemple, chaque place portait un numéro. Les spectateurs étaient généralement munis de *tesseræ* [2] dont l'indication correspondait à celle de la placc qu'ils devaient occuper. Primitivement, les auditeurs étaient forcés de s'asseoir sur les gradins nus, sans pouvoir y placer ni *subsellia* ni *pulvilli*. Caligula permit aux sénateurs d'apporter au théâtre non seulement des sièges, mais des *pilei Thessalici* [3]; cette concession fut plus tard étendue aux chevaliers et au peuple tout entier.

Pendant les premiers siècles de la République, aucune distinction spéciale, aucun droit de préséance ne sépara dans les théâtres les divers ordres de la société romaine, et tous, patriciens et plébéiens, assistaient aux jeux scéniques, confondus sur les mêmes gradins. Mais peu à peu l'aristocratie, mécontente de se voir ainsi mêlée à la foule du peuple, obtint à force d'intrigues le renversement de cet état de choses et l'établissement pour certains privilégiés de places distinctes et réservées. Le système d'égalité fut cependant maintenu assez longtemps encore au cirque et à l'amphithéâtre, sans qu'on puisse expliquer d'une façon bien satisfaisante la raison de ce fait : ce n'est que sous l'empire que les concessions, d'abord établies pour les théâtres seuls, furent généralisées et étendues à tous les spectacles [4].

1 L. 4, § 1. D., *de His qui notant*, lib. III, tit. II.

2 Orelli, no 2539.

3 Dion Cassius, lib. LIX.

4 C'est Claude qui, le premier, donna au Sénat des places spéciales aux jeux du cirque. (Suetone, *Claude*, cap. 21.) Néron étendit cette mesure aux cheva-

La première réforme date de 558 : c'est à cette époque, au dire de Valère Maxime (Lib. II, cap. IV), que les édiles Atilius Serranus et L. Scribonius attribuèrent au Sénat, d'après l'avis de Scipion l'Africain, la partie du théâtre désignée sous le nom d'*orchestra*. Cette innovation, accueillie par des protestations et des murmures indignés, souleva la colère du peuple et attira au vainqueur de Carthage une défaveur considérable. Des places d'honneur étaient réservées dans l'*orchestra* aux principaux magistrats de la République, consuls, préteurs, édiles curules, et aux ministres du culte, Pontifices, Augustales, Flamines, Augures. Auguste y assigna des places aux Vestales [1], et c'est également dans cette partie du théâtre que fut établi, sous l'empire, le *podium* ou loge impériale.

L'importance extrême accordée à cette distinction et les avantages résultant de ces places privilégiées, firent rechercher avec empressement la concession du *Jus in theatro et in conviviis publicis in loco senatorio considendi*. Cette faveur, qui ne conférait que les attributs de la dignité sénatoriale, fut accordée aux individus [2], aux corporations, aux citoyens d'une ville que l'on voulait récompenser ou honorer. C'est ainsi, par exemple, qu'en raison des services qu'ils avaient rendus à la République, les habitants de Marseille avaient obtenu le droit de siéger au théâtre parmi les sénateurs [3]. Le même privilège appartenait aux *legati sociarum gentium* : mais ce droit leur fut retiré par Auguste, qui s'aperçut que des affranchis avaient été parfois envoyés en ambassade [4].

Parfois même on ne se bornait pas à accorder à un individu le

liers : « Equitum Romanorum locos sedilibus plebis anteposuit apud circum. Namque ad eam diem indiscreti inibant, quia lex Roscia nihil nisi de quatuordecim ordinibus sanxit. » Tacite, *Annales*, lib. XV, cap. 32. — Suetone, *Néron*, cap. 11.

1 Suetone, 44. « Solis virginibus vestalibus locum in theatro separatum et contra prætoris tribunal dedit. »

2 Dio Cassius, LV, 9 ; LIV, 14; LX, 23 ; Suet. *Octave*, 35.

3 Justin. *Histor*. XLIII, 5.

4 Suet. *Octave*, c. 44. Un passage de Tacite (*Annales*, XIII, 54) montre clairement que, par la suite, ce droit fut rendu aux ambassadeurs.

Jus in loco senatorio sedendi, on lui conférait les honneurs du *bisellium* [1], ou encore le droit d'assister au spectacle revêtu d'insignes particuliers. La loi *Ampia Labiena*, rendue en 693, sur la proposition d'Ampius Labienus, tribun du peuple, décréta : *Ut Cn. Pompeius ludis circensibus coronâ laureâ et omni cultu triumphantium uteretur : scenicis autem prætexta coronâque laureâ* [2]. A la suite des victoires de Jules César, on lui accorda le droit de prendre place au théâtre sur un *suggestus*, sorte de siège élevé placé dans l'orchestre [3]. Pour honorer la mémoire des morts, on allait même jusqu'à décider que leurs statues, ornées d'une couronne de chêne ou de laurier, figureraient au théâtre, à la place qu'ils avaient occupée pendant leur vie : cet hommage fut accordé notamment aux mânes de Marcellus et de Germanicus [4].

Environ un siècle et demi plus tard, en 686, la loi Roscia, ainsi appelée du nom de son auteur Roscius Othon, tribun du peuple, opéra une nouvelle réforme et attribua exclusivement aux chevaliers les quatorze premiers degrés du théâtre. Cette nouvelle mesure porta le mécontentement à son comble : en vain Cicéron essaya-t-il de défendre ou de justifier Othon, son ami ; il ne put calmer entièrement l'effervescence des tribus [5], et l'animadversion fut si profonde que, bien longtemps après, Juvénal, parlant de la séparation des chevaliers et du peuple dans les théâtres, s'écrie encore avec amertume :

Sic libitum vano qui nos distinxit Othoni ! [6]

Certains magistrats, tels que les tribuns du peuple, siégeaient aux *quatuordecim ordines* avec les chevaliers ; les affranchis en étaient

1 Le *bisellium*, par opposition au *subsellium*, était un siège honorifique à deux places, accordé, dans les municipes et à Rome, à certains personnages, comme insignes de leurs fonctions, ou en récompense de services rendus. — *Dict. d'antiquités* de Daremberg et Saglio. — V. *Bisellium*.

2 Paterculus, II, 5.

3 Suetone, *César*, c. 76.

4 Tacite, *Annales*. Lib. II, cap. LXXXIII. (Voir le *Commentaire* de Juste Lipse.)

5 Pline, lib. VII, c. 30 ; Cicéron, *pro Murœna*, cap. 19.

6 Satire XIV, v. 322.

sévèrement bannis, de même que les *decoctores* [1] et les acteurs [2]. La loi Roscia punissait ceux qui sans droit s'asseyaient au nombre des chevaliers. Nous ne connaissons pas exactement quelle était cette sanction ; les auteurs nous disent seulement qu'elle était redoutée. D'ailleurs, si on en juge par les dispositions des lois municipales qui répriment cette même infraction, les pénalités de la loi Roscia devaient être fort rigoureuses. Aussi, à la suite des guerres civiles qui ensanglantèrent la fin de la République, beaucoup de chevaliers ruinés ou n'ayant plus la fortune nécessaire pour être classés dans l'*ordo equester,* n'osaient se hasarder à prendre place aux *quatuordecim ordines*. La loi Julia Theatralis, rendue sous Auguste, vint à leur secours et décida que tous ceux qui avaient eu ou dont le père ou l'aïeul avait eu le *census equester,* pourraient de nouveau siéger aux *equestria* [3].

Ces divisions furent étendues par Auguste à la masse du peuple, qui occupait la *media* et la *summa cavea*. Suétone nous dit en effet : *Militem secrevit a populo, maritis è plebe proprios ordines adsignavit, prætextatis cuneum suum et proximum pædagogis. Sanxitque ne quis pullatorum mediâ caveâ sederet. Fœminis ne gladiatores quidem, quos promiscuè spectare solemne erat, nisi ex loco superiore spectare concessit* [4]. Cette préférence accordée aux *mariti* doit être rattachée au système général des lois caducaires et considérée comme un honneur accordé au mariage [5].

1 Cicéron, *Phil.*, II. « Tenesne memoriâ te prætextatum decoxisse ? Patris, inquies, ista culpa est : concedo, etenim pietatis plena est defensio : illud tamen audaciæ tuæ, quod sedisti in quatuordecim ordinibus, cum esset lege Roscia certus locus constitutus decoctoribus, quamvis fortunæ vitio, non suo decoxissent. »

2 Fabius, lib. III, c. 6 : « Qui artem ludicram exercet, in quatuordecim primis ordinibus ne sedeat. »

3 Suet., *August.*, cap. 40 ; Pline, XXXIII, 2.

4 Suet., *August.*

5 L'épigramme suivante de Martial semble indiquer qu'une nouvelle réforme, dont nous ne connaissons pas exactement la portée, eut lieu sous Domitien :

Edictum domini deique nostri
Quo subsellia certiora fiant
Et puros eques ordines recipit,
Laudabat modo Phasis in theatro, etc., etc.

Dans les provinces, on suivit l'exemple de Rome et on attribua des places d'honneur au théâtre à certains dignitaires et à certains magistrats : les monuments épigraphiques, notamment la loi Julia Municipalis et la loi Genetiva Julia sont venus nous fournir sur ce point des détails aussi intéressants que précieux [1].

Ces deux lois établissent que l'on avait copié, pour la distribution des places au théâtre, l'organisation établie dans la capitale : la curie et certains magistrats limitativement énumérés avaient droit de siéger dans l'*orchestra ;* les règlements municipaux fixaient, en outre, les cas où il y avait lieu d'attribuer à certaines personnes ou à certaines corporations des places spéciales.

« Nul ne pourra, dit la loi Genetiva Julia [2], siéger dans les places données, assignées ou réservées aux décurions dans les jeux publics pour qu'ils y assistent au spectacle des jeux, s'il n'est décurion actuellement en charge de la colonie de Genetiva ; s'il n'est magistrat de la colonie ayant l'*imperium* et la *potestas* par le suffrage des colons ou par décret de C. César dictateur, consul ou proconsul, ou ne remplace un magistrat; s'il n'est du nombre de ceux auxquels une place parmi les décurions a été attribuée par une décision de la curie de Genetiva, rendue à la majorité des voix, en une séance où la proposition aura été faite en présence de la moitié des membres au moins. Nul, excepté ceux qui viennent d'être cités, ne pourra siéger dans les places réservées dont il s'agit; nul ne pourra y être introduit sciemment par qui que ce soit. Les contrevenants encourront, à chaque infraction, une amende de 5,000 sesterces au profit des habitants de la colonie. » De même, la loi Julia Municipalis prononce une amende de *quinquagena millia sestertium* contre celui qui prend place sans droit *in loco senatorio decurionum* [3].

La loi Genetiva Julia donne ensuite l'énumération des personnes qui peuvent siéger aux places d'honneur. Ce sont : « les magis-

1 Dircksen, *Observationes ad Tabulæ Heracleensis partem alteram*, Berlin, 1817; Giraud, les *Tables d'Osuna*, Paris, 1874.

2 Cap. CXXV; Giraud, les *Tables d'Osuna*.

3 Jul. *Munic.* X; Dircksen, p. 170.

trats du peuple romain et leurs délégués, le magistrat chargé de rendre la justice dans la colonie, ceux qui sont ou auront été sénateurs romains et leurs fils émancipés ou en puissance, le préfet des ouvriers, relevant du magistrat qui administre la province ultérieure des Espagnes, et ceux qui, en vertu de cette loi, ont le droit de prendre place en qualité de décurions sur les siéges réservés à ceux-ci. » En province comme à Rome, des places particulières étaient réservées aux ministres du culte, et les Nouvelles tables d'Osuna nous apprennent que les pontifes et augures, revêtus des insignes de leur dignité, prenaient rang parmi les décurions [1].

Enfin des dispositions précises indiquaient et sanctionnaient le devoir des magistrats à l'égard des places dans les spectacles : « Tout duumvir, édile, préfet de la colonie Genetiva Julia qui donnera des jeux scéniques, et toute autre personne de la colonie qui donnera des jeux de ce genre, fera placer les colons genetivains, les étrangers résidants ou de passage, et les personnes reçues à titre hospitalier, suivant les dispositions arrêtées pour la distribution des places par un règlement des décurions délibéré, à bonne intention, par cinquante membres présents au moins. Ce que les décurions auront réglé à cet égard devra être exécuté en vertu de la présente loi. Celui qui fera donner les jeux ne devra pas, le sachant et de mauvaise foi, conduire ni faire conduire, placer ni faire placer les assistants à un siège autre que celui qui aura été ainsi fixé, ni faire mettre personne à la place d'autrui, à peine, pour chaque contravention, de 5,000 sesterces d'amende au profit des colons de cette colonie. A l'exception des personnes dénommées ci-dessus, nul ne pourra prendre place à l'orchestre pour le spectacle des jeux, et le magistrat romain lui-même qui aura la juridiction en partage, ni son délégué, ne pourront conduire avec eux, ni faire conduire, ni permettre qu'on conduise à l'orchestre aucun individu non désigné ; ces prescriptions seront exécutées sans fraude ni mauvais vouloir. »

1 *Lex. Genet.*, cap. LXVI ; Conf. Fabretti, p. 170, no 324 ; Orelli, nos 4026 et 5957 ; Giraud, les *Nouvelles tables d'Osuna*, p. 75.

Ajoutons en terminant que les spectateurs étaient astreints à certaines exigences de toilette : ils devaient être revêtus de la *toga* et non de la *pænula* [1], et les fonctionnaires étaient obligés de paraître au théâtre dans leur costume officiel.

1 Suetone, *Auguste*, c. 40 ; *Commode*, c. 16.

CHAPITRE IV.

DE LA POLICE DES THÉATRES.

L'affluence du public dans ces théâtres immenses, qui contenaient parfois, comme celui de Scaurus, quatre-vingt mille spectateurs, rendait difficile le maintien de l'ordre et nécessitait à la fois de la part de l'autorité une grande prudence et une vigilance de tous les instants. C'est au *præfectus urbis* qu'appartenait à Rome la police des spectacles [1]; en province, elle était dans les attributions du *præses* [2]. Les pouvoirs les plus larges avaient été accordés par la loi à ces magistrats, non seulement à l'égard des comédiens, mais encore à l'égard des spectateurs. Une loi ancienne [3] leur permettait de faire battre de verges les histrions qui commettaient la moindre infraction : la même faculté avait été accordée aux édiles, aux préteurs et aux consuls. Ce droit fut restreint par Auguste [4] aux contraventions qui avaient lieu pendant la durée des spectacles : mais la loi *Julia de vi publicâ* [5] rendit de nouveau aux magistrats ce droit de coercition dans toute son étendue. Quant aux spectateurs, les désordres que certaines cabales avaient occasionnés au théâtre [6], avaient fait armer l'autorité de puissants moyens de répression. Non seulement, en effet, le *præfectus urbis* et le *præses provinciæ* pouvaient interdire complétement à un citoyen la fréquentation des spectacles et l'accès des théâtres, mais encore ils pouvaient, comme les préteurs et les

1 L. 1, § 12, D., *de Officio præfect. urb.*, lib. I, tit. XII; Cassiodore, *Var.*, lib. VI.

2 L. 28, § 3, D., *de Pœnis*, lib. XLVIII, tit. XIX.

3 Suétone, *Auguste*, cap. 45.

4 *Eod.*; Tacite, *Annales*, I, 77.

5 Paul, *Sentences*, lib. V, tit. XXVI, §§ 1 et 2 : « Hâc lege excipiuntur qui artem ludicram faciunt. »

6 Tacite, *Annales*, lib. XIII, cap. 28 et *loc. citat.*

édiles, faire donner le fouet à ceux qui troublaient les représentations et les condamner à l'emprisonnement [1]. En cas de récidive, la peine était l'exil et parfois même la mort. Les luttes sanglantes et les séditieuses manifestations dont les théâtres furent la scène et auxquelles certains empereurs prirent une part active, stimulant par des récompenses et par leur exemple l'audace des fauteurs de troubles, n'expliquent que trop la sévérité de la loi [2].

Le service d'ordre était fait à Rome par une milice spéciale placée sous le commandement du *præfectus urbis* [3] : ces *milites stationarii*, échelonnés dans les diverses parties du théâtre, veillaient au maintien de la tranquillité publique. Au commencement de son règne, Néron, voulant donner à la multitude un semblant de liberté et voir comment la foule ainsi livrée à elle-même se comporterait, prétexta que les spectacles corrompaient le soldat et supprima la cohorte de garde [4]. Les troubles qui s'ensuivirent montrèrent clairement à tous les yeux la nécessité des mesures préventives, et l'on fut obligé, peu de temps après, de rétablir au théâtre les *milites stationarii* [5]. A côté de cette milice, on trouvait divers fonctionnaires, tels que les *conquisitores* et les *mastigophori*, qui réprimaient la turbulence des spectateurs et saisissaient les toges de ceux qui donnaient lieu à quelque plainte [6].

Malgré ce déploiement de forces, la multitude bruyante qui remplissait le théâtre, n'en exprimait pas moins hautement sa sympathie ou sa haine envers les magistrats et l'empereur [7], et

1 L. 1, § 13, D., *de Officio præfect. urb.*, lib. I, tit. XII; L. 28, § 3, *de Pœnis*, lib. XLVIII, tit. XIX.

2 Suétone, *Néron*, cap. 26; Tacite, *Annales*, XIII, 25.

3 L. 1, § 12, *de Off. præf. urb.*, lib. I, tit. XII.

4 Tacite, *Annales*, lib. XIII, cap. 24 et 25.

5 Cette troupe, destinée à protéger le repos des citoyens, devint parfois un danger pour eux : Hérodien rapporte, dans la *Vie de Caracalla* (lib. IV), que cet empereur, furieux de voir siffler un de ses protégés, lança ses soldats sur le peuple et fit tuer un grand nombre de spectateurs.

6 L. 18, § 17, D., *de Muner.*, lib. L, tit. IV; Plaute, prol. de l'*Amphytrion*.

7 Suetone, *Auguste*, cap. 56; Tertullien, *de Spectaculis*, cap. 16. Des honneurs étaient quelquefois rendus spontanément par la foule aux grands hommes qui se trouvaient au théâtre : Tacite (*Dialog. des orateurs*, cap. 13) rapporte que le peuple tout entier se leva pour acclamer Virgile dont les vers venaient d'être lus.

dictait souvent, d'une façon menaçante, ses volontés aux Césars. Déjà, sous la République, ces manifestations avaient une grande importance : *Tribus locis*, dit Cicéron [1], *maximè significari populi Romani judicium ac voluntas potest, concione, comitiis, ludorum gladiatorumque consessu.* Sous l'Empire, ces assemblées tumultueuses organisèrent de véritables démonstrations politiques où on demandait à grands cris soit la réduction de l'impôt [2], soit la disgrâce d'un fonctionnaire [3], soit enfin le retrait d'une loi ou d'une mesure gouvernementale [4]. Bien souvent cette explosion des sentiments populaires dut faire trembler les maîtres de l'empire et leur arracha des concessions auxquelles ils n'osèrent se refuser

Parfois aussi le tumulte était occasionné par l'inhabileté des acteurs. Malheur à celui qui s'écartait des règles traditionnelles de son art ou qui commettait quelque faute de prononciation : *Histrio si paulo se moveat extra numerum, aut versus pronunciatus est unâ syllabà longior aut brevior, exsibilatur* [5]*!* Du reste, les spectateurs ne se contentaient pas de siffler, mais jetaient aussi des pierres au malheureux comédien ou le forçaient à enlever son masque, afin d'ajouter encore à sa honte et à sa confusion [6]. Aussi, pour éviter cette humiliation, les acteurs médiocres se ménageaient dans les diverses parties de la salle des applaudisseurs salariés qui leur faisaient de véritables ovations et s'efforçaient de leur attirer par des acclamations prolongées la faveur populaire et la palme de la victoire. Plaute, dans le prologue de l'*Amphytrion*, fait allusion à cette claque organisée et aux intrigues produites par ces cabales :

1 *Pro Sext.* 50.

2 Josephe. *Ant. Jud.* XIX, 1, 4 ; Tacite, *Annales* VI. 13.

3 Suetone, *Titus,* cap. 6 ; Dion Cassius, LXXII, 13 ; Hérodien, I, 12.

4 Dion Cassius, LVI, 1 ; Pline, *Hist. nat.*, XXXIV, 62.

5 Cicéron, *in Paradoxis* ; Tacite, *Annales*, lib. XVI, cap. 4, indique les règles auxquelles devait se conformer le citharædus.

6 Festus, voc. *Persona.*

Hoc quoque etiam mihi in mandatis dedit (Jupiter)
Ut conquisitores [1] fierent histrionibus,
Qui sibi mandassent, delegati ut plauderent;
Quive, quo placeret alter, fecissent, minus
Eis ornamenta et corium uti conciderent [2].

Ajoutons enfin que le salaire fixé par la loi aux acteurs [3] donnait lieu quelquefois à de graves incidents: En l'an 15, pour mettre fin à la résistance d'un histrion qui refusait de jouer pour la somme accordée, le tribun du peuple convoqua le Sénat et obtint la faculté de sortir des limites du lucar primitivement attribué. Plus tard, Tibère [4] et Antonin [5] réduisirent de nouveau la *merces histrionum* et, en présence des prodigalités ruineuses des *editores* et des exigences des comédiens, établirent un maximum de dix aurei, qui, pour aucune raison, ne devait être dépassé.

Du reste, la nécessité de maintenir entre les citoyens la paix et la concorde pendant la durée des spectacles, avait fait édicter des pénalités rigoureuses pour la répression des infractions et des querelles qui pouvaient se produire au théâtre entre spectateurs. C'est ainsi que l'*injuria* prend, dans ces circonstances, une gravité toute spéciale et revêt le caractère d'*atrox ex tempore vel ex loco* [6]. On sait que l'*injuria atrox* était puni d'une peine plus forte [7] que l'*injuria* simple. Du temps de Gaius, l'estimation en était faite par le préteur lui-même et habituellement le

1 Surveillants, inspecteurs, commissaires ; conf. Pitiscus, *Lexicon*, V° *Conquisitores*.

2 La loi 28, § 3, D., *de Pœnis*, lib. XLVIII, tit. XIX montre également qu'on sévissait avec rigueur contre ces partisans gagés des comédiens. — Voir aussi le prologue du *Pœnulus*.

3 Il est difficile, en présence des textes contradictoires des historiens, de préciser quelles étaient les limites légales du lucar. (Cicéro, *pro Roscio*; Macrol. *Satyr.* III, 14 ; Sénèque, *Epist.* 80 ; Lucianus, *in Icaromenippo*). Il est à présumer d'ailleurs que le quantum varia suivant les époques.

4 Suet., *Tibère*, cap. 34.

5 Capitolinus, cap. 2.

6 L. 7, § 8, et L. 9, § 1. D. *de Injuriis*, lib. XLVII, tit. X.; Gaius Com. III, § 225 ; Instit., lib. IV, tit. IV, § 9.

7 L. 30, § 1 et L. 31, D. *de Injuriis*.

juge, bien qu'il pût condamner à une somme moindre, ne s'écartait pas de cette *taxatio, propter ipsius prætoris auctoritatem* [1].

Le fait d'empêcher une personne de prendre place au théâtre [2], ou de l'*excitare* d'un siège auquel sa qualité ou sa fortune lui donnent droit [3], est considéré comme une grave insulte qui motive l'*actio injuriæ*.

1 Gaius, C. III, § 224.

2 L. 13, § 7. D. *de Injuriis*.

3 Quintilien, Inst., lib. III, c. 6 : « Si accusabitur theatrali lege, depulsio erit rei. Si excitatus fuerit de spectaculis, et aget injuriarum. »

CHAPITRE V.

DE LA CENSURE THÉATRALE.

Bien que certains auteurs, s'appuyant sur des textes aussi obscurs que peu précis, aient prétendu que la censure théâtrale fonctionnait à Rome d'une façon régulière et habituelle, nous croyons qu'il est impossible de voir dans le rôle joué par les édiles ou les préteurs l'exercice d'un examen préalable tel qu'il se pratique de nos jours [1]. Ce qui est vrai, c'est que les *editores munerum*, obligés de donner des jeux au peuple, étaient dans la nécessité de s'occuper de tout ce qui concerne l'organisation de la représentation : non seulement ils engageaient des acteurs à leurs frais, mais encore ils traitaient avec les auteurs dramatiques de l'achat de leurs œuvres. Souvent plusieurs poètes se présentaient devant les édiles, et une sorte de concours s'établissait entre les pièces qu'on lisait ainsi. Les édiles choisissaient celle qui, par ses qualités littéraires, leur semblait préférable, et l'achetaient au prix fixé par son auteur. C'est ainsi que plusieurs des comédies de Térence furent acquises par les magistrats chargés des jeux : l'*Hecyre*, l'*Heautontimorumenos* et l'*Eunuque* sont notamment dans ce cas. Cette dernière pièce fut payée huit mille sesterces, prix supérieur à celui qu'avaient atteint jusque-là les œuvres des poètes [2] ; le *titulus* de la pièce portait en grandes lettres la somme pour laquelle elle avait été acquise. Mais les fonctions des édiles et des préteurs s'arrêtaient à l'achat et au choix de l'ouvrage : lorsqu'il contenait des passages qui

1 On ne lira pas sans intérêt sur cette question un article de M. Labatut, publié dans la *Revue historique* (année 1868, t. xiv). — Nous croyons que cet auteur, qui se prononce dans un sens opposé à notre opinion, s'est mépris sur le sens des nombreux textes qu'il cite et qui s'expliquent très bien dans la théorie que nous adoptons.

2 Suet. *Vie de Térence.*

donnaient lieu aux réclamations des citoyens, c'était à eux, comme nous le verrons, à s'adresser à la justice et à demander contre l'auteur la sanction édictée par les lois. Auguste recommanda bien aux édiles d'empêcher que son nom fût mêlé aux compositions des poètes médiocres [1], mais nous croyons qu'il est impossible de voir, sous la République et sous l'empire, un autre exemple de ce genre.

De même que la Grèce avait longtemps toléré les hardiesses de la *comœdia vetus* et les sanglantes satires d'Aristophane, de même Rome laissa d'abord aux poètes la plus entière liberté. Mais les abus engendrés par l'absence de répression, les libelles diffamatoires lancés dans le public contre les magistrats et les particuliers, firent sentir la nécessité de mettre un frein à l'humeur railleuse des auteurs dramatiques. Horace décrit [2] d'une manière très précise cette évolution de la législation romaine :

Jam sævus apertam
In rabiem cœpit verti jocus, et per honestas
Ire domus impunè minax. Doluere cruento
Dente lacessiti : fuit intactis quoque cura
Conditione super communi. Quin etiam lex
Pœnaque lata, malo quæ nollet carmine quemquam
Describi. Vertere modum, formidine fustis
Ad bene dicendum delectandumque redacti.

Un passage de Cicéron [3], cité par saint Augustin dans la Cité de Dieu, nous apprend que c'est la loi des douze Tables qui édicta la première une pénalité : sa disposition était ainsi conçue : *Si quis occentassit mala carmina, sive condidissit, quod infamiam faxit, flagitiumque alteri, capital esto*. La peine de mort, dont la loi des douze Tables était pourtant fort avare, n'avait pas été jugée trop sévère pour punir un tel forfait, et le coupable était

1 Suet. *Auguste*, c. 89.

2 Epist. I, lib. II, v. 148 ; Satire I, lib. II, v. 80.

3 Cicéron, *de Republicâ*, IV, 10; *Tuscul.*, IV, 2; Festus, v° *Occentassint;* saint Augustin, *de Civitate Dei*, lib. II, c. 9.

condamné à périr sous le bâton : plus tard, ce délit fut puni *extra ordinem* [1]. Mais à côté de ce *judicium publicum*, le prêteur introduisit au profit de la personne diffamée un *judicium privatum* dans l'action d'injures. Cette action permettait d'obtenir contre le délinquant une condamnation pécuniaire, dont l'*æstimatio* était faite soit par le demandeur, soit par le prêteur lui-même si l'*injuria* était *atrox*. Toutefois, on ne pouvait cumuler à la fois l'action civile et l'action criminelle : il fallait opter, et choisir l'une ou l'autre de ces actions [2]. Des différences profondes existaient du reste entr'elles. Le *judicium publicum* était intenté primitivement devant les comices, puis devant les *quæstiones perpetuæ*, tandis que le *judicium privatum* était au contraire poursuivi devant le prêteur : de cette contrariété de juridictions naissaient des conséquences importantes, d'abord au point de vue de la procédure à suivre et ensuite au point de vue du résultat de l'action. Devant les *quæstiones perpetuæ*, on devait suivre les règles tracées pour la procédure criminelle : devant le prêteur, on observait les formes prescrites pour les instances civiles. L'action criminelle ne pouvait en second lieu ni être intentée ni être soutenue *per procuratores* : on exigeait, en effet, la comparution personnelle de l'accusé. Il n'en était pas de même de l'action civile qui pouvait être intentée ou soutenue par représentants. Toutefois, une constitution de Zenon vint effacer pour certaines personnes l'intérêt qu'il y avait à distinguer sur ce point les deux actions, et permit aux *illustres* de se faire représenter soit comme demandeurs, soit comme défendeurs à l'action criminelle d'injures [3]. En troisième lieu, la voie criminelle n'était jamais ouverte à l'offensé contre les héritiers du diffamateur; l'action civile était au contraire possible contre eux lorsque la *litiscontestatio* avait eu lieu du vivant de leur auteur. Il est du reste à remarquer que l'action civile d'injures n'était pas, contrairement aux autres actions pénales, censée faire partie

1 Paul, *Sent.*, lib. V, tit. IV, § 17 ; Inst., lib. IV, tit. IV, § 10.

2 Instit. *eod.*

3 Instit. *eod.*

du patrimoine de l'offensé avant qu'elle fût intentée : *Injuriarum actio*, dit Ulpien, *in bonis nostris non computatur, antequam litem contestemur* [1]. De là vient qu'elle n'était pas transmissible aux héritiers de la personne diffamée lorsque la *litiscontestatio* n'avait pas eu lieu pendant la vie de leur auteur. L'action d'injures pouvait en effet s'éteindre par le pardon, *dissimulatione*, et il était à présumer que le défunt avait cru devoir négliger les injures dont on l'avait accablé. Enfin les deux actions différaient encore au point de vue de la pénalité : l'action criminelle aboutissait à une peine corporelle, tandis que l'action civile avait pour résultat une condamnation pécuniaire.

La condamnation *ob carmen famosum* n'entraînait pas seulement l'infamie et les déchéances nombreuses qui l'accompagnent, mais encore un senatus-consulte avait décidé que le délinquant serait *improbus* et *intestabilis*. Cette incapacité consistait à ne pouvoir faire un testament et à ne pouvoir figurer comme témoin dans la confection du testament d'autrui [2].

La loi romaine, si stricte et si protectrice en ce qui touche les attaques diffamatoires contre les individus, était au contraire d'une déplorable faiblesse en ce qui concerne les offenses à la morale publique. Sans parler ici de ces scandales éhontés qui s'étalaient impudemment aux jeux célébrés en l'honneur de Flore [3] et dont on retrouve la trace dans cette danse infâme qui s'appelait la *Maiuma* [4], il suffit de se reporter aux pièces de Plaute et de Térence pour se convaincre de l'exactitude de notre assertion. Au milieu de ce répertoire licencieux, une pièce décente est une rareté à laquelle on convie les spectateurs, et Plaute, dans le pro-

1 L. 28. D. *de Injuriis*, lib. XLVII, tit. x.

2 L. 5, § 9 *eod.*

3 Valère Maxime (caput *de Majestate populi Romani*, lib. II, c. 5,) rapporte que Caton le censeur, assistant un jour aux Floralia, le peuple n'osait, dans la crainte des reproches de ce magistrat, demander *ut mimæ nudarentur*. Caton, averti de ce fait par un de ses amis, quitta la salle pour ne pas contrarier par sa présence le désir des assistants.

4 Voir le commentaire de Godefroi sur les lois 1 et 2, Code Theod. lib. XV tit. VI.

logue des *Captifs*, la plus honnête de ses œuvres, réclame en ces termes l'attention de l'auditoire :

> Profectò expediet fabulæ huic operam dare.
> Non pertractate facta est, neque item ut cetera;
> Neque spurcidici insunt versus immemorabiles....
> Spectatores, ad pudicos mores facta est hæc fabula.

Cette immoralité, loin de disparaître avec le temps, ne fit que s'accroître de plus en plus. A partir d'Auguste, la comédie disparaît presque entièrement de la scène, la tragédie est reléguée dans l'oubli, le mime perd de sa vogue [1], et le pantomime règne en maître, exerçant sur la société romaine une action dissolvante à laquelle les historiens ont avec raison attribué une large place dans les causes qui ont amené la décadence et la chute de l'empire [2]. Ce succès était-il dû à l'étendue des théâtres, qui ne permettait pas facilement à tous les spectateurs de distinguer clairement le dialogue des comédiens? Faut-il admettre, avec certains auteurs, que les empereurs, redoutant avec raison les critiques et la satire de la scène, favorisèrent tout spécialement ce genre de représentations muettes? C'est là une question qu'il est difficile

1 Les pièces mimiques se rapprochent beaucoup de nos farces modernes, dont elles mettent en scène presque tous les héros. Diomède les définit : « Sermonis cujuslibet motus sinè reverentiâ vel factorum turpium cum lasciviâ imitatio » Les mimes n'osant se hasarder à la satire directe, procédaient souvent par voie d'allusions transparentes. Suetone raconte dans la vie de Néron que l'un d'eux reprocha à cet empereur le meurtre de Claude et d'Agrippine. (Suet. *Néron*, c. 39. — On trouvera divers exemples de ce genre dans le même auteur : *Caligula*, c. 27 ; *Galba*, c. 12 ; *Vespasien*, c. 19 ; *Domitien*, c. 10 ; *Marc-Antonin*, c. 8 et 29.) Les représentations des pantomimes, au contraire, étaient muettes et se bornaient à un jeu de physionomie et à des gestes expressifs destinés à reproduire une scène donnée. Les pantomimes jouaient les rôles d'hommes et les rôles de femmes. L'épigramme suivante, due à un auteur inconnu, donnera une idée de cet art aujourd'hui disparu :

> Mascula fæmineo derivans pectora sexu
> Atque aptans lentum sexum ad utrumque latus,
> Egressus scœnam populum saltator adorat,
> Solerti spondens prodere verba manu.
> Nam cùm grata chorus diffundit cantica dulcis,
> Quæ resonat cantor motibus ipse probat.
> Pugnat, ludit, amat, bacchatur, vertitur, adstat,
> Illustrat verum, cuncta decore replet.
> Tot linguæ quot membra viro, mirabilis est res
> Quæ facit artificem, voce silente, loqui.

2 Zozime, *Hist. Rom.*

de trancher : il est probable, d'ailleurs, que ces causes combinées ont exercé une sérieuse influence sur la vogue des pantomimes. Quoi qu'il en soit, tous les écrivains latins s'accordent à reconnaître que le répertoire des mimes et des pantomimes était d'une licence effrénée. Ovide, se plaignant de son exil, motivé par quelques écarts de plume, s'écrie, au deuxième livre des *Tristes* (v. 497) :

> Quid si scripsissem mimos obscœna jocantes,
> Qui semper juncti crimen amoris habent,
> In quibus assiduè cultus procedit adulter,
> Verbaque dat stulto callida nupta viro...

Tout le monde cependant, le Sénat comme le peuple, les femmes et les enfants comme les hommes, s'en va au théâtre,

> Assuevisse oculos multa pudenda pati,
> Cumque fefellit amans aliquâ novitate maritum,
> Plauditur, et magno palma favore datur.
> Quodque minus prodest pœna est lucrosa poetæ :
> Tantaque non parvo crimina prætor emit.

On ne s'étonne plus qu'en présence de cette immoralité de la scène, le poète conseille à l'empereur de supprimer les théâtres. L'art dramatique n'y eût guère perdu, et le peuple eût pu y gagner. Lorsqu'un pantomime venait, en effet, jouer publiquement l'adultère de Mars et de Vénus, ou les amours mythologiques des dieux de l'Olympe, lorsqu'on voyait apparaître sur le *proscænium* le cygne de Léda ou le taureau de Pasiphaé, le théâtre était en pleine décadence et les mœurs de l'ancienne Rome étaient dans un complet oubli.

Malgré ces obscénités dangereuses pour l'esprit public, le goût des spectacles était devenu chez tous une véritable passion. Dans un pays où le commerce et le travail étaient presque entièrement abandonnés aux esclaves, le citoyen romain passait au théâtre une grande partie de ses journées ; aussi, la fréquentation des spectacles est-elle indiquée par les jurisconsultes comme un des éléments qui établissent le domicile d'un individu [1]. Il est toutefois certaines personnes pour lesquelles, à partir surtout de l'introduction du christianisme, on ne tolère pas facilement l'assiduité au théâtre. Le goût des spectacles porté à l'excès est considéré chez l'esclave comme un *vitium animi* (L. 65, pr. *de Ædilitio edicto*, lib. XXI, tit. I). On accorde l'action *servi corrupti* contre celui qui *servum deteriorem facit,* en lui conseillant *ut sit in spectaculis nimius* (L. 1, § 5, *de Servo corrupto*, D. lib. XI, tit. III). De même, la femme qui fréquente le théâtre contre le gré ou dans l'ignorance de son mari lui fournit une *causa repudii* (L. 8, § 3. Code, *de Repudiis*, lib. V, tit. XVII ; Nov. 117, cap. 8, §6; Nov. 22, cap. 15, § 2). Le clergé chrétien lui-même ne résistait pas à l'entraînement général, et Justinien se voit forcé de défendre aux évêques, aux prêtres, aux diacres et sous-diacres, aux lecteurs et à tous ceux qui sont dans les ordres, d'assister aux représentations scéniques; l'infraction à cette prohibition entraîne pour les contrevenants l'interdiction de leur ministère pendant trois ans et la réclusion dans un monastère (L. 34, § 1, 2, 3. Code *de Episcop. aud.*, lib. I, tit. IV; Nov. 123, cap. 10).

1 L. 27, § 1. D. *ad Municipalem*, lib. L, tit. I.

CHAPITRE VI.

DE LA CONDITION LÉGALE DES ACTEURS.

Tandis que les jeux de l'arène et les représentations théâtrales faisaient partie intégrante du culte et étaient célébrés en l'honneur des dieux, l'opinion publique, par une contradiction qui au premier abord semble étrange, flétrissait énergiquement ceux qui descendaient dans le cirque ou montaient sur la scène. Toutefois, il faut bien le reconnaître, la bassesse de leur condition et surtout la dissolution de leurs mœurs ne justifiaient que trop ce mépris général. Les lois romaines, reflètant cette appréciation, ne se contentent pas d'assimiler les acteurs aux proxénètes et aux courtisanes et de les confondre dans une déconsidération commune [1]; elles les frappent encore d'une ignominie profonde et de déchéances nombreuses. En proie à la honte et à l'infamie, les gens de théâtre se recrutèrent pendant de longs siècles parmi les esclaves et les affranchis. Les seuls hommes libres de naissance qui pendant cette période parurent sur la scène étaient des étrangers, des habitants de l'Asie ou de l'Egypte, et surtout des Grecs. Ces derniers possédaient à un très haut degré l'instinct dramatique et déployaient dans l'interprétation des qualités si brillantes que Juvénal pouvait dire avec vérité, dans une de ses satires : *Natio comœda est !* [2].

Cependant, malgré l'ostracisme légal dont ils étaient frappés, les comédiens arrivèrent peu à peu à exercer sur la société romaine un ascendant et une influence considérables. Favorisés par les circonstances, aidés surtout par la corruption des mœurs pendant les derniers siècles de la République, ils parvinrent non seulement à faire évanouir presque complètement comme

1 *De spectaculis et scœnicis et lenonibus*, lib. XI, tit. XL Code.

2 Satire III, vers 98. — Suétone rapporte que César et Auguste firent représenter des pièces en toutes les langues. In *Cæsar*, cap. 39; in *August.*, cap. 43.

un vain préjugé l'antique tradition qui les faisait traiter en parias, mais encore à s'attirer des protections puissantes et des amitiés illustres. L'affection de Cicéron pour Roscius, en faveur duquel il prononça un éloquent plaidoyer, est restée célèbre ; on sait aussi de quelle faveur Mécène entoura le pantomime Bathylle. L'engouement du public pour les histrions leur donna une vogue immense. Les hommes des meilleures familles de l'Etat recherchaient leur compagnie avec une telle assiduité et suivaient leurs leçons avec un tel empressement, qu'un philosophe pouvait s'écrier sans exagération : *Ostendam nobilissimos juvenes mancipia pantomimorum* [1] ! Non contents, en effet, d'assiéger en foule les demeures des comédiens, sénateurs et chevaliers se faisaient un honneur de les escorter dans les rues de Rome. Ce scandale public qui semblait une insulte aux lois prit de telles proportions et engendra de tels abus qu'en l'an 15, un sénatus-consulte dut défendre *ne domos pantomimorum senator introiret ; ne egredientes in publicum Equites Romani cingerent, aut alibi quam in theatro spectarentur* [2]. Mais les mœurs étaient plus puissantes que les lois, et ces prohibitions ne purent réprimer efficacement un mal si invétéré. Il faut lire dans Sénèque le tableau étrange que cet écrivain trace des mœurs de son époque et les sanglantes critiques qu'il adresse à ses contemporains : *At quantâ curâ laboratur ne cujus pantomimi nomen intercidat ! Stat per successores Pyladis et Bathilli domus : harum artium multi discipuli sunt, multi magistri ; privatim urbe totâ sonat pulpitum. In hoc viri, in hoc feminæ tripudiant ; mares inter se, uxoresque contendunt, uter det latus illis* [3]. On eut beau prendre enfin des résolutions énergiques et chasser à plusieurs reprises les histrions d'Italie : chaque fois leur exil fut de courte durée, et Rome ne pouvant se passer de leur présence les rappela presque aussitôt. Leur absence paraissait nu

1 Seneque, *Epist.* 47.

2 Tacite, *Annales*, lib. I, cap. 77.

3 Seneque, *Quest. nat.* lib. VII. — Voir aussi Columella, *de Re rusticâ* in *præf.*

deuil public : aussi eut-on tout sacrifié plutôt que de les perdre. C'est ainsi que, sous Constance, à une époque où la cherté des vivres faisait redouter une famine, on fit sortir de Rome toutes les bouches inutiles, notamment les philosophes, mais on conserva soigneusement dans l'enceinte de la ville les trois mille danseuses et les trois mille comédiens qui faisaient le bonheur du peuple[1]. Les villes en arrivent bientôt à se disputer les histrions avec une jalousie voisine de l'acharnement, et, pour empêcher ces rivalités, une constitution dut défendre d'attirer des acteurs d'une ville ou d'une province dans une autre, sous peine pour les contrevenants d'être punis comme violateurs de la loi[2]. Malheur à celui qui ose attenter aux plaisirs du peuple en le privant d'une de ses actrices pour l'emmener soit chez lui, soit dans une région éloignée : les enlèvements de ce genre sont punis d'une amende de cinq livres d'or[3]. L'enthousiasme des spectateurs éleva aux comédiens dans tous les lieux publics des statues ornées d'élogieuses inscriptions : les empereurs, choqués de ce scandale, se virent obligés d'intervenir et reléguèrent dans le *proscænium* du théâtre et les *aditus* du cirque ces viles images qu'on plaçait audacieusement à côté des leurs[4].

Ce besoin insatiable de plaisirs et cette nécessité de se procurer des acteurs à tout prix, amenèrent sous l'empire des mesures complètement iniques et une violation absolue de la liberté individuelle. On sait que vers la fin du IIe siècle les diverses professions furent classées en *collegia* et rendues héréditairement obligatoires. Chaque individu était non seulement contraint d'exercer le métier paternel, mais encore il était forcé de résider dans un ressort déterminé et pouvait en cas d'infraction à cette règle être revendiqué par le collège[5] auquel il appartenait.

1 Ammien Marcellin. lib. XIV, c. 6.

2 L. 5, Code *de Spectaculis*, lib. XI, tit. XL.

3 L. 5, Code Theod. *de Scænicis*, lib. XV, tit. VII.

4 L. 4, Code *de Spectaculis*, lib. XI, tit. XL

5 Orelli (nos 2625, 2642 et 4196) rapporte des inscriptions qui mentionnent l'existence de collèges de *mimi* et de *scænici*. — Les *collegia* qui avaient d'abord été l'objet de mesures restrictives, arrivèrent à acquérir peu à peu le

Cette double servitude déjà si lourde pour les autres incorporés était particulièrement pénible et injuste en ce qui concerne les acteurs. Aussi longtemps, en effet, que l'infamie fut la conséquence prévue d'une profession volontairement et librement choisie, ceux que la loi flétrissait ne pouvaient se plaindre de l'iniquité de leur sort. Mais lorsque par le fait seul de la naissance on se trouva fatalement voué à la honte, lorsque la prévoyance légale rendit cette situation sans issue, les réclamations ne devinrent que trop légitimes et trop fondées. Toutefois, sous les empereurs chrétiens, quelques tempéraments furent apportés à la règle générale, et des constitutions réglementèrent limitativement les cas dans lesquels il serait permis à un acteur d'échapper à l'obligation légale et héréditaire de monter sur la scène.

Une première exception est admise en faveur de celui qui, après avoir reçu à l'article de la mort le baptême et les derniers sacrements, recouvre la santé. Toutefois, comme il importait de concilier le salut des âmes avec les plaisirs du peuple, comme on ne voulait pas que la conversion au christianisme pût servir de prétexte à une fraude, on exigeait des conditions très strictement énumérées par les textes. Il fallait d'abord qu'une enquête sérieuse, faite par des *inspectores*, établît qu'il y avait danger de mort et nécessité absolue d'administrer les sacrements : il fallait, de plus, que l'évêque consentît au baptême et que la demande du postulant fût exprimée au *Judex* ou au *Curator urbis* [1].

On formula ensuite l'exemption du théâtre pour les filles de comédiennes qui menaient une *vita probabilis* : celles, au contraire, qui avaient une conduite déréglée étaient contraintes de suivre la profession paternelle [2]. Peu à peu on alla plus loin encore, et une

jus personæ le plus complet C'est ainsi qu'on leur reconnut le droit de posséder des esclaves (L. 25. § 1 *de Acquir. vel omit. hered*. lib. XXIX, tit. II ; Orelli, 2886) ; — le droit de les affranchir (L. 1, *de Manum quæ servis* lid. XL, tit. III ; Orelli, 2461, 3019, 3020), — le droit d'exercer sur eux le droit de patronage (L. 10 § 4 *de in jus vocando* lib. II, tit. IV ; — le droit de mancipation (Orelli 4974) ; — le droit de stipulation (Inscript. spon. *Miscell*. p. 70 ;— le droit de recevoir des legs (L. 20 *de rebus dubiis*, lib. XXXIV, tit. V) ; le droit de recevoir des fideicommis (Ulpien, *Règles*, tit. XXV § 6), etc.

1 L. 1, *de Scænicis*, Cod. Theod., lib. XV, tit. VII.

2 L. 2, *eod*.

constitution datée de Milan et rendue sans doute sur les sollicitations de saint Ambroise, introduisit en faveur de ces femmes deux exceptions nouvelles à la règle générale[1]. La première est établie pour celles qui embrassent le christianisme : Gratien et Valentinien décident qu'elles ne pourront *retrahi ad scœnam*. Toutefois, si après obtention de cette faveur, elles se livrent à une vie dissolue, le bénéfice leur est retiré *sinè spe absolutionis ullius*[2]. Le second mode de libération édicté par les textes consiste dans la concession accordée par rescrit impérial d'échapper à l'obligation légale[3] de jouer en public : mais cette dernière exception ne fut pas de longue durée, et un rescrit d'Honorius l'abolit en 413, *ut voluptatibus populi ac festis diebus solitus ornatus deesse non possit*[4].

L'oubli ou plutôt le renversement des anciennes traditions qui entouraient de mépris la profession d'acteur et la réhabilitation véritable dont les comédiens étaient l'objet, devaient amener fatalement ces Romains de la décadence à franchir le dernier degré qui les séparât de l'infamie. La corruption des mœurs, l'avilissement des caractères et souvent aussi la misère, poussèrent quelques déclassés à monter sur la scène. C'est surtout à partir des guerres civiles qui ensanglantèrent les derniers temps de la République que la tendance se dessine et s'accentue : les colonies et les municipes s'empressèrent bientôt de suivre l'exemple que leur donnait la capitale[5]. Les auteurs citent surtout, parmi ceux qui furent frappés de ce déshonneur, le chevalier Decimus Laberius, auteur estimé de nombreuses pièces mimiques, qui fut invité sinon contraint par César à monter sur la scène[6]. Auguste fit aussi paraître aux jeux publics des sénateurs et des chevaliers : mais un sénatusconsulte rendu sous son règne vint réprimer cet abus et leur interdit de

1 L. 4, *eod.*

2 L. 8, *eod.*, et L. 9.

3 L. 4, *eod.*

4 L. 13, *eod.*

5 Tacite, *Histor.*, lib. II, cap. 62.

6 Macrobe, *Saturn.*, 7.

paraître comme acteurs au théâtre[1]. Certains hommes chez lesquels la perversion morale et la passion de la scène l'emportaient sur le sentiment de l'honneur, s'efforcèrent d'éluder cette prohibition à l'aide du stratagème suivant : ils se subornaient des accusateurs, se faisaient condamner pour un crime imaginaire, et après avoir ainsi perdu leur dignité de sénateurs ou de chevaliers, ils embrassaient librement la profession de comédiens. Tibère réprima cette fraude en punissant de l'exil ceux qui la commettaient[2]. Caligula et Néron se gardèrent bien de l'imiter. Ce dernier surtout, à ce que rapporte Tacite, encouragea par des présents les descendants des plus nobles familles, réduits à cette extrémité par la misère, à monter sur la scène ; et l'historien ajoute avec tristesse que par respect pour la mémoire de leurs aïeux il cachera leurs noms à la postérité[3]. L'infâme Vitellius lui-même sentit toute la bassesse de cet acte de contrainte et défendit sévèrement que les chevaliers et les sénateurs se déshonorassent publiquement au cirque ou au théâtre[4]. Cette prohibition fut bien souvent oubliée par la suite, et l'on vit à maintes reprises des hommes, dont les ancêtres avaient légué à l'histoire des noms illustres, affronter le mépris public sous le masque du comédien.

Le personnel des trois[5] théâtres de Rome se recrutait, avons-nous dit, dans trois catégories : esclaves, affranchis, hommes libres ingénus. Examinons quelle était la condition légale de chacune de ces trois classes.

ESCLAVES. — Nous n'avons guère à nous appesantir sur cette première catégorie. On sait en effet que l'esclave n'avait à Rome aucune capacité juridique personnelle et qu'il ne pouvait être question pour lui de droits proprement dits. Toutefois comme l'esclave pouvait acquérir pour son maître, beaucoup de personnes

1 Suét., *Auguste*, cap. 44.
2 Suet., *Tibère*, cap. 35.
3 Tacite. *Annales*, lib. XIV, cap. 14 et 15 ; lib. XV, cap. 32.
4 Tacite, *Historiar.*, lib. II cap. 62.
5 Sénèque, lib. I, *de Clementiâ*, cap. 6.

possédaient des troupes d'esclaves comédiens qu'elles louaient aux *editores* des Jeux publics. Ces esclaves, en raison de leurs talents, avaient souvent une valeur considérable : le jurisconsulte Paul examine à ce propos ce qu'il faut décider dans le cas où une personne, après avoir acheté *minimo pretio* un *agitator*, a dépensé des sommes considérables pour en faire un pantomime et se trouve ensuite évincée par un tiers [1]. Il décide que, dans cette hypothèse, l'*emptor* qui, en vertu des principes généraux, est fondé à réclamer à son vendeur le *id quod interest*, c'est-à dire la valeur même de la chose, ne pourra cependant obtenir le remboursement de ces *sumptus : eum qui minimo veniit pretio, iniquum videtur in magnam quantitatem obligari venditorem.* Du reste, le plus souvent ces esclaves qui formaient une troupe complète se léguaient [2] ou se vendaient ensemble. Lorsque l'on vend ainsi un ensemble de *res ejusdem generis*, il faut bien distinguer, dit Africain, *an in universos, an in singulos pretium constituatur, ut scilicet interdum una, interdum plures venditiones contractæ intelligantur* [3]. Au premier cas en effet, les vices redhibitoires d'un seul des esclaves donnent lieu à la résiliation du contrat à l'égard de tous les autres : dans le second cas au contraire l'action redhibitoire ne s'applique qu'à celui qui est atteint de vices cachés. Cependant, alors même qu'un prix séparé aurait été fixé pour chaque individu en particulier, les défauts d'un seul d'entr'eux peuvent entraîner la résolution complète du marché, si la troupe forme un ensemble absolu et si elle a été considérée par les parties contractantes comme ne pouvant être divisée, *cum manifestum erit non nisi omnes quem empturum vel venditurum fuisse* [4].

De ce principe que la valeur vénale de la troupe est en général supérieure au total de la valeur individuelle de ceux qui la com-

1 L. 43, in fine, D. *de Action. empt.* lib. XIX, tit. I.

2 L. 12, D. *de fideic*, lib. XL, tit. V.

3 L. 34, pr. D. *de Ædilitio edicto*, lib. XXI, tit. I.

4 L. 34, § 1, *eod*; conf. L. 38, § 14, *eod*.

posent, les jurisconsultes tiraient diverses conséquences : ainsi, au cas de meurtre d'un esclave comédien, l'estimation du dommage faite en vertu de la loi Aquilie ne doit pas avoir pour base le prix que pouvait être vendue la victime, mais bien la dépréciation totale causée à l'ensemble par sa disparition [1].

Il arrivait fréquemment que le peuple séduit par le talent dramatique de ces esclaves comédiens, réclamait à grands cris au théâtre leur affranchissement [2]. Leurs maîtres n'osant résister à ces sollicitations, ou pour mieux dire à ces injonctions du public, se laissaient aller généralement à leur donner la liberté. Marc Aurèle, considérant que cette contrainte morale ne pouvait être regardée comme l'expression d'une volonté librement exprimée, défendit les affranchissements de ce genre et décida que l'esclave *in spectaculo manumissus* n'acquerrait pas la liberté [3].

AFFRANCHIS. — Les affranchis composèrent longtemps avec les seuls esclaves le personnel des théâtres romains : le Digeste contient à leur égard quelques règles spéciales qu'il importe d'examiner.

L'affranchi s'engageait presque toujours par la *jurata promissio* au moment de la *manumissio,* à fournir à son maître des services ou *operæ* que celui-ci était fondé à réclamer dans la suite par l'*operarum actio*. Cette action qui, en général, n'est pas donnée au patron contre l'affranchi impubère, lui est cependant accordée malgré l'impuberté quand cet affranchi est *histrio* ou *voluptatis artifex* [4]. De plus, lorsque l'affranchi exerce la profession de pantomime, il ne doit pas seulement prêter gratuitement son concours aux jeux organisés par son ancien maître, mais encore à ceux qui sont donnés par les amis de celui-ci [5]. Le patron pouvait

1. L. 22, § 1, *ad leg. Aquil.* lib. IX tit. I ; Gaius C. 3, § 212 ; Institut, lib. IV, tit. III, § 10.

2 Suet., *Tibère*, cap. 47.

3 L. 3, Cod. *qui manumit.*, lib. VII, tit XI ; L. 17, pr. D., *qui et a quibus manum.* Lib. XL, tit. IX.

4 L. 7, § 5, *de Operis libert.* D., lib. XXXVIII, tit. I.

5 L. 27, *eod.*

même louer aux *editores* les *operæ* de son affranchi lorsqu'il ne pouvait, en raison de son peu de fortune, les utiliser autrement : il était censé dans ce cas *exigere magis operam quam mercedem capere* [1].

Du reste l'affranchi qui exerçait l'*ars ludicra* était considéré par les lois romaines avec une grande défaveur : non seulement on lui refuse le *jus liberorum* [2] qui entraînait pour les autres affranchis la *liberatio operarum*, mais encore on le frappe d'infamie et on le prive, comme nous le verrons dans la suite, de certains des droits qui lui étaient communs avec les ingénus.

HOMMES LIBRES INGÉNUS. — Le mépris dont l'opinion accablait les acteurs n'était pas purement platonique : il se traduisait juridiquement par de nombreuses incapacités. L'édit du prêteur déclarait infâmes ceux qui faisaient métier de paraître dans les représentations publiques [3], et la répulsion inspirée par cet état était telle que le soldat qui embrassait la profession d'acteur était puni de mort [4].

Afin de suivre dans notre commentaire un ordre logique, nous diviserons notre matière en deux sections dans lesquelles nous examinerons successivement :

1° Qu'est-ce que l'infamie et à quelles conditions est-elle encourue par l'acteur ;

2° Quelles sont les conséquences légales qui dérivent de l'infamie.

PREMIÈRE SECTION.

Qu'est-ce que l'infamie et à quelles conditions est-elle encourue par l'acteur ?

L'infamie, comme l'indique d'ailleurs l'étymologie même de ce mot *(in, fama)*, était un état d'infériorité sociale caractérisé par

1 L. 25 pr. et § 1, *eod*.
2 L. 37 pr., *eod*.
3 L. 1 et L. 2, § 5. D. *de His qui not. inf.*, lib. III, tit. II.
4 L. 14. D. *de Pœnis*, lib. XLVIII, tit. XIX.

de nombreuses déchéances. Les textes, pour désigner cette condition, emploient tour à tour comme synonymes les expressions de *macula existimationis* (L. 17, Code, lib. II, tit. XII), *damnum famæ* (L. 8, Code, *eod.*), *imminutio opinionis* (L. 6, § 1, Code, lib. II, tit. VI). Celui qui était frappé d'infamie était indigne de l'estime publique [1] et son *caput* était profondément entamé. Tertullien [2] dit en parlant des Romains : *Manifestè damnant (scænicos) ignominiâ et* capitis minutione, *arcentes curiâ, rostris, Senatu, Equite, ceterisque honoribus omnibus simul ac ornamentis quibusdam.* Toutefois, il ne faudrait pas prendre ces expressions à la lettre. Les textes démontrent en effet que l'infâme ne perdait ni la liberté, ni la cité, ni la famille : la loi 11 au Code, lib. III, tit. XXVIII, dit expressément : *In arenam non damnato sed suâ sponte arenario constituto, legitimæ successiones integræ sunt, sicuti civitas et libertas manet* [3]. Il arrive d'ailleurs fréquemment que les littérateurs emploient ces mots pour indiquer une déchéance, mais sans leur donner la portée qu'y attachent les jurisconsultes.

Il ne faudrait pas non plus confondre l'infamie avec la *nota censoria*. Le censeur jouissait du pouvoir discrétionnaire de chasser du Sénat, de faire passer d'une tribu dans une tribu inférieure les citoyens qui se signalaient par leur inconduite. Mais cette flétrissure, bien que présentant un caractère déshonorant pour celui qui en était l'objet, entamait bien plutôt la réputation, l'*existimatio* de l'individu, qu'elle n'influait sur ses droits, « *Censoris judicium,* dit Cicéron [4], *nihil damnato affert præter ruborem : et omnia ea judicium versantur tantùm in nomine, notam inferunt, non infamiam* [5]. » C'est ainsi, par exemple,

1 L. 5, § 1 et 2. D. *de Extraordin. cognition.*, lib. L, tit. XV.

2 Lib. *de Spectaculis*, c. 22.

3 C'est à tort que M. de Champagny prétend dans son ouvrage intitulé : *Les Césars* (t. II, p. 370), que les acteurs perdaient le droit de cité.

4 *De Republica*, 4.

5 Pro Cluentio : « In omnibus legibus quibus est exceptum de quibus causis alium accusare non liceat, istud ignominiæ genus non comprehenditur. »

que la *nota censoria* laissait intacts le *Jus honorum*, le *Jus accusandi*, le *Jus agendi populari actione*, et n'entraînait pas les déchéances nombreuses que faisait encourir l'infamie [1].

Examinons maintenant à quelles conditions les acteurs encourent l'infamie.

Le rapprochement des textes nous conduit à la formule suivante : Sont infâmes, ceux qui, moyennant salaire, s'engagent à paraître sur une scène publique en qualité de chanteurs, comédiens, danseurs, musiciens, pantomimes ou acteurs en général, et qui mettent cet engagement à exécution [2].

Reprenons successivement les divers éléments exigés par notre définiti n.

Il faut d'abord que l'engagement ait lieu *quæstus causâ, prope præmium*. Cette condition, exigée par Ulpien, d'après l'opinion de Pegasus et de Nerva fils, est formellement indiquée par la loi 2, § 5, lib. III, tit. II. Malgré la précision de ce texte, des auteurs, et notamment Godefroi, ont prétendu que celui qui joue, même gratuitement, sur un théâtre public, encourt l'infamie. Nous croyons que cette doctrine, qui a le tort grave de corriger le Digeste, ne doit pas être accueillie. Son seul argument réside dans la loi 1, § 6, lib. III, tit. I, et nous avouons ne pas bien en saisir l'importance. D'ailleurs, cette opinion ne remarque pas assez que la réprobation dont les mœurs entouraient les hommes dégradés qui servaient aux plaisirs du peuple, était variable et inégale. Ainsi, le gladiateur, le comédien, le cocher et l'athlète ne sont pas frappés des mêmes flétrissures. Ces différences résultaient assez logiquement des conditions spéciales dans lesquelles se trouvaient ces divers individus. La foule pouvait, sur un simple signe, *pollice verso*, condamner à mort le gladiateur vaincu ; elle avait

1 La loi 5, § 1 *de Extraordinariis cognitionibus* (D. lib. L. tit. XIII) définit ainsi l'*existimatio* : « Est dignitatis inlæsæ status, legibus ac moribus comprobatus, qui ex delicto nostro auctoritate legum aut minuitur aut consumitur. » Le § 2 de la même loi ajoute : « Minuitur existimatio..., cum in eam causam quis incidit, quæ edicto perpetuo infamiæ causâ enumerantur. »

2 L. 1 et 2, § 5, *de his qui not. inf.* D. Lib. III, tit. II ; L. 24, ad leg. Jul. *De adult.* Lib. XLVIII, tit. V.

le droit d'exiger que l'acteur sifflé enlevât son masque et restât ainsi exposé aux risées et aux affronts des spectateurs. Le cocher et l'athlète ne sont pas exposés à ce double danger, le métier qu'ils exercent l'un et l'autre est considéré comme moins vil que les précédents : aussi leur condition sociale est-elle plus relevée. Le cocher n'encourt pas l'infamie, et les textes se contentent de le ranger parmi les *personæ inhonestæ* [1]. Quant aux athlètes, leur situation d'hommes libres [2] et le goût que les Romains témoignèrent à toute époque pour les exercices du corps, les faisaient échapper complètement au blâme légal : bien plus, la loi unique au Code lib. X, tit. LIII décide que ceux qui, après avoir combattu toute leur vie, ont obtenu, sans collusion avec leurs rivaux, trois couronnes, dont une au moins remportée à Rome ou aux jeux anciennement établis en Grèce (jeux olympiques, isthmiques, etc., etc.) obtiendront la dispense des *munera civilia*.

La seconde condition exigée pour que l'infamie soit encourue est que l'acteur paraisse sur un théâtre public. Ulpien, dans la loi 2, § 5, lib. III, tit. II, définit ainsi la scène d'après Labéon : *Scæna est quæ ludorum faciendorum causâ, quolibet loco, ubi quis consistat moveaturque spectaculum suî præbiturus, posita sit in publico, privatove, vel in vico: Quo tamen loco passim homines spectaculi causâ admittantur*. Ainsi, il importe peu que la scène soit érigée dans une ville ou dans un bourg, dans un lieu public ou dans un édifice privé, pourvu toutefois que tout le monde indistinctement soit admis au spectacle. Au contraire, l'infamie n'est pas encourue lorsque la représentation est donnée dans une maison particulière et n'est pas accessible au public, en d'autres termes, les théâtres de société, pour employer une expression moderne, ne sont pas compris dans la répression légale. Tel était le cas des *ludi juvenales*, institués par Néron : *Priusquam* PUBLICO *theatro dehonestaretur* [3], et dans lesquels, nous dit Tacite, *non*

1 L. 4, Code, *de Spectaculis*, lib. XI, tit. XL.

2 L. 7, § 4. D. *ad Legem Aquiliam*, lib. IX, tit. II; L. 4, pr. D., lib. III, tit. II.

3 Tacite, *Annales*, lib. XIV, cap. 15.

nobilitas cuiquam, non ætas aut acti honores impedimento, quominus Græci Latinive histrionis artem exercerent usque ad gestus modosque haud viriles... [1] Mais du moment que le théâtre est public, peu importe le rôle que remplit l'acteur. Les textes prévoient spécialement le cas de ceux qui se sont engagés pour déclamer, chanter ou danser. (L. 1, *de his qui not.* Lib. III, tit. II. L. 24, D. L. XLVIII, tit. V.) Mais toutes les branches de l'*ars ludicra* tombent également sous le coup de la loi. C'est ainsi que l'infamie atteint les *gesticulatores*, les *funambuli*, les *cytharœdi*, les *moriones*, les *mimi* et *pantomimi*, les *musici* et les *histriones*, tous ceux, en un mot, qui paraissent sur la scène. Mais il ne faut pas confondre avec les acteurs, — et le jurisconsulte prend bien soin de le faire remarquer, -- ceux qui remplissent au théâtre un *ministerium* ou un service. C'est ainsi que le *dissignator*, chargé de placer et de surveiller les spectateurs [2], le *præco* ou hérault, dont la fonction consistait à avertir le public du commencement de la pièce et à transmettre divers avis [3], le *monitor* ou souffleur, les machinistes, le *præpositus a ratione vestium scænicarum* [4], ne sont pas frappés d'infamie, car ils n'exercent évidemment pas l'*ars ludicra*.

Le dernier élément exigé est enfin la mise à exécution de l'engagement. Il ne suffit pas, en effet, qu'une personne ait promis de jouer, il faut que le dessein ait été suivi de réalisation. Gaius dit à l'appui de cette opinion : *Non est ea res adeò turpis ut etiam consilium puniri debeat.* Il n'en était pas de même pour ceux qui s'étaient loués pour combattre comme gladiateurs ou comme bestiaires : la loi les frappait d'infamie alors même que le contrat n'avait pas été suivi d'exécution.

Mais quand les diverses conditions que nous venons d'énumérer se trouvaient réunies, l'individu encourait de plein droit les

1 *Eod.*

2 L. 4. D. Lib. III, tit. II.

3 Plaute. *Asin.*, in prologo.

Face jam tu nunc, præco, omnem auritum populum.

4 Orelli, 2646.

déchéances prévues par les textes. Il existe toutefois à la règle générale des exceptions qu'il importe de citer.

La première est établie en faveur des acteurs d'Atellanes. Le Digeste ne l'indique pas, mais les historiens sont très précis sur ce point. L'Atellane était un genre de comédie emprunté aux Osques et qui avait le caractère de farce nationale, destinée par ses facéties à dissiper l'impression de tristesse qui s'emparait de l'auditoire à la fin des tragédies. Ces *exodia* avaient toujours été le monopole de la jeunesse romaine et n'étaient pas du domaine des histrions. *Quod genus ludorum,* dit Tite-Live [1], *ab Oscis acceptum, tenuit juventus, nec ab histrionibus pollui passa est. Eo institutum manet, ut actores Attellanarum nec tribu moveantur, et stipendia, tanquam expertes artis ludicræ, faciant.* » Non seulement les acteurs d'Atellanes conservaient tous leurs droits et prérogatives, mais encore ils jouissaient, sur la scène, du privilège de ne pas être obligés de se démasquer [2].

La seconde exception est établie en faveur des mineurs de vingt-cinq ans. Les auteurs et les inscriptions [3] attestent que bien souvent des enfants paraissaient sur la scène : presque toujours, ils ne faisaient qu'obéir à la nécessité ou à la volonté paternelle. Cette contrainte morale et le peu de développement de leur intelligence constituaient en leur faveur une puissante excuse, et il y aurait eu injustice à flétrir sans pitié ceux qui méritaient à la fois l'intérêt et l'indulgence. Aussi, bien qu'en règle générale la *restitutio in integrum* ne fût pas admise pour le mineur de vingt-cinq ans en matière de délits [4], bien que le bénéfice de l'âge ne pût être invoqué contre les déchéances ainsi encourues, Dioclétien et Maximin décidèrent dans la loi 20 au Code *Ex quibus causis infamia irrogetur* (lib. II, tit. XII) que les mineurs de vingt-cinq ans *qui in ludicræ artis ostentatione spectaculum sui præbuerunt, inviolatam existimationem obtinent.*

1 Tite-Live, lib. VII, 2, in fine; Valer. Max. II. 4.

2 Festus v° *Persona*; Ciceron, *Paradox.* 3.

3 Orelli, *Passim.*

4 L. 9 § 4 et l. 37 § 1. D. *de Minoribus,* lib. IV, tit. IV; L. 1 et 2. Code *si adversus delict.* lib. II, tit. XXV.

Deuxième Section.

Quelles sont les conséquences légales qui dérivent de l'infamie?

Le *jus civitatis*, c'est-à-dire l'ensemble des droits qui appartiennent à chaque citoyen, comprend d'une part les droits politiques et de l'autre les droits civils : nous examinerons quelle était, à ce double point de vue, la condition des comédiens dans la législation romaine.

Droits politiques. — Les droits politiques se décomposent en *jus honorum* et en *jus suffragii.*

Le *jus honorum* consiste dans l'aptitude légale à remplir une fonction publique, dans le droit d'être investi d'une des magistratures de l'Etat. On eut évidemment considéré comme une insulte à la majesté romaine et à la dignité du citoyen l'admission aux charges et aux emplois du gouvernement de ceux qui non seulement étaient privés de l'*existimatio*, mais qui étaient même frappés d'infamie. Aussi exclut-on sévèrement du Sénat, de l'ordre équestre, de l'armée, de toutes les fonctions publiques, les hommes tarés qui montent sur la scène. La loi 2 au Code *de Dignitatibus* (lib. XII, tit. I), confirmant d'ailleurs le témoignage de tous les historiens, formule ainsi cette indignité : *Neque famosis et notatis et quos scelus aut vitæ turpitudo inquinat, et quos infamia ab honestorum cœtu segregat, dignitatis portæ patebunt* [1].

De son côté, la loi *Julia municipalis* interdit sévèrement l'accès du décurionat à celui qui *artem ludicram fecit aut fecerit* [2]. L'infamie n'avait pas seulement pour effet d'exclure pour l'avenir de tous les honneurs : elle dépouillait encore de toutes les dignités qu'on avait pu mériter dans le passé (L. 8, Code *de Decurionibus*,

1 L. 1, pr., lib. XLVIII, tit. VIII; Cicéron, *pro Cluent.*, 43 ; saint Augustin, *de Civitate Dei*, lib. II, cap. 13, 27, 29 ; Cassiodore, *Variar. form.*, X, lib. VII ; Tertullien, lib. *de Spectaculis*.

2. Caput 8, lin. 34, 35, 36, 49 ; vide Dircksen, édition de Berlin, 1817.

lib. X, tit. XXI). Toutefois, à l'époque où le décurionat devint une fonction écrasante et une cause de ruine, lorsque chacun s'efforça, par tous les moyens possibles, d'échapper à cette condition sociale, on chercha un moyen de faire participer les comédiens et tous les autres infâmes aux charges de la curie, et, par une distinction subtile, on décida qu'ils supporteraient tout le fardeau du décurionat, sans cependant en obtenir les honneurs. *Infames personæ*, dit la loi unique au Code *de Infamibus* (lib. X, tit. LVII), *licet nullis honoribus, qui integræ dignitatis hominibus deferri solent, uti possint, curalium tamen vel civilium munerum vacationem non habent, sed solemnibus indictionibus ob tutelam publicam eos satisfacere necesse est.* C'est, d'ailleurs, ce que répètent Dioclétien et Maximin dans la loi 12, au Code *de Decurionibus* (lib. X, tit. XXXI) : *Nec infames immunitatem habere, cum hæc privilegii, non notæ sit convenit.*

La tyrannie souveraine des empereurs se fit parfois un jeu de violer impudemment la loi et les bienséances en élevant aux plus hautes charges de l'Etat de misérables histrions [1]. Mais ce fut là une exception : le plus souvent, on se contentait, dans les municipes, de décerner aux acteurs les *ornamenta decurionum* sans leur conférer la dignité elle-même. Ce n'était d'ailleurs qu'une imitation de ce qui se passait à Rome, où on donnait assez souvent à des citoyens les *ornamenta senatoria* (L. 100, D., *de Verbor signif.*, lib. L, tit. XVI). C'est dans ce sens qu'il faut entendre les nombreuses inscriptions qui semblent ranger certains comédiens parmi les décurions, mais qui en réalité ne détruisent en rien les règles que nous venons d'exposer.

A côté du *jus honorum*, les citoyens possédaient le *jus suffragii*, c'est-à-dire le droit de figurer dans les comices et de participer à la confection de la loi. L'infamie privait les acteurs du droit de figurer dans ces assemblées. Cicéron dit en propres termes : *Romani hominibus scœnicis nec plebeiam tribum, quanto minus sena-*

1 Hérodien, *Héliogabale*, liv. V, Hist. R.

toriam curiam dehonestari sinunt[1]. Un passage de saint Augustin[2] confirme encore cette assertion : *Cum artem ludicram scenamque totam probro ducerent (Romani), genus id hominum non modo honore civium reliquorum carere, sed etiam tribu moveri notatione censoriâ voluerunt*[3].

Droits civils. — A l'égard des droits civils, les acteurs encouraient de nombreuses incapacités qui ne sont pas sans analogie avec celles qu'entraîne de nos jours l'interdiction légale. Ces déchéances, qui rendent la condition des infâmes inférieure à celle des autres citoyens, se produisent surtout : 1° en matière judiciaire, en prenant ces termes dans un sens large ; 2° en matière de *connubium* ; 3° en matière de successions.

§ I. — En matière judiciaire d'abord, les acteurs étaient, à raison de leur profession, en butte à certaines exclusions que nous allons examiner.

La dignité de la justice exige impérieusement que celui qui rend une décision soit à l'abri de tout reproche. *Prætores urbani, jurati*, dit Cicéron [4], *debent optimum quemque in selectos judices referre.* On comprend dès lors que logiquement les lois romaines devaient interdire aux infâmes, aux hommes méprisables qui avaient perdu l'*existimatio* des citoyens honnêtes, les fonctions

1 *Ad Familiar.*, VI, 18.

2 *De Civitate Dei*, lib. II, cap. 13 ; Tertullien, lib. *de Spectaculis*.

3 Il convient de rapprocher de cette matière certaines dispositions qui se trouvent au Code Justinien et au Code Théodosien, et qui réglementent la tenue et l'habillement des acteurs dans la vie civile. On sait qu'à Rome les courtisanes étaient obligées de se vêtir d'habits de couleurs voyantes, qui les distinguaient des matrones. La législation impériale imposa de même aux comédiennes la nécessité d'une tenue spéciale, et Théodose et Arcadius leur interdisent de porter des pierres précieuses, des vêtements tramés de soie et d'or ou nuancés de pourpre (L. 11, *de Scænicis*. Cod. Théod., lib. XV, tit. VII). Il leur est défendu également d'emprunter le costume des vierges consacrées à Dieu (L. 12, *eod.*; Cod Justinien, L. 4, *de Episcop. audient.*, lib. I, tit. IV). La Novelle 123, cap. 44, renouvelle cette dernière prohibition et interdit aux acteurs et actrices « uti schemate monachi aut monastriæ aut ascetriæ aut cujuscumque hujusmodi imitari schema. » Enfin la loi unique au Code Théodosien (lib. XV, tit. XIII) leur refuse en public l'*usus sellarum* et les condamne, pour mieux les distinguer du public honnête, à assister debout aux représentations théâtrales.

4 *Pro Cluent.* 43.

de *judex* [1]. De plus, bien que la défense de siéger comme *adsessores,* ne fût pas expressément édictée par les textes, le jurisconsulte Marcien estime qu'il y a lieu de les écarter de cet office [2]. Toutefois on leur accordait la faculté d'être choisis comme *arbitri : Pedius et Pomponius scribunt, parvi referre ingenuus qui, an libertus sit, integræ famæ quis sit arbiter, an ignominiosus* [3].

Nous trouvons ensuite dans les textes tout un ensemble de dispositions qui tendent à entourer de suspicion légitime le témoignage des acteurs et à les écarter dans beaucoup de cas du prétoire de la justice.

In testimoniis, dit la loi 2, *de Testibus,* D. (lib. XXII. tit. v), *dignitas, fides, mores, gravitàs examinanda est.* Le juge, s'inspirant de cette considération et de ce principe, ne devait pas accorder le même crédit à la déposition d'un homme *notatus* et *reprehensibilis* qu'à celle d'un homme *honestæ* et *inculpatæ vitæ* [4]. Certaines lois allaient même plus loin et interdisaient complètement aux infâmes le droit de témoigner en justice [6]. La loi Julia *de vi* notamment ne leur permettait pas de *testimonium dicere in reum* [5].

La loi Julia *de vi publicâ* qui punissait de mort ou de la déportation, suivant les cas, celui *qui aliquâ potestate præditus civem Romanum, antea ad populum, nunc ad Imperatorem, appellantem necaverit necarive jusserit* [7], exceptait formellement du bénéfice de ses dispositions ceux qui *artem ludicram faciunt.* Non seulement, du reste, les acteurs étaient privés du *jus provo-*

1 L. 12, § 2, D. *de Judiciis*, lib. V, tit. I.

2 Les *judices* et les *magistratus* avaient coutume de s'entourer de personnes versées dans la connaissance du droit : ces conseillers étaient presque toujours des jurisconsultes. L. 2, D. *de Officio adsessorum*, lib. I, tit. XXII.

3 L. 7, pr. *de Receptis qui arbitr.*, lib. IV, tit. VIII.

4 L. 3, pr. *de Testibus*, D. lib. XXII, tit. v.

5 Paul, *Sent.*, lib. V, tit. xv, § 1, *de Testibus.*

6 L. 3, § 5, *de Testibus*, D. lib. XXII, tit. v; *Collat. leg.*, tit. IX, c. 2, § 2.

7 Paul, *Sentences*, lib. V, tit. XXVI, § 1 et 2.

candi, mais ils étaient encore exclus du *jus accusandi* [1]. Ce droit d'intenter un *judicium publicum*, qui appartint à une certaine époque à chaque citoyen, leur était formellement refusé en principe : on admettait toutefois, par faveur, qu'au cas où ils poursuivaient la vengeance d'un grief personnel ou de la mort de leurs proches parents, le *jus accusandi* devait leur être reconnu [2]. Quelques autres exceptions avaient été établies à la règle générale, notamment en matière de *quæstiones læsæ majestatis*, c'est-à-dire en ce qui concerne les crimes de haute trahison ou de lèse-nation [3]. La loi Julia *Majestatis* permettait expressément aux infâmes d'en poursuivre la répression [4].

Nous trouvons enfin une autre incapacité qui a pour but et pour effet d'écarter les acteurs du prétoire de la justice, et qui consiste dans l'interdiction du *jus postulandi pro alio*. Ulpien nous dit en quoi consistait la *postulatio* : *Postulare autem est desiderium suum vel amici sui apud eum, qui jurisdictioni præest, exponere : vel alterius desiderio contradicere* [5]. En d'autres termes, les infâmes ne pouvaient remplir le ministère d'*advocati*. Cette incapacité avait été établie par le prêteur, qui, soucieux de sa dignité et de la majesté de la justice, n'avait pas voulu permettre que tout le monde indistinctement pût, sans garanties de capacité et de moralité, prendre la parole pour autrui devant son tribunal [6]. A cet effet, l'édit avait créé, en ce qui concerne la *postulatio*, trois classes de personnes : les unes ne pouvaient *postulare nec pro se nec pro aliis*, les autres pouvaient *postulare pro se non pro aliis*, les dernières avaient le droit de *postulare pro se et pro certis* [7]. Les gens de théâtre étaient rangés

1 L. 4 et 8, *de Accusationibus*, D. lib. XLVIII, tit. II.

2 L. 11, pr. *eod.*

3 L. 1, ad leg. Juliam *Majestatis*, lib. XLVIII, tit. IV : « Majestas autem crimen illud est, quod adversus populum Romanum, vel adversus securitatem ejus committitur. »

4 L. 7, pr. *eod.*

5 L. 1, § 2, *de Postulando*, lib, III, tit. I.

6 L. 1, pr. *de Postulando*, D. lib. III, tit I.

7 L. 1, § 3, 5 et 7, *eod.*

dans la seconde catégorie ; toutefois si, en principe, ils ne pouvaient *postulare pro alio,* on admettait que, lorsqu'ils étaient tuteurs ou curateurs, ils pouvaient plaider pour leurs pupilles [1]. En dehors de cette exception, les infractions aux défenses de l'édit étaient punies d'une amende dont le *quantum* était laissé à l'arbitraire du juge [2].

L'interdiction du *jus postulandi pro alio* entraînait, par voie de conséquence, d'autres incapacités mentionnées par les textes.

La première est la déchéance du droit d'être institué *cognitor,* c'est-à-dire du droit de représenter quelqu'un en justice, soit en qualité de demandeur, soit en qualité de défendeur. *Omnes infames,* dit Paul [3], *qui postulare prohibentur, cognitores fieri non possunt, etiam volentibus adversariis.* Quand plus tard les *procuratores* remplacèrent les *cognitores,* l'incapacité fut étendue par la législation à cette nouvelle fonction [4]. Lorsqu'un incapable était institué *cognitor,* au mépris des dispositions légales, l'adversaire était en droit de lui opposer l'exception dilatoire connue d'abord sous le nom d'*exceptio cognitoria,* puis sous celui d'*exceptio procuratoria* [5]. La personne représentée devait alors ou agir elle-même ou constituer un autre mandataire. Cette incapacité fut, du reste, abolie par Justinien dans le but de faciliter le cours de la justice, et les Institutes disent en propres termes : *Eas vero exceptiones quæ olim procuratoribus propter infamiam vel dantis vel ipsius procuratoris opponebantur, cum in judiciis frequentari nullo modo perspeximus, conquiescere sanximus : ne dum de his altercatur, ipsius negotii disceptatio proteletur* [6]. Ce dernier texte établit, en outre, que si les infâmes ne pouvaient être choisis comme *procuratores,* ils ne pouvaient pas davantage

1 L. 1, § 6, *eod.*

2 *Eod.*

3 *Sentences,* lib. I, tit. II, § 1, *de Cognitoribus.*

4 Fragment. Vatic. § 321, 322, 323, 324, 326 ; *Institutes,* lib. IV, tit. XIII, § 11, *de Exceptionibus.*

5 Gaius, *Comment.,* IV, § 124 ; *Instit.,* lib. IV, tit. XIII, § 11.

6 *Institutes, de Exceptionibus,* lib. IV, tit. XIII, § 11.

se constituer un représentant en justice. Cette incapacité entraînait en outre fatalement celle de céder une créance ou de se rendre cessionnaire d'une créance d'autrui.

Une seconde déchéance entraînée par l'interdiction du *jus postulandi pro alio* est l'incapacité d'être choisi comme *legatus*. « Quelle que soit la forme de l'Etat, dit M. Leroy [1], les gouvernés sont souvent obligés de communiquer avec le pouvoir central pour traiter des affaires concernant leurs cités ou leurs provinces, et comme la poste n'existait pas chez les Romains, les sujets de l'empire envoyaient dans ce but à l'empereur des députations que l'on appelait *legatio provincialis, legatio municipalis*. » Le droit de porter ainsi à Rome ou à Constantinople les réclamations ou les suppliques de ses concitoyens constituait un *munus personale* [2] : la loi 4, § 1, *de legationibus* (D. lib. L, tit. VII), déclare que ceux qui n'ont pas le *jus postulandi* ne peuvent remplir cette mission.

En troisième lieu, ceux qui n'ont pas le *jus postulandi* ne peuvent intenter une action populaire. *Popularis actio integræ personæ permittitur : hoc est, cui per edictum postulare licet* [3]. Celui qui inventait une action populaire agissait en effet comme *procurator* du peuple.

Ajoutons enfin que la législation romaine ne frappait pas des mêmes peines les infâmes et les *honesti*. *Majores nostri*, dit Callistrate [4], *in omni supplicio severius servos quam liberos; famosos, quam integræ famæ homines, punierunt*. On retrouve à chaque pas, dans le droit criminel, cette distinction basée sur la différence de condition sociale et aboutissant à des résultats aussi injustes qu'illogiques. C'est ainsi que les décurions n'étaient passibles ni de la condamnation aux mines ou au travail des mines, ni du supplice du bûcher ou de la fourche, et ne pouvaient

1 Paul Leroy, *des Légations selon le droit et les usages romains;* Houdoy, *Droit municipal romain*, page 451.

2 L. 1, § 2. D. *de Muneribus*, lib. L, tit. IV.

3 L. 4, *de Popular. act.* D., lib. XLVII, tit. XXIII.

4 L. 28, § 16. D. *de Pœnis*, lib. XLVIII, tit. XIX

ni être exposés aux bêtes ni battus de verges. Les acteurs que l'infamie de leur profession faisait ranger parmi les *humiliores* pouvaient au contraire encourir ces diverses pénalités : nous avons déjà vu que les magistrats exerçaient sur eux un droit de surveillance et avaient le pouvoir de leur faire administrer le fouet.

Nous trouvons, du reste, une application manifeste de la règle générale que nous venons d'exposer dans les dispositions de la loi Julia *de Adulteriis* [1], qui permettent au mari, en cas de flagrant délit d'adultère, de tuer le comédien qu'il surprend avec sa femme. D'après la législation romaine, le père seul avait, en principe, le droit de tuer impunément, soit dans sa propre maison, soit dans celle de son gendre, sa fille et le complice trouvé avec elle en flagrant délit d'adultère [2]. Le mari, au contraire, ne pouvait jamais tuer impunément sa femme : quant au complice, il n'avait le droit de le tuer que lorsqu'il était une personne infâme, *si artem ludicram ante fecerit, aut in scenam saltandi cantandive causâ prodierit* [3]. Hors ce cas, le meurtre du complice n'était pas excusable.

En sens inverse, la loi Julia *de Adulteriis* ne punissait pas l'adultère de la femme, lorsqu'avant le mariage elle exerçait la profession de comédienne. On estimait avec raison que sa vie passée ne permettait guère au mari de compter sur sa fidélité dans l'avenir. Beaucoup de Romaines, afin de se ménager le bénéfice de la loi, n'hésitèrent pas à monter sur le théâtre, espérant pouvoir un jour s'abandonner impunément à leurs passions. Un sénatus-consulte rendu sous Tibère et dont il est fait mention au Digeste [4], déjoua ce calcul, en punissant de l'exil les femmes qui usaient de ce stratagème, et en décidant qu'elles pourraient être accusées d'adultère et condamnées pour ce délit.

1 Votée sous Auguste (L. 1, D. ad leg. Jul. *de Adult.*, lib. XLVIII, tit. v.

2 L. 20, 23, §§ 2 à 4, *eod.*

3 L. 24, pr. *eod.*; Paul, *Sentences*, lib. II, tit. XXVI, § 4.

4 L. 10, § 2, ad leg. Jul. *eod.*; Suetone, *Tibere*, cap. 35.

§ II. *Incapacités des acteurs en matière de* CONNUBIUM.

L'immense faveur dont les gens de théâtre jouissaient dans la société romaine et la fortune considérable réalisée par beaucoup d'entr'eux eussent amené inévitablement, si on n'y avait pris garde, des unions que le rigorisme jaloux des lois et le respect des traditions devaient faire sévèrement proscrire. Il eut été vraiment scandaleux de voir des hommes accablés par le mépris public, épouser des Romaines appartenant aux premières familles de l'État, et trouver ainsi dans le mariage une sorte de réhabilitation de leur infamie. Permettre à un ingénu d'épouser une comédienne, c'était abaisser et compromettre la dignité du citoyen. On le comprit sans peine, et cette expression de l'opinion publique se reflète clairement dans le texte suivant de Modestin [1] : *Semper in conjunctionibus non solum quid liceat considerandum est, sed quid honestum sit.*

Dans le but d'empêcher cet abus, la loi Julia *de Maritandis ordinibus* décida d'une manière générale qu'un ingénu ne pourrait épouser une femme *quæ artem ludicram fecerit* [2]. Ses prohibitions, plus strictes encore en ce qui concerne les familles sénatoriales, sont formulées nettement dans la loi 44 *de Ritu nuptiarum* [3] : *Qui senator est, quive filius, neposve ex filio, proneposve ex filio nato, cujus eorum est, erit : ne quis eorum sponsam uxoremve sciens dolo malo habeto libertinam, aut eam quæ ipsa, cujusve pater, materve artem ludicram facit, fecerit ; neve senatoris filia, neptisve ex filio, proneptisve ex nepote, filio nato, nata ; libertino eive, qui ipse, cusjusve pater, materve artem ludicram facit, facerit : sponsa nuptave sciens dolo malo esto : neve quis eorum dolo malo, sciens sponsam uxoremve ha-*

1 L. 42, pr. D. *de Ritu nupt.*, lib. XXIII, tit. II.

2 Ulpien, *Règles*, tit. XIII, § 2.

3 Voir aussi Ulpien, *loc. citat.*, § 1.

beto. Ainsi pour les sénateurs on ne s'attache pas seulement à l'honorabilité de la personne elle-même, mais encore à celle de sa famille : toutefois dans cette recherche on ne remontait pas au delà du premier degré, et le jurisconsulte Paul prend soin de faire remarquer qu'il importe peu que l'aïeul ou l'aïeule aient exercé la profession de comédien [1]. Quant au père, qu'il soit naturel ou adoptif, qu'il ait encore ou qu'il n'ait plus son enfant sous sa puissance, du moment qu'il a été acteur ou qu'il l'est encore au moment du mariage, l'empêchement subsiste [2] et la sanction de cette prohibition est la nullité du *connubium* [3], tout au moins depuis Marc-Aurèle. Il est toutefois un cas où une fille de sénateur peut épouser un comédien, c'est lorsqu'elle même exerce l'*ars ludicra : nec (enim) honos ei servatur,* dit la loi 47, *quæ se in tantum (fœdus) deduxit* [4]. Quant aux femmes de sénateurs ou de fils de sénateurs qui postérieurement au mariage se font actrices, la loi permet à leurs maris de les renvoyer [5].

Ces interdictions, maintenues et élargies par Constantin, furent étendues aux *præfecti*, aux *duumviri* et aux *sacerdotii* [6], à qui on défendit comme aux sénateurs les unions avec les gens de théâtre. Valentinien appliqua la prohibition à tous ceux qui étaient pourvus des *amplissimæ dignitates* [7].

Justin cédant aux sollicitations de Justinien, son neveu, qui voulait épouser la comédienne Theodora, modifia complètement la législation antérieure. Il décida que les femmes qui, se retirant du théâtre, abandonneraient leur existence dissolue pour mener une vie honorable, pourraient obtenir de l'empereur l'autorisation de contracter mariage avec toutes personnes, même avec les dignitaires de l'empire. La seule condition requise dans ce cas est la

1 L. 44, § *de Ritu nuptiar.*
2 L. 44, §§ 3, 4, 6, *eod.*
3 L. 42, § 1, *eod.*
4 L. 47, *eod.*
5 L. 44, § 7, *eod.*
6 L. 1, *de natur. lib.* Code, lib. V, tit. XXVII.
7 L. 7, *de incest. nupt.* Code, lib. V, tit. V.

rédaction d'un *instrumentum dotale*. La même constitution complète la réforme en s'occupant des filles d'actrices qui tombaient sous le coup des prohibitions de la loi Julia. Une distinction est faite à leur égard suivant qu'elles sont nées *post* ou *ante expurgationem vitæ matris suæ*. Au premier cas, les anciennes interdictions disparaissent complètement et elles peuvent librement contracter mariage avec qui que ce soit : au second cas, il leur suffit de solliciter un rescrit du prince pour être entièrement relevées de leur incapacité. Quant à celle dont la mère est restée au théâtre jusqu'à sa mort, elle peut également obtenir par ce moyen *liberationem maternæ injuriæ et nubendi licentiam*.

Justinien fut plus radical encore dans ses innovations : il abrogea entièrement la législation restrictive et permit le mariage entre toutes personnes indistinctement, à seule charge pour ceux qui remplissent les *magnæ dignitates* de dresser un *instrumentatum dotale*[1].

§ III. — *Incapacités des acteurs en matière de succession.*

L'infamie résultant de l'exercice de la profession de comédien n'enlève à celui qu'elle frappe aucun des droits que la loi lui attribue en matière de succession *ab intestat*[2] : toutefois il n'en est pas de même dans la succession testamentaire. Il faut à cet égard distinguer deux hypothèses :

1° Le fils a été exhérédé dans le testament paternel. — Les textes décident que dans ce cas il ne pourra obtenir la *querela inofficiosi* : l'exercice de la profession d'acteur constitue en effet une juste cause d'exhérédation. Il n'en serait pas de même cependant si le testateur était lui-même comédien[3].

2° Le fils a été institué dans le testament paternel. — Lors-

1 Nov. 117, c. 6.

2 Voir toutefois Ulpien, *Règles*, XVI, § 1.

3 L. 11, code *de inoff. testam.* lib. III, tit. XXVIII ; Nov. 115, c. 3, § 10.

qu'il n'existait pas d'autres enfants du testateur exhérédés dans le testament, la règle générale était que les frères et sœurs du *decujus* n'obtenaient pas la *querela inofficiosi* contre l'institution ainsi faite. Toutefois, une exception avait été établie pour le cas où l'institué était une *persona turpis* ; les frères et sœurs germains pouvaient alors, *agnatione durante*, obtenir la *querela inofficiosi* [1]. Justinien modifia ce principe en décidant que la *querela* serait accordée dans cette hypothèse même aux frères consanguins, *durante agnatione vel non* [2].

Telle était dans la société romaine la condition des acteurs. En principe, la tache était indélébile, l'infamie était perpétuelle : toutefois des comédiens obtinrent à titre exceptionnel la *restitutio in integrum* contre les déchéance squ'ils avaient encourues. Cette réhabilitation pouvait être accordée par le peuple ou le sénat, puis par le préteur et enfin par l'empereur.

1 L. 1, code Theod. *de inoff. test.*, lib. II, tit. XIX.

2 L. 27, code *de inoff. test.*, lib. III, tit. XXVIII ; *Instit.*, lib., II, tit. XVIII, § 1.

DE LA

LÉGISLATION DES THÉATRES

EN FRANCE

INTRODUCTION

Le théâtre était en proie à une profonde et irrémédiable décadence quand le flot des invasions barbares, envahissant l'empire romain, vint étouffer les derniers éléments de civilisation et ensevelir dans l'oubli les restes dégénérés de l'art dramatique. Pendant cette sombre et douloureuse période de décomposition sociale, la vie intellectuelle semble presque éteinte : la littérature romaine, qui avait brillé jadis d'un si vif éclat, se réduit à quelques essais pénibles, écrits dans cet idiôme imparfait du bas empire dont le mélange des races avait encore accentué la corruption. Les conquérants, sortis de leurs forêts antiques, en proie à des mœurs farouches et primitives, ne devaient guère, on le comprend, réagir contre la décadence générale des arts : il faut cependant leur rendre justice et reconnaître que parfois, dans leur œuvre de destruction, ils se montrèrent plus humains et plus sages que les peuples cultivés qu'ils avaient vaincus. Tandis, en effet, que les déclamations des philosophes, les menaces de la législation impériale et les apostrophes indignées des Pères de l'Église avaient été impuissantes à faire disparaître les combats de gladiateurs, un roi barbare, Théodoric, supprima, en 493, ces luttes homicides et sanglantes qui, depuis trop longtemps, déshonoraient l'humanité.

Peu à peu cependant, sous l'effort des siècles, le travail de reconstitution s'opère, les institutions s'affermissent, et une société nouvelle sort rajeunie des ruines du monde antique. Bientôt, grâce à l'influence de l'Église, on voit apparaître ces cérémonies étranges, visiblement inspirées par l'influence du paganisme, qui constituent le drame hiératique. A certains jours de l'année, les nefs des cathédrales et les voûtes des monastères se transforment en théâtres où, prêtres et clercs, représentent en latin, aux yeux des fidèles, des scènes bibliques, telles que la nativité du Christ, la fuite en Égypte, et le massacre des Innocents. Ces mystères, enregistrés par l'office du Saint-Sépulcre de Rouen et les rituels de Narbonne, de Sens et du Mont-Saint-Michel, ont été approuvés par les Papes et ont pris place dans le culte orthodoxe. C'est encore de cette époque que datent les fêtes burlesques de l'Ane et du Pape des fous, dont l'extrême licence passerait aujourd'hui pour une profanation sacrilège, mais que les mœurs du temps acceptaient sans protestations et sans scrupules.

Plus tard, le progrès continue son œuvre : au XIe siècle, la transition du latin aux idiômes vulgaires s'opère de plus en plus et donne naissance à ces compositions mélangées de latin et de langage usuel auxquelles on a donné le nom de drames farcis. Les âges qui suivent voient éclore une véritable renaissance intellectuelle : tandis que les troubadours provençaux donnent à leurs poétiques récits un charme et une élégance depuis longtemps inconnus, les trouvères du Nord et notamment Adam de la Halle et Rutebœuf, préludent à ces longs poèmes dont la critique littéraire a dévoilé toute l'importance. Au début du XIIIe siècle, le théâtre cesse d'être exclusivement hiératique et commence à sortir des églises : le grand mouvement national et religieux qui avait amené les Croisades, les fêtes pompeuses célébrées à la joyeuse entrée des rois et des princes vinrent favoriser merveilleusement cette évolution de la scène, et après une interruption et un silence de neuf siècles, nous trouvons enfin le premier document juridique qui signale, en 1398, l'apparition du théâtre en France. Cette date marque logiquement le point de départ de nos études sur l'ancienne législation.

Notre commentaire comprendra deux parties : l'une administrative, dans laquelle nous examinerons les difficultés relatives :

1° A la liberté des théâtres ;

2° A la censure dramatique ;

3° Au droit des pauvres ;

4° A la police des théâtres.

Dans notre seconde partie, exclusivement consacrée au droit privé, nous passerons successivement en revue les questions qui peuvent naître des relations et des contrats du directeur de théâtre :

1° Avec les auteurs ;

2° Avec les acteurs ;

3° Avec le public.

LÉGISLATION ADMINISTRATIVE

CHAPITRE PREMIER

DE LA LIBERTÉ DES THÉATRES.

« Dans presque toutes les villes de France, disait Turgot dans le préambule de l'édit de 1776, l'exercice des différents arts et métiers est concentré dans les mains d'un petit nombre de maîtres, réunis en communauté, qui peuvent seuls, à l'exclusion de tous les autres citoyens, fabriquer ou vendre les objets du commerce particulier, dont ils ont le privilège exclusif. »

Ces paroles, qui caractérisent d'une façon bien nette l'organisation générale de la propriété industrielle dans l'ancien régime, sont particulièrement exactes en ce qui concerne les théâtres. Aucune scène ne pouvait, en effet, s'élever dans toute l'étendue du royaume, sans obtention d'un privilège qui devenait entre les mains du titulaire un véritable monopole : de plus, chaque théâtre devait se borner à la représentation des pièces qui rentraient dans son répertoire et se renfermer strictement dans le genre particulier qui lui était assigné.

Ce régime exclusif, qui paralysait d'une façon si funeste l'essor de l'initiative individuelle, fut aboli par la Constituante, qui proclama la liberté industrielle et brisa les entraves qui s'opposaient à la concurrence. Mais tandis que les principes économiques reconnus par la Révolution sont restés la loi commune et immuable du travail national, un retour vers le passé, un mouvement rétrograde s'opéra au commencement de ce siècle, en ce qui concerne les théâtres. Pendant longtemps, l'ouverture et l'exploitation des salles de spectacles furent de nouveau subordonnées au consentement du Pouvoir exécutif, qui ressuscita une grande partie des règles usitées dans l'ancienne société française, notamment la fixation des genres et la limitation du nombre des théâtres. Le décret du 6 janvier 1864 vint heureusement effacer ces vestiges d'un régime économique qui n'avait plus sa raison d'être, et proclamer la liberté complète de l'industrie théâtrale.

Bien des voix intéressées s'élevèrent contre cette réforme et protestèrent au nom des intérêts de l'art. Ne voyez-vous pas, disait-on, qu'en ouvrant la porte à la concurrence vous exposez les théâtres à une ruine complète. Quand le nombre des scènes lyriques et dramatiques était restreint, les directeurs avaient déjà peine à faire face à leurs engagements : que deviendront-ils maintenant que, par une révolution imprudente, on leur suscite des rivaux ! Et en effet, continuait-on, chaque ville compte un certain nombre de personnes qui fréquentent les théâtres et dont l'assiduité plus ou moins grande au spectacle remplit la caisse de l'entreprise. Si ce nombre limité d'individus, au lieu de se répartir dans dix salles, se répand dans vingt théâtres, les recettes baisseront sensiblement dans chacun d'eux, et la conséquence de cet état dangereux, ce sera la ruine générale des directeurs. Tout cela n'était rien, continuaient les partisans du privilège, à côté de la décadence profonde qui attendait irrémédiablement l'art dramatique : les entrepreneurs, afin de diminuer leurs frais généraux, engageraient des artistes de second ordre, les auteurs et les acteurs seraient payés un prix dérisoire, et l'on arriverait à une désertion complète de la carrière dramatique. On évoquait enfin le souvenir de l'expérience désastreuse faite pendant les années de la Révolution, et l'on prédisait dans un avenir prochain la faillite de tous les directeurs..

Ces raisons assurément n'étaient pas sans valeur, mais nous croyons cependant qu'elles ne peuvent suffire à justifier la théorie du monopole Nous ferons tout d'abord remarquer que les adversaires de la liberté se gardaient bien de parler des principes généraux qui sont la loi de notre industrie française et qui exigent que chacun, dans la sphère de ses moyens, ait le droit d'exploiter le commerce qu'il lui plaît. Nous constaterons également qu'ils passaient sous silence les tripotages scandaleux et l'arbitraire regrettable auxquels donnait lieu trop souvent la concession des privilèges. Ajoutons enfin qu'il n'est pas exact de prétendre que l'art doive redouter la concurrence comme un malheur. Reportons-nous aux faits : ils pourront nous fournir d'utiles enseignements. Quelle était la position des auteurs sous le régime du droit exclusif? Ils étaient complètement à la merci des directeurs qui prenaient parfois un compositeur en haine et refusaient impitoyablement toutes ses œuvres. Ce malheur arriva, à une époque relativement récente, au musicien Adam et à bien d'autres auteurs. Puis, quand par hasard l'entrepreneur était en même temps écrivain, il accaparait le théâtre à son profit, et ne représentait que ses œuvres. Tout le monde sait que le répertoire de Molière se composait presque exclusivement des ouvrages de ce grand génie. Pendant les quinze années de sa gestion à l'Académie royale de musique, Lully chanta les vers que soupirait Quinault, et les vingt opéras nouveaux qui furent joués pendant cette période émanaient tous du célèbre musicien. De nos jours encore, Offenbach, directeur privilégié des Bouffes-Parisiens, comptait vingt-un ouvrages de sa composition sur les cinquante-deux opérettes qui furent exécutées [1] en quelques années Pour peu qu'une œuvre obtienne du succès et occupe l'affiche pendant un certain temps, les auteurs, avec ce système, se trouvent, comme cela s'est vu vers la fin du XVIIIe siècle, dans l'impossibilité de faire jouer leurs pièces. Quant aux acteurs, leur position n'était pas moins délicate : le nombre restreint des théâtres limitant celui des emplois, l'artiste qui n'avait pas su trouver un engagement, courait grand risque de ne pouvoir se placer. La liberté théâtrale, au contraire, en faisant éclore une foule de scènes nouvelles, a permis aux acteurs de talent d'exiger des conditions avantageuses : les directeurs, stimulés par la concurrence, se sont disputé les interprètes célèbres, et ont amené ainsi l'exagération des appointements des artistes. Il n'est pas plus vrai de prétendre que le nombre restreint d'habitués qui fréquentent les théâtres n'augmente pas, et que les recettes doivent baisser, au grand détriment de toutes les entreprises. Le goût des spectacles se déve-

1 *La Musique au théâtre*, par A. Malliot, chap. V et VI.

loppe tous les jours en France, et grandit d'autant mieux que la multiplication des théâtres permet d'assister à des représentations variées, au lieu d'être réduit aux mêmes pièces jouées pendant des mois entiers par les mêmes directeurs. Il ne faut pas perdre de vue, du reste, que la facilité des communications amène journellement dans nos villes une foule d'étrangers qui fréquentent beaucoup les théâtres et fournissent un contingent énorme de spectateurs qui n'existait pas autrefois dans les mêmes proportions.

La pratique de quinze ans a montré l'inanité des craintes des adversaires de ce système : des faillites ont eu lieu sans doute, — absolument comme sous le régime du privilège, — mais elles ont été occasionnées le plus souvent par une administration maladroite et inintelligente qui dépensait follement des sommes considérables, et se trouvait, d'autre part, écrasée par le droit des pauvres. Les directeurs habiles, au contraire, ont su profiter de la liberté pour élever leur répertoire à la hauteur de celui de nos meilleures scènes : le Gymnase et le Vaudeville ont représenté des œuvres dues à la plume de membres de l'Académie française et aux plus célèbres de nos littérateurs contemporains. D'autres théâtres ont suivi leur exemple : l'art dramatique s'est sensiblement élevé, les entreprises sagement conduites ont prospéré, et on peut dire que le nouveau régime a été fécond en résultats heureux. [1]

Nous examinerons, à propos de la liberté du théâtre :

1° La législation historique du régime de l'industrie théâtrale;

2° Les règles nouvelles édictées par le décret du 6 janvier 1864.

Section I.

Exposé historique du régime des théâtres.

La législation théâtrale, avec ses variations nombreuses et ses

1 Quant à la fixation des genres, qui est le corollaire logique et nécessaire du régime du privilège, elle menait aux résultats les plus étranges et les plus regrettables au point de vue artistique. Nous nous contenterons de citer, à l'appui de notre opinion, la critique qu'Alexandre Dumas fils adresse à ce système dans sa préface de l'*Étrangère :*

« Personne, ceci soit dit en passant et sans autre intention de me faire valoir, personne, dans sa carrière et surtout à ses débuts, n'a eu plus à lutter que celui qui écrit ces lignes, contre les traditions étroites du public, auxquelles venait réformes profondes, nous conduit tout naturellement à distinguer trois périodes qui nous amèneront au commentaire des règles actuellement applicables à l'ouverture des salles de spectacles. Nous étudierons :

1° La législation de 1402 à 1791 ;

2° Les innovations inaugurées sous la Révolution jusqu'au décret du 8 juin 1806 ;

3° Les dispositions suivies depuis le décret de 1806 jusqu'au décret du 6 janvier 1864.

§ I. — Première période.

De 1402 à 1791.

Boileau, dans son *Art poétique* [1], a retracé d'une façon assez exacte, mais fort peu indulgente, les commencements timides et modestes de notre grande scène française :

> Chez nos dévots aïeux, le théâtre abhorré,
> Fut longtemps dans la France un plaisir ignoré.
> De pèlerins, dit-on, une troupe grossière,
> En public à Paris y monta la première;
> Et sottement zélée en sa simplicité,
> Joua les saints, la Vierge et Dieu par piété.

C'est au commencement du XVe siècle que se place l'épisode décrit par le poète. En 1398, tous les yeux se tournaient vers l'Orient : les pélerins qui revenaient de Terre-Sainte enflammaient les esprits par de merveilleux et légendaires récits de la

s'ajouter encore, à cette époque, le classement des genres. Au nom de je ne sais quelle hiérarchie dans les entreprises dramatiques, nul ne pouvait ouvrir une salle de spectacle sans un privilège du gouvernement, lequel n'accordait ce privilège qu'en soumettant l'entrepreneur, les auteurs, et l'art, par conséquent, à de certaines charges et conditions complètement absurdes. Ainsi, au Vaudeville et au Gymnase, où l'auteur a donné ses premiers ouvrages, il y avait alors nombre de choses que non-seulement on ne pouvait pas dire, mais qu'il fallait chanter. Voilà qui était bien autrement contre la nature et contre la vérité ! L'auteur en question protestait devant la censure, mais inutilement, et c'est ainsi que, pour tâcher de concilier tout, il a introduit dans le premier acte de la *Dame aux Caméiias* une chanson pendant le souper, et pendant le premier acte de *Diane de Lys* la chanson de Valentin, qui viennent là, il faut en convenir, comme, selon la comparaison vulgaire, des cheveux dans la soupe. »

1 Chant III, vers 81 et suiv. Edition de Genève, Fabri et Barrillot, 1716.

Croisade, la grande entreprise des siècles précédents. Quelques bourgeois de Paris, profitant de la tendance générale, conçurent le projet de représenter à Saint-Maur, près de Vincennes, le drame du Calvaire et la Passion du Christ. La foule courut avec empressement à ce spectacle dont la nouveauté hardie ne tarda pas à exciter de violentes clameurs et une puissante opposition. Le prévôt de Paris s'en émut, et craignant sans doute que ces représentations ne dégénérassent en profanations et en scandales, comme celles des Jongleurs dont les excès avaient été réprimés par de nombreuses ordonnances, il défendit, le 3 juin 1398, à tous les habitants de Paris et des villes de sa juridiction « de représenter aucuns jeux de personnaiges, soit de vies de saincts ou aultrement, sans le congié du Roy, sous peine d'encourir son indignation et de forfaire envers luy ».

Arrêtés par ces prohibitions, les bourgeois s'adressèrent à l'autorité royale, et, afin d'obtenir plus aisément l'autorisation, ils se formèrent en confrérie sous le vocable de la Passion de Notre-Seigneur. Charles VI qui, sur leur demande, avait assisté à leurs représentations, fut si charmé de ce spectacle que, par lettres patentes du mois de décembre 1402, il leur accorda « ceste fois pour toutes et à toujours perpétuellement... authorité, congié et licence de faire jouer quelque mystère que ce soit, soit de ladicte Passion et Résurrection ou aultres quelconques, tant de saincts comme de sainctes, qu'ils voudront élire et mettre sus, toutes et quantes fois qu'il leur plaira ». Cette ordonnance rassurait non-seulement les confrères contre les menaces du prévôt de Paris, mais leur accordait, en outre, un privilège qui les mettait à l'abri de la concurrence des entreprises rivales. Ils s'établirent donc à l'hôtel de la Trinité, où ils demeurèrent pendant un siècle et demi ; puis ils passèrent à l'hôtel de Flandres, et, en 1548, à l'hôtel de Bourgogne. Leur droit exclusif et leur monopole furent successivement confirmés par François Ier en 1518, par Henri II en mars 1559, et par Charles IX en décembre 1569.

Le succès retentissant des confrères excita dès le début l'envie et l'émulation d'une corporation qui, à cette époque, tenait une large place dans l'Etat, nous voulons parler de la Bazoche. Composée des jeunes clercs qui travaillaient chez les procureurs de Paris, cette société, dont l'existence légale avait été reconnue par Philippe-le-Bel, jouissait de droits et de prérogatives bizarres. La Bazoche avait non-seulement sa monnaie particulière et ses armes, qui se composaient de trois écritoires d'or en champ d'azur, mais encore toute une organisation spéciale, analogue à celle du royaume. Elle comptait un roi, à qui les ordonnances reconnaissaient le droit de porter une toque pareille à celle du roi de France ; ce souverain exerçait le droit de justice et de juridiction sur tous les membres de la corporation, et avait sous ses ordres un chancelier, des maîtres des requêtes, un avocat et un procureur-général, un grand référendaire et un rapporteur en chancellerie, un grand audiencier et une foule d'autres officiers [1]. La Bazoche qui, en de nombreuses occasions, donna des signes de sa puissance, célébrait chaque année diverses fêtes que les historiens ont minutieusement décrites, et notamment une monstre ou revue générale des membres de la communauté. Les clercs voulurent rehausser l'éclat de ces cérémonies en représentant aux yeux du peuple certains spectacles. Quel ne serait pas le succès si, au lieu du répertoire ennuyeux des confrères et de leurs acteurs inhabiles, on voyait monter sur la scène ceux qui constituaient l'élite de la population intelligente et pouvaient donner à leurs jeux un éclat et une variété encore inconnus ! La Bazoche s'adressa au Parlement et au Roi, et obtint de donner trois représentations annuelles ; mais comme le privilège attribuait aux confrères certains sujets et qu'on ne pouvait empiéter sur leur droit exclusif, on chercha une voie nouvelle dans les moralités et les farces. « L'allégorie, qui régnait depuis plus d'un siècle dans le roman, dit M. Lenient [2], monte alors sur le théâtre. Il n'est pas d'abstraction si creuse et si impalpable qui ne prenne un corps et ne devienne bientôt homme ou

1 *Statuts et règlements du royaume de la Bazoche*. Paris, 1586. — Voir aussi les Frères Parfaict, *Histoire du théâtre français*, t. II, et Jubinal, dans la préface des *Mystères inédits du XVe siècle*.

2 *Histoire de la Satire au moyen âge*, p. 328. Paris, Hachette, 1877.

femme. On entend crier le sang d'Abel, on voit marcher la Terre et le Limon qui engendrent l'adolescent ; on assiste à la dispute de la Chair et de l'Esprit. » Quant aux farces, nous n'avons pas à décrire en quoi elles consistaient : tout le monde connaît ces pièces légères et piquantes, à l'allure éminemment gauloise, badinage spirituel qui ridiculisait d'une façon plaisante quelque trait ou quelque aventure contemporains.

A côté de la Bazoche, se forma une autre société composée de jeunes gens de famille qui, supposant un royaume établi sur les défauts et les vices du genre humain, le nommèrent Royaume de la sottise, et élurent un chef qu'ils appelèrent Prince des sots. Les habitudes de la corporation ont été célébrées, par un de ses poètes, en quelques vers qui font bien connaître ses aspirations et son but :

> Boire matin, faire et noise et tanson,
> Dessus le soir, pour l'amour de sa mie,
> Devant son huis, la petite chanson ;
> Trancher du brave et du mauvais garçon...
> Le lendemain recommencer la presse.
> Conclusion : nous demandons liesse.

Cette compagnie joyeuse créa la sottie, et, fraternisant avec la société de la Bazoche, elle lui permit de jouer ce genre de pièces, tandis qu'elle recevait en compensation le droit de représenter les moralités et les farces.

Voilà quels sont les trois théâtres privilégiés qui, pendant deux siècles, jouèrent dans Paris. En province, on ne trouve pas trace de l'établissement de théâtres permanents, mais on voit certaines sociétés littéraires représenter des mystères et des farces, avec la permission préalable de l'autorité.

La Bazoche, après avoir longtemps tenu le sceptre dramatique, cessa en 1545 ses représentations : une peste terrible ravageait Paris, et le Parlement, craignant avec raison les dangers qui pouvaient résulter de l'agglomération du public, défendit de procéder à l'exécution du jeu, « attendu l'indisposition du tems et péril de maladies ayant de présent cours ». Les Enfants Sans-Soucy eux-mêmes, vers la fin du XVIe siècle, fermèrent pour toujours leur théâtre, et les confrères de la Passion restèrent les seuls maîtres de la situation. Mais l'invasion de l'esprit nouveau et surtout un arrêt du Parlement qui porta un coup mortel à leur répertoire, les forcèrent aussi à abdiquer, et ils cédèrent leur privilège à une troupe de comédiens, en se réservant seulement, dans leur salle de l'hôtel de Bourgogne, deux loges qui prirent le nom de Loges des maîtres. Leur monopole, pendant cette période, avait été protégé avec un soin jaloux, et toutes les entreprises qui avaient voulu y porter atteinte avaient été l'objet des sévérités du Parlement.

Les successeurs des confrères se divisèrent en deux troupes vers le commencement du XVIIe siècle : l'une d'elles resta à l'hôtel de Bourgogne, l'autre s'établit au quartier du Marais. Le privilège subsistait ainsi démembré, quand, en 1658, la troupe de Molière, qui avait joué avec succès en province, obtint du Roi l'autorisation de se fixer à Paris où elle donna ses représentations au Petit-Bourbon, puis au Palais-Royal. En 1665, elle changea son titre de troupe de Monsieur contre celui de troupe du Roi, et obtint une subvention de 7,000 livres.

Théât França

Cette décentralisation artistique nuisait au succès des trois théâtres ; aussi, en 1673, peu de temps après la mort de Molière, Louis XIV ordonna-t-il la jonction de la troupe du Marais et de celle du Palais-Royal. Cette mesure n'était, du reste, que le prélude d'une unification complète, et, en 1680, une lettre de cachet réunit les comédiens de l'hôtel de Bourgogne à la troupe formée en 1673. Il n'y eut plus dès lors dans Paris qu'un seul théâtre qui prit le nom de Comédie-Française. Les acteurs, aidés par une subvention de 12,000 livres, formèrent un acte de société qui réglait les droits de chacun. C'est à cette date que remonte, par conséquent, l'établissement de notre Théâtre-Français actuel.

Opér

Tandis que le génie de Corneille, de Racine et de Molière couvrait d'une gloire impérissable la scène dramatique, l'art lyrique était presque complètement inconnu en France. En 1570, Charles IX avait accordé à Jean de Baïf et à Thibaut de Courville un privilège pour la fondation d'une académie royale de musique. Quelques représentations isolées d'opéra avaient bien eu lieu du temps de Mazarin, notamment au mariage du Roi, et une académie royale de danse avait été instituée en mars 1661. Mais, malgré tous ces essais et par une étrange exception, l'opéra, qu'on jouait alors dans toutes les capitales de l'Europe, n'existait pas à Paris. Le 28 juin 1669, Pierre Perrin, introducteur des ambassadeurs près le feu duc d'Orléans, obtint le droit exclusif d'établir dans tout le royaume des académies de musique pour la représentation des ouvrages lyriques pendant douze années. Une association fut formée pour l'exploitation du privilège entre Perrin, Cambert, le marquis de Sourdéac et le financier Champeron, et le 19 mars 1671, l'Opéra inaugurait son théâtre par la représentation de *Pomone*. Les bénéfices considérables réalisés par l'entreprise excitèrent l'envie de Lully, qui, après avoir suscité la discorde entre les associés, intrigua auprès de Mme de Montespan et obtint en sa faveur de nouvelles lettres patentes. « Ayant été informé, dit le privilège du 29 mars 1672, que les peines et les soins que le sieur Perrin a pris pour cet établissement n'ont pu seconder pleinement notre intention et élever la musique au point que nous nous l'étions promis, nous avons cru, pour y mieux réussir, qu'il était à propos d'en donner la conduite à une personne dont l'expérience et la capacité nous fussent connues ;.... à ces causes, bien informé de l'intelligence et grande connaissance que s'est acquis notre cher et bien-aimé Jean-Baptiste Lully au fait de la musique, ... nous avons permis et accordé, permettons et accordons audit Lully, par ces présentes signées de notre main, d'établir une académie royale de musique dans notre bonne ville de Paris,.... pour en jouir sa vie durant, et après lui celui de ses enfants qui sera pourvu de ladite charge de surintendant de la musique de notre chambre.... Révoquons, cassons et annulons par ces présentes toutes permissions et privilèges que nous pourrions avoir cy-devant donnés et accordés, même celui dudit sieur Perrin, pour raison desdites pièces de théâtre en musique, sous quelque nom, qualité, condition et prétexte que ce puisse être. » En même temps, une ordonnance du 30 avril 1673 faisait défense aux Comédiens français qui, dans certaines pièces, chantaient des couplets avec accompagnement d'orchestre « d'avoir plus de deux voix de chant et six violons ». Une autre ordonnance de 1684 défendit en outre d'établir des opéras dans toute l'étendue du royaume sans l'autorisation de Lully, à qui les directeurs de province devaient s'adresser pour obtenir, moyennant finance, la permission de jouer des œuvres lyriques. [1]

Cette exclusion de tous au profit d'un seul fut la loi générale applicable à l'opéra jusqu'à la Révolution. Le privilège passa de mains en mains, et ces administrations successives, conduites souvent avec inhabileté, amenèrent des faillites et un passif considérable. On eut beau accorder, en 1715, à l'Opéra le privilège des bals masqués, imposer à son profit les spectacles de la foire Saint Germain, ces ressources ne purent combler le déficit, et l'on ne trouva rien de mieux que de confier à la ville de Paris le soin de payer les dettes et de subir la responsabilité de la gestion de l'Opéra. A la suite de changements sans nombre et de règlements impuissants, on atteignit enfin, après une expérience désastreuse, l'année 1791.

Théât[r]e Italien Opéra-C[o]mique.

Plusieurs fois déjà des comédiens italiens avaient été appelés en France, notamment par Henri III et par Mazarin, mais ils n'avaient pas obtenu grand succès. Vers le milieu du XVIIe siècle, ils vinrent de nouveau s'établir à Paris, avec la permission de la Cour, mais leur intempérance de langage les fit chasser en 1697. Le régent les rappela en 1716. Bientôt le Théâtre-Italien eut un rival dans l'Opéra-Comique. En 1715, des comédiens, qui avaient conclu un traité avec l'Académie royale de musique, eurent un tel succès dans l'exploitation de ce genre nouveau, que les autres théâtres de Paris demandèrent et obtinrent la suppression de cette scène qui leur faisait une sérieuse concurrence. L'Opéra-Comique, tour à tour rétabli et fermé de nouveau, fut accordé par privilège, en

1 On trouvera dans le tome I du *Traité de la Police*, par De la Mare, le texte de la plupart des ordonnances que nous avons citées.

1752, au sieur Monet. Le Théâtre-Italien, qui voyait son existence compromise par la réussite de ces nouveaux venus, ne vit d'autre moyen de se soutenir que de demander la réunion de l'Opéra-Comique à son privilège. En 1762, cette jonction fut ordonnée par le Roi, et depuis cette époque les deux scènes n'en formèrent plus qu'une seule jusqu'en 1789.

Tandis que, à la veille de la Révolution, nous trouvons dans Paris trois théâtres privilégiés dont nous avons retracé l'histoire parce qu'ils sont l'origine de nos scènes subventionnées, la province comptait des troupes fixes et des troupes ambulantes. Les théâtres permanents étaient, comme ceux de Paris, soumis au régime du privilège pour les représentations dramatiques ; les directeurs devaient, en outre, nous l'avons déjà vu, s'incliner devant le monopole de l'Académie royale de musique, et conclure des traités avec elle pour l'exploitation des œuvres lyriques. Quant aux troupes ambulantes qui donnaient des représentations de passage, elles devaient solliciter la permission des autorités locales. Les théâtres de province ne remontent guère d'ailleurs au-delà du XVIIe siècle.

Tel était, sous l'ancienne monarchie, le régime des théâtres : le Pouvoir, en accordant à un particulier la faculté d'ouvrir une salle, le protégeait d'une façon parfois inconcevable contre toute concurrence, mais en même temps l'autorité conservait un droit de modification ou de suppression absolu. Chaque théâtre avait son genre limitativement déterminé, et il n'était pas plus permis d'exploiter une entreprise nouvelle que d'empiéter sur le droit exclusif de représenter un genre de pièces appartenant à une autre scène.

§ II. — Deuxième période.
Du décret des 13-19 janvier 1791 au décret du 8 juin 1806.

Depuis longtemps déjà les auteurs dramatiques réclamaient avec énergie, mais sans succès, l'établissement de nouveaux théâtres qui pussent leur permettre de lutter contre l'autocratie et les prétentions injustifiables des grandes scènes privilégiées. Ces demandes, renouvelées d'une manière pressante au commencement de la Révolution, se traduisirent par des pétitions à l'Assemblée nationale. Le 13 janvier 1791, Chapelier, chargé de faire un rapport sur la question, s'exprima de la manière suivante : « Vous avez chargé votre comité de constitution de vous rendre compte de la pétition des auteurs dramatiques. Les auteurs demandent la destruction du privilège exclusif qui place dans la capitale un théâtre unique où sont forcés de s'adresser tous ceux qui ont composé des tragédies et des comédies d'un genre élevé.

» Les Comédiens-Français conviennent qu'il ne peut plus exister de privilège exclusif, et qu'il peut être établi dans la capitale un autre théâtre où pourront, comme sur le leur, être représentées des pièces que, jusqu'à présent, ils avaient considérées comme leur domaine exclusif. Mais ils prétendent être propriétaires sans partage des chefs-d'œuvre de Corneille, Molière, Racine, etc., etc., tous auteurs qui, par la disposition d'un règlement, ont perdu leur droit de propriété, ou qui, sous la loi du privilège exclusif, ont traité avec eux.

» Il faut examiner si la liberté d'établir plusieurs théâtres doit être accordée, si les principes le réclament, si l'intérêt de l'art le sollicite, si le bon ordre n'en peut pas souffrir.... L'art de la comédie doit être libre comme tous autres genres d'industrie ; qu'il soit permis à chacun de l'exercer, et que seulement une police municipale empêche les abus qui tiennent non à l'exercice de l'art, mais aux fautes des comédiens. Le perfectionnement de l'art tient à la concurrence.... Tout citoyen doit avoir le droit d'élever un théâtre ; il ne suffirait pas d'en permettre deux, car ce serait diviser le privilège, non le détruire. »

Ces conclusions, accueillies par les applaudissements de l'Assemblée, furent adoptées à l'unanimité presque complète des suffrages : de ce vote est sorti l'article 1er du décret des 13-19 janvier 1791, ainsi conçu :

« Tout citoyen pourra élever un théâtre public pour y faire représenter les pièces de tous genres, en faisant préalablement à l'établissement de son théâtre sa déclaration à la municipalité des lieux. »

Bientôt une foule de scènes s'élevèrent dans Paris et en province, formant autant d'écoles où, sous l'inspiration de l'autorité, le peuple allait puiser les principes démocratiques et la haine de la monarchie. Ces théâtres, au nombre de plus de cent, éprouvèrent pour la plupart des revers financiers qui en amenèrent la clôture : la transition du privilège absolu à la liberté complète avait été trop brusque, et d'ailleurs cette période troublée ne présentait pas les conditions normales nécessaires à un essai convenable du nouveau régime.

§ III. — Troisième période.

Du décret du 8 juin 1806 au décret du 6 janvier 1864.

L'Empereur, ému de la situation que la difficulté des temps bien plus que la liberté de la concurrence avait faite au théâtre, voulut rendre à l'art dramatique, qui se trouvait en pleine décadence, tout son éclat et toute sa splendeur. Le seul moyen propre à amener ce résultat était, en dehors des subventions, le rétablissement des privilèges et la réduction du nombre des salles. Ce régime, qui présentait, en outre, l'avantage de placer les théâtres dans les mains du Pouvoir, fut adopté par le décret du 8 juin 1806, dont les dispositions furent complétées par un arrêté du Ministre de l'intérieur en date du 25 avril 1807. Ces textes édictaient les dispositions suivantes :

A Paris, aucun théâtre ne pourrait dans l'avenir être établi sans autorisation de l'Empereur, et après un rapport fait par le Ministre de l'intérieur. Tout entrepreneur, pour obtenir cette permission, devait faire une déclaration et justifier des moyens d'assurer l'exécution de ses engagements. Quant aux théâtres déjà existants, ils étaient astreints à se limiter à un genre déterminé et étaient divisés en deux catégories. La première comprenait les grands théâtres, c'est-à-dire l'Opéra, la Comédie-Française, l'Opéra-Comique et l'Opéra-Buffa. Ces théâtres étaient subventionnés, et les emprunts faits à leur répertoire étaient soumis au paiement d'une rétribution. La seconde catégorie, qui se composait des théâtres secondaires, comptait les Variétés, le Vaudeville, la Porte-St-Martin, la Gaîté et les Variétés-Étrangères. Les autres scènes n'étaient considérées que comme les annexes de celles qui viennent d'être énumérées. Tous ces théâtres devaient se renfermer dans le genre qui leur était expressément assigné.

Dans les départements, les villes qui avaient un théâtre permanent étaient réduites à une ou deux scènes suivant l'importance de la population. Le reste de l'empire, comprenant les villes où on ne jouait pas pendant toute l'année, était divisé en vingt-cinq arrondissements, parcourus par des troupes ambulantes qui desservaient plusieurs villes. Des dispositions précises réglementaient minutieusement cette organisation.

Un décret du 29 juillet 1807 vint tout à coup modifier la législation édictée quelques mois auparavant, et ordonner la réduction des théâtres de Paris. Des trente-trois théâtres qui étaient alors en exercice, vingt-cinq durent être fermés pour le 15 août suivant : cette mesure, qui portait atteinte aux droits acquis, était d'autant plus injuste qu'on n'accordait aucune indemnité aux intéressés.

L'Empereur, qui comprenait l'importance des spectacles au point de vue de l'esprit public et de la gloire de son règne, ne se contenta pas de cette centralisation et rétablit, au profit de l'Opéra, les redevances qui existaient dans l'ancien régime. Le décret du 8 juin 1806 avait accordé à ce théâtre le droit exclusif de donner des bals masqués et des ballets : le décret du 13 août 1811 compléta l'œuvre en assujettissant les scènes de second ordre, les spectacles de tout genre et les concerts publics, au paiement d'une rétribution à l'Académie impériale de musique. Le Théâtre-Français qui, depuis le décret du 1er novembre 1807, se trouvait, comme les autres scènes subventionnées, sous la direction du surintendant des théâtres, reçut à son tour, dans le décret du 15 octobre 1812, dit décret de Moscou, une organisation spéciale, analogue à celle que jadis il avait eue de Louis XIV. L'Empereur réglementait la direction et la surveillance générale de la Comédie Française, la division des parts de la société, les pensions et retraites, l'administration, les paiements, dépenses et comptabilité, et la composition des assemblées générales ; le décret prévoyait, en outre, l'administration théâtrale, la distribution des rôles, la formation du répertoire, les débuts, la réception des pièces nouvelles, et enfin la police intérieure du théâtre. Le caractère autoritaire du régime impérial se retrouve à chaque pas dans ce texte législatif.

La Restauration conserva et renforça encore par des dispositions précises l'organisation établie par l'Empire : un règlement du 15 mai 1815, édicta, au profit des directeurs des troupes stationnaires de province, une redevance analogue à celle que le décret du 13 août 1811 avait accordée à l'Opéra. Cette rétribution fut fixée au cinquième de la recette brute de tous les spectacles de curiosité, de quelque genre et sous quelque dénomination qu'ils fussent, défalcation faite toutefois du droit des pauvres. De plus, les directeurs de troupes permanentes furent investis du droit de donner seuls des bals masqués. Tout ce qui concernait les théâtres départementaux fut réglementé par une ordonnance du 8 décembre 1824.

Le gouvernement de Juillet adopta le régime qui vient d'être exposé, mais permit à Paris l'établissement de quelques scènes nouvelles ; une ordonnance du 24 août 1831 abolit seulement la redevance des théâtres secondaires envers l'Académie royale de musique, mais laissa subsister celle qui existait au profit des théâtres de province sur la recette des spectacles de curiosités.

Quand éclata la révolution de Février, beaucoup d'auteurs sollicitèrent la suppression des privilèges ; mais après bien des controverses, des enquêtes et des projets de réformes, on conserva le régime établi. La crise que subissaient les théâtres ne permettait guère de diminuer encore leurs recettes en augmentant la concurrence.

L'Empire, après avoir hésité longtemps, céda enfin à la pression de l'opinion publique, et un décret du 6 janvier 1864 proclama la liberté de l'industrie théâtrale.

Nous avons donné, au début de ce chapitre, notre appréciation sur le régime inauguré par cette législation nouvelle ; nous ne reviendrons pas sur cette question et nous aborderons de suite le commentaire des règles qu'elle a édictées.

Section II.

Règles actuellement applicables à l'ouverture et à l'exploitation des salles de théâtre.

L'article 1er du décret du 6 janvier 1864 dispose que tout individu peut faire construire et exploiter librement une salle de spectacle, à la seule condition de faire une déclaration préalable au Ministère des beaux-arts et à la Préfecture de police à Paris, et à la Préfecture dans les départements. Les règlements qui limitaient le nombre des théâtres et restreignaient chaque directeur à un genre déterminé, disparaissent en même temps que la redevance payée depuis 1815 aux scènes secondaires par les spectacles de curiosités et les cafés-concerts.

L'industrie théâtrale reconquiert toute la plénitude de sa liberté, et le rôle de l'Autorité se borne à recevoir la déclaration de l'entrepreneur et à faire respecter les lois, décrets et règlements relatifs à l'ordre, à la sécurité et à la tranquillité publique. Remarquons toutefois que si l'exploitation des salles est affranchie des règles prohibitives édictées par la législation antérieure, l'ouverture des cafés-concerts reste expressément soumise à l'autorisation des préfets : ces établissements, comme tous les débits de boissons, sont régis par le décret du 29 décembre 1851. De plus, les règlements leur imposent des conditions précises qui tendent à les distinguer des théâtres véritables. Ainsi, la scène des cafés-concerts ne peut avoir de dessous ni être pourvue de machines, trucs et accessoires ; les décors doivent, en outre, être fixes et au nombre de trois au plus.

Le décret de 1864 portait que si les entreprises théâtrales étaient, en règle générale, abandonnées aux ressources des directeurs, les scènes particulièrement dignes d'intérêt et d'encouragement pourraient être subventionnées soit par l'État, soit par les communes. Cette solution, qui conciliait d'une façon parfaite les nécessités artistiques et la liberté industrielle, était, du reste, réclamée depuis longtemps par les auteurs et les personnes qui s'intéressaient au sort de notre théâtre français. « Il me semble, disait Halévy en 1848, que les grands théâtres, ceux d'où, pour ainsi dire, rayonnent tous les autres, les théâtres subventionnés, doivent être entre les mains de la République. Ce sont des musées : il ne faut pas qu'ils soient l'objet d'une spéculation, honorable sans doute, mais dangereuse quelquefois pour le spéculateur, quelquefois aussi pour l'art et pour les artistes... Pour les théâtres qu'on nomme secondaires, je voudrais la plus grande liberté. Que tout citoyen puisse ouvrir un théâtre s'il fournit un cautionnement garant d'une éventualité de non succès [1]. » — « Deux grands intérêts, s'écrie de son côté Victor Hugo, se partagent la question théâtrale : l'un est le progrès de l'art, l'autre l'amélioration du peuple. Les deux grands principes qui dominent toute l'humanité sont encore ici en présence : l'autorité et la liberté... Qu'a fait ce principe d'autorité au point de vue de l'instruction, de la moralisation du peuple ? Il a comprimé le génie, arrêté les chefs-d'œuvre. Je rapprocherai la liberté du théâtre de la liberté d'enseignement : le théâtre est une des branches de l'enseignement populaire... Responsable de la moralité du peuple, l'État ne doit pas jouer un rôle négatif. A côté des théâtres libres, il doit installer des théâtres qu'il gouvernera et où la pensée sociale se fera jour... Vous aurez ainsi les grands théâtres nationaux, et vous, État, qui ne voulez pas gagner de l'argent, vous n'attirerez pas seulement le peuple à nos théâtres nationaux, mais l'étranger. Ce sera une source de richesse pour la France et pour Paris. Qui paiera ces énormes subventions? L'Europe. Vous ferez à la gloire nationale une avance que l'admiration européenne vous remboursera [2]. »

Cette division des théâtres en deux catégories a néanmoins été l'objet de plusieurs attaques : il s'est trouvé parfois, au sein de nos assemblées législatives comme au sein des conseils municipaux, des orateurs qui ont proposé d'abandonner toutes les entre-

1 *Gazette musicale* du 23 avril 1848.

2 Procès-verbaux de l'enquête administrative au Conseil d'Etat. (Séance du 27 septembre 1849.)

prises de spectacles à leurs seules ressources, trouvant sans doute que les faibles subsides que l'on accorde à l'art dramatique seraient mieux employés en construction de canaux ou d'écoles. Nous n'avons pas à combattre et à réfuter ici l'opinion de ces esprits étroits : un peuple n'est grand qu'autant qu'il protège les beaux-arts, car c'est par eux, comme le disait un orateur célèbre, que les nations laissent un sillon lumineux dans l'histoire. La France doit conserver avec un soin jaloux le trésor de ses gloires littéraires, et la faible aumône que le budget accorde chaque année à nos théâtres doit être nécessairement conservée si nous ne voulons pas que l'art dramatique languisse et meure faute de ressources.

Nous examinerons, à propos des théâtres subventionnés, les questions suivantes :

1° Qu'est-ce que la subvention, par qui et comment est-elle accordée ?

2° A quelles conditions et de quelle manière est-elle acquise par le directeur ?

3° Quels sont les théâtres subventionnés par l'État ?

§ I. — *Qu'est-ce que la subvention, par qui et comment est-elle accordée ?*

La subvention est une somme déterminée que l'État ou une commune remet annuellement au directeur d'un théâtre pour l'aider à faire face à ses engagements et à donner aux représentations un éclat plus considérable.

Les subventions sont accordées soit par l'État, soit par les communes.

Lorsqu'elles sont données par l'État, elles sont votées par les Chambres avec le budget du Ministère des beaux-arts. Le Ministre ne peut engager ces fonds que pour une année, et ne pourrait passer de contrats avec les directeurs au sujet de l'avenir.

Les subventions accordées par les communes sont votées par les conseillers municipaux et prennent place au budget des dépenses de chaque ville.

§ II. — *A quelles conditions et de quelle manière la subvention est-elle acquise par le directeur?*

Les subventions ne sont généralement accordées que moyennant l'accomplissement de certaines conditions auxquelles le directeur est tenu de se conformer : ces conditions sont contenues dans un cahier des charges de l'exploitation du théâtre. Les principales clauses sont l'obligation de jouer un nombre de fois déterminé par semaine, de former une troupe conforme au tableau arrêté par les municipalités ou par l'État, de monter chaque année un certain nombre d'ouvrages nouveaux ou de reprendre des pièces du répertoire, d'exécuter enfin toutes les conditions énumérées par le contrat. La subvention n'est allouée au directeur qu'en prévision d'une exploitation d'une durée fixée ; si le théâtre n'était administré que pendant une période moins longue que celle qui avait été prévue, l'allocation ne serait acquise que proportionnellement au temps de gestion.

La subvention est payable par douzièmes et n'est versée au directeur que lorsqu'il est certain que le personnel du théâtre a reçu ses appointements mensuels : aussi les mandats de paiement ne sont-ils remis que sur présentation de la feuille d'émargement des artistes.

§ III. — *Quels sont les théâtres subventionnés par l'État?*

Les théâtres subventionnés par l'État au budget de 1880 sont au nombre de quatre : ce sont l'Opéra, le Théâtre-Français, l'Opéra-Comique et l'Odéon.

I. Opéra. — La direction de l'Académie nationale de musique avait été confiée en 1871 à M. Halanzier pour une période de huit années, commençant à courir le 1er novembre 1871 et expirant le 31 octobre 1879. L'incendie du théâtre de la rue Le Pelletier amena avec l'inauguration de la nouvelle salle, le 4 janvier 1875, des modifications au cahier des charges primitif, modifications qu'il importe de signaler. Les conventions passées entre le directeur et le ministre aboutissaient, en effet, à la création d'un régime nouveau, caractérisé surtout par les deux conséquences suivantes : 1° partage par égale portion des bénéfices de l'Opéra entre M. Halanzier et l'État ; 2° faculté laissée au directeur de se retirer s'il éprouvait une perte minimum de 100,000 fr.

Les bénéfices de toute nature afférents directement ou indirectement à l'exploitation de l'Opéra se partageaient, d'après le cahier des charges, tous les deux ans dans le courant de janvier, et, dans le cas de retraite ou de décès du directeur, aussitôt que la situation financière de l'entreprise serait liquidée. La moitié des bénéfices appartenait en propre au directeur, qui touchait en outre une indemnité de 8,000 fr. pour logement et une somme de 5,000 fr. pour frais de voitures. L'autre moitié devait être mise en réserve et employée par le directeur, d'après les ordres du ministre, à la réfaction des décors qui ne pourraient être reconstitués avec le crédit de 2,400,000 fr. voté à cet effet par l'Assemblée nationale, ainsi qu'à toutes les améliorations qui pourraient être jugées profitables aux progrès de l'art lyrique français.

Le directeur de l'Opéra, outre les conditions générales de son traité, devait faire représenter chaque année deux ouvrages nouveaux. Ces œuvres sont : 1° un grand opéra avec ballet ; 2° un opéra ou un ballet en un ou deux actes.

La partition de cette œuvre doit être écrite une fois en deux ans par un élève ayant obtenu le grand prix de Rome : ce compositeur est désigné par le ministre sur l'avis de la section de musique de l'Académie des beaux-arts. Le directeur qui ne se conformera pas à cette condition sera tenu de payer à l'élève une indemnité de 10,000 fr.[1]

Le compte de ces ouvrages était fait tous les deux ans.

La gestion de M. Halanzier, exceptionnellement favorisée par des circonstances telles que l'inauguration de la salle du nouvel

1 Le nouveau cahier des charges de l'Opéra a abaissé cette indemnité à 5,000 fr.; le droit des auteurs a été élevé de 6 0/0 à 6 1/2 0/0.

Opéra et l'Exposition universelle de 1878, réalisa des bénéfices considérables : le gain se répartit, d'après un rapport de M. Denormandie auquel nous empruntons nos chiffres, de la manière suivante :

Année 1875.	produit net.	651,564 fr.
» 1876.	»	239,284
» 1877.	»	242,311
Neuf premiers mois de 1878, y compris quatre bals masqués .	»	137,453

Mais il était évident pour les esprits sérieux que ce résultat, qui dérivait de causes temporaires et anormales, ne pouvait servir de base à une appréciation vraie de la situation de l'Opéra et des recettes que réservait l'avenir. Aussi, quand, en 1879, l'expiration du traité avec M. Halanzier vint de nouveau mettre en question le régime qu'il convenait d'appliquer à ce théâtre, on se retrouva en face de controverses nombreuses.

Les uns proposaient d'adopter pour l'Académie nationale de musique une organisation analogue à celle du Théâtre-Français : les artistes se seraient formés en société, et, aidés par une subvention de l'Etat, auraient géré le théâtre pour leur propre compte. Cette idée fut repoussée : les conditions dans lesquelles se trouvent les artistes lyriques ne leur permettent pas en effet ce mode d'exploitation. Leur carrière est généralement plus courte que celle des artistes dramatiques, elle est soumise à toutes les vicissitudes qui peuvent amener l'altération de leur voix ; un fonctionnement de ce genre eût amené en pratique d'inextricables difficultés.

D'autres voulaient que l'Opéra fût régi par l'Etat : on aurait nommé un directeur qui, moyennant un traitement fixe ou une participation dans les bénéfices, eût administré notre grande scène lyrique. Ce régime, essentiellement favorable aux intérêts de l'art, puisque le gouvernement n'agissait pas en qualité de spéculateur et n'avait pour but que d'équilibrer dans la mesure du possible les dépenses et les recettes, présentait des inconvénients à d'autres points de vue. Il est certain qu'un directeur nommé de la sorte n'avait pas à la prospérité de l'entreprise le même intérêt qu'une personne qui exploite pour son propre compte. De plus, on craignait que les influences personnelles, plus dangereuses et plus actives peut-être sous un gouvernement républicain que sous une monarchie, n'intervinssent en faveur de certains artistes, et ne gênassent la liberté d'action de l'administration.

Quelques personnes demandaient qu'on donnât la préférence à l'entreprise privée : l'État eût été ainsi dégagé des préoccupations quotidiennes qu'entraîne la gestion de l'Opéra. Mais ce système sacrifiait les intérêts de l'art à l'économie inévitable d'un spéculateur : l'expérience du passé a démontré d'une façon incontestable le danger qu'il y avait à confier à l'industrie privée la direction de l'Opéra. De plus, comme on le faisait remarquer avec raison, l'Etat n'eût pu laisser protester la signature de son concessionnaire, et il était inadmissible que les créanciers de cette grande institution nationale pussent, en cas de désastre, ne pas être payés.

Restait enfin un régime mixte, celui de la régie par l'État, avec adjonction d'une commission administrative qui serait une garantie sérieuse contre toutes les éventualités. L'Opéra eût été dirigé comme le sont à l'heure actuelle nos grandes institutions de crédit ou nos grandes entreprises commerciales.

Il était bien difficile, en présence du sort incertain que l'avenir réserve à l'Académie de musique, d'adopter une solution définitive : e temps seul, comme le dit fort bien M. Denormandie [1], indiquera d'une façon certaine le régime qu'il importe de choisir. Aussi, malgré les inconvénients que présentait le système suivi sous la direction Halanzier, on n'a pas cru pouvoir s'en écarter d'une façon bien sensible. On a préféré rester dans le provisoire, examiner à loisir les règles qui seraient les plus favorables aux intérêts de l'art et à ceux du budget, et on a consacré une organisation qui ne diffère pas sensiblement de celle qui existait précédemment;

1 Ce document, lu à la commission des théâtres, ne se trouve pas dans le commerce et n'a pas été inséré au *Journal officiel* : nous en devons la communication à l'obligeance de son auteur.

indiquons toutefois les modifications qui ont été apportées à l'ancien cahier des charges [1].

Le droit conféré au directeur reste exclusivement personnel; toutefois, sans qu'il puisse être porté atteinte aux droits de l'Etat, qui ne connaît que le titulaire du privilège, celui-ci a la faculté de se procurer, par voie de commandite simple seulement, les fonds nécessaires à son exploitation. L'apport dont le directeur doit justifier est de 800,000 fr., comprenant 400,000 fr. affectés au cautionnement, et 400,000 fr. destinés à servir de fonds de roulement. Le cautionnement est déclaré incessible et insaisissable.

Le budget accorde à l'Opéra une subvention de 800,000 fr.; toutefois, cette allocation étant annuelle et subordonnée au vote des deux Chambres, le directeur devra, au cas où elle lui serait retirée, déclarer s'il entend continuer ou cesser l'exploitation. Dans cette dernière hypothèse, il y aura lieu à liquidation, mais on ne tiendra compte que des engagements d'artistes qui n'excèderont pas une durée de deux ans.

Tous les bénéfices appartiennent au directeur : l'ancien partage établi à cet égard entre l'Etat et le titulaire du privilège disparaît. En cas de pertes, le directeur n'a aucune répétition à exercer contre l'Etat; toutefois, il peut se retirer si ces pertes dépassent 400,000 fr., défalcation faite des bénéfices acquis.

Un arrêté du ministre des beaux-arts, en date du 16 mai 1879, a confié à M. Vaucorbeil la direction de l'Opéra ; sa gestion doit, d'après le traité conclu à cette époque, durer pendant sept années, qui ont commencé à courir le 31 octobre 1879 pour finir le 1er novembre 1886.

II. Comédie-Française. — Le décret de Moscou, qui réorganisait la Comédie-Française, a été modifié et complété par les décrets des 27 avril 1850 et 19 novembre 1859.

Le Théâtre-Français est placé sous la direction d'un administrateur nommé par le ministre des beaux-arts, et dont les attri-

1 Le nouveau cahier des charges de l'Opéra est rapporté dans le *Journal officiel* du 30 juin 1879.

butions, quant à la gestion du théâtre, ont été expressément formulées par le législateur (art. 1 à 10, décret du 27 avril 1850) ; à côté du fonctionnaire chargé de la surveillance intérieure se trouve un comité d'administration composé de six sociétaires hommes qui délibère sur les comptes, les intérêts et le budget du théâtre. L'assemblée générale des sociétaires est aussi consultée à cet égard.

Nous ne pouvons entrer dans le détail des prescriptions légales qui sont très nettes et très précises ; nous signalerons dans le cours de cet ouvrage les règles les plus importantes que nous rencontrerons sur notre route. Indiquons seulement ici de quelle manière se partagent les bénéfices.

Le produit des recettes, tous frais et dépenses prélevés, est divisé en vingt-quatre parts : une de ces parts est mise en réserve pour être affectée aux besoins imprévus. Une demi-part est destinée à augmenter le total des pensions de retraite ; une autre demi-part est employée annuellement en décorations, ameublement, costumes, etc., etc. Les vingt-deux parts restantes sont réparties entre les comédiens sociétaires, depuis un huitième de part jusqu'à une part entière. Chaque sociétaire a droit, en outre, à une allocation annuelle, à des feux et à une représentation à bénéfice, donnée à l'époque de sa retraite définitive, après vingt ans au moins de service. Les pensions de retraite accordées aux artistes ne peuvent, d'après l'art. 13 du décret de Moscou, être supérieures à 4,000 fr.

Un acteur n'est, du reste, admis comme sociétaire que sur la proposition faite au ministre des beaux-arts par l'administrateur général du théâtre et après avis du comité d'administration.

La Comédie-Française émarge 240,000 fr. au budget de 1880, à la charge de se conformer à des conditions déterminées de représentation.

III. Opéra-Comique. — Ce théâtre n'a pas, comme les précédents, une organisation spéciale réglée par la loi ; le directeur doit, aux termes de son traité, faire représenter annuellement dix actes nouveaux. L'allocation qui lui est attribuée est de 300,000 fr.

IV. Odéon. — Ce théâtre, auquel le budget alloue une somme de 60,000 fr., est obligé, d'après son cahier des charges, de jouer annuellement[1] :

Quarante pièces du répertoire classique, pour chacune desquelles il touche 1,000 fr.	soit	40,000 fr.
Quatre grands ouvrages à raison de 4,000 fr.	soit	16,000
Quatre petites pièces payées chacune 1,000 fr.	soit	4,000
		60,000 fr.

Voilà quels sont à l'heure actuelle les théâtres subventionnés. Ces libéralités, relativement si restreintes, ont été étendues depuis quelque temps aux matinées littéraires de M. Ballande et aux matinées internationales de M. Bertrand. Chacun de ces théâtres, destinés à populariser l'enseignement littéraire et la connaissance des œuvres dramatiques anciennes ou étrangères, touche annuellement 10,000 fr. De plus, le budget attribue 20,000 fr. aux concerts Pasdeloup, 10,000 fr. aux concerts Colonne, et 80,000 fr. aux auditions annuelles des œuvres symphoniques et chorales des compositeurs vivants.

Tout récemment, des propositions ont été faites pour la création de deux théâtres populaires dont l'ouverture a été reconnue nécessaire en présence de la surélévation des prix de nos grandes scènes lyriques et dramatiques. D'après les pourparlers échangés à cet égard entre M. Castagnary et M. Turquet, sous-secrétaire des beaux-arts, ces théâtres seraient municipaux et administrés par des directeurs agissant au nom et pour le compte de la ville de Paris ; toutefois, l'Etat viendrait en aide à ces exploitations en les subventionnant dans une certaine mesure.

Sans attendre qu'une solution définitive fût adoptée, l'Opéra-Populaire et le Théâtre des Nations ont ouvert dans les derniers

1 Un arrêté du ministre des beaux-arts, en date du 20 novembre 1879, rapporte la décision qui avait prorogé jusqu'au 31 mai 1883 l'autorisation accordée à M. Duquesnel, directeur de l'Odéon.

mois de 1879 leurs portes au public. Une allocation de 12,000 fr., accordée à titre d'encouragement à chacun de ces théâtres, a été votée par les Chambres [1]. Leur situation sera sans doute réglementée d'une façon précise lors de la discussion du budget de 1881, où ils prendront place à côté de nos grandes scènes subventionnées.

1 Le nouveau cahier des charges de l'Opéra stipule que dix ouvrages n'appartenant pas au répertoire courant seront abandonnés à l'Opéra-Populaire.

CHAPITRE II.

DE LA CENSURE THÉATRALE.

La scène reflète avec une puissante énergie les idées, les mœurs, les passions d'une époque, et exerce sur l'esprit public une action profonde et considérable. Mais cette influence, souvent salutaire et utile, peut devenir parfois pernicieuse et fatale. « La représentation dramatique, dit Chaix d'Est-Ange, avec sa mise en scène et ses illusions, agit vivement sur l'âme des spectateurs : ce n'est pas un froid récit qu'elle fait, c'est une action vivante et animée qu'elle reproduit ; ce n'est pas à un individu isolé qu'elle s'adresse, c'est à une masse de citoyens qui s'exaltent ensemble, s'électrisent et se communiquent l'un à l'autre leurs sentiments et leurs passions. Aussi, la représentation dramatique, lorsqu'elle est dangereuse, l'est bien autrement que la presse. »

Il est des principes essentiels et fondamentaux sans lesquels aucune société ne saurait exister, et dont il importe d'assurer le respect par cette redoutable puissance qu'on nomme le théâtre. L'ordre public, l'autorité, la loi, la morale doivent être à l'abri des attaques de la scène : mais en même temps qu'une sage réserve est indispensable, l'essor de l'art dramatique ne doit pas être trop sévèrement enchaîné, la liberté ne doit pas être trop restreinte, et il faut laisser au poète le droit de proclamer hardiment et loyalement la vérité. Trois systèmes, tour à tour essayés dans le cours des siècles, sont en présence pour la conciliation difficile des intérêts de l'art et des nécessités sociales. Le premier réclame pour la scène l'affranchissement absolu de tout contrôle ; les deux autres reconnaissent la nécessité d'un frein à l'indépendance complète de l'art dramatique, mais diffèrent en ce que l'un se contente de mesures purement répressives, tandis que le second proclame la nécessité d'une censure et d'un examen préalables.

Si on se place au point de vue théorique et spéculatif, le régime de la liberté absolue, qui confie au public seul le soin de condamner et de flétrir les productions dangereuses ou immorales, a un côté large et libéral qui séduit tout d'abord. Il est bon, au point de vue de l'art, qu'un auteur puisse mettre sur la scène ses conceptions dramatiques dans toute leur originalité, avec toutes leurs hardiesses, sans avoir à redouter les mutilations maladroites ou les scrupules parfois étranges d'un censeur trop zélé. Mais si l'on descend à l'application pratique de ce système, on est forcé de reconnaître qu'il exige la réunion de deux conditions difficilement réalisables. Il nécessite d'abord un public sage, sévère, éclairé, impartial, qui ne vienne chercher au théâtre que des émotions artistiques, et repousse à la fois les allusions mesquines et les exhibitions déshonnêtes. Il faut, de plus, que les auteurs, sans chercher un succès facile dans les théories dangereuses qui séduisent le parterre, ne quittent pas les sphères élevées de l'art dramatique et n'usent qu'avec sagesse et circonspection de leur complète liberté. Espérons que, pour l'honneur de l'humanité, un jour viendra où ce régime sera possible, mais constatons en même temps, avec regret, que, dans l'état actuel des choses, la perfection respective nécessitée par ce système n'est pas encore réalisée. L'expérience a, en effet, démontré d'une manière péremptoire que toutes les fois qu'on a accordé à la scène une indépendance absolue, on a abouti aux excès les plus pénibles et les plus regrettables.

Le système répressif consiste à laisser jouer la pièce quelle qu'elle soit, sauf à la déférer ensuite aux tribunaux si elle contient des passages qui puissent être incriminés. Préconisé par M. de Montalivet, qui, en 1831, présenta à la Chambre des Députés un projet de loi conçu dans cet ordre d'idées, ce régime n'offre que de bien minces avantages à côté d'énormes inconvénients. Quand, en effet, une pièce a été jouée et que sa représentation a occasionné du désordre ou du scandale, le mal est déjà produit : le seul effet d'une interdiction postérieure et tardive est d'attirer sur cet ouvrage la curiosité générale et de lui donner par suite une publicité plus considérable. D'ailleurs, remarquons-le bien, l'action des tribunaux ne peut souvent être immédiate : un délai plus ou moins long s'écoulerait presque fatalement avant la décision judiciaire, et jusque-là il faudrait ou suspendre les représentations, ce qui ressemblerait singulièrement à la censure et ouvrirait la porte à l'arbitraire, ou permettre de jouer encore la pièce, ce qui pourrait amener les plus grands dangers. Les tribunaux seraient, au reste, bien souvent embarrassés : l'optique de la scène et le jeu des acteurs modifient considérablement le sens et la portée de certains passages qui, à la lecture, ne présentent aucun inconvénient. Les juges pourraient-ils sainement apprécier ces nuances délicates que la représentation seule peut parfois révéler ? Ajoutons enfin que, au point de vue simplement pécuniaire, ce système serait encore désastreux : le directeur qui monte un ouvrage, qui fait pour la mise en scène et les accessoires des frais considérables dans l'espérance d'un succès, et se voit ensuite privé du droit de jouer la pièce, n'aurait aucune garantie et aucune assurance contre une interdiction qu'il n'a pas pu prévoir. Aussi aboutirait-on à ce résultat que bien des entrepreneurs de spectacles, en proie à cette continuelle menace, refuseraient de jouer nombre d'ouvrages et demanderaient à grands cris le rétablissement de l'examen préalable. Ce système ne présente donc qu'une ombre de liberté qui ne compense nullement les désavantages qu'il amènerait infailliblement.

Reste enfin le régime de la censure proprement dite, qui consiste à soumettre au contrôle d'une commission ministérielle les œuvres dramatiques. Nous ne prétendons pas nous constituer ici les apologistes de cette institution et justifier tous ses actes : nous reconnaissons que souvent les censeurs ont obéi à des craintes mesquines, se sont inclinés devant de puissantes influences et ont cédé à des intérêts de coteries littéraires ou politiques. Mais nous n'irons pas jusqu'à dire avec un orateur célèbre que les censeurs ont tué la censure : il est certain que ce régime, malgré tous ses défauts, a rendu à la société de grands et d'utiles services, et nous croyons que, en perfectionnant cette institution, on pourrait arriver à d'excellents résultats. Diverses réformes ont été proposées pour atteindre ce but : lors de la discussion des lois de septembre 1835, Lamartine demandait que l'examen des œuvres dramatiques fût confié à une commission d'écrivains périodiquement renouvelés. D'autres ont voulu, dans l'enquête administrative faite au Conseil d'Etat en 1849, établir un tribunal d'appel qui jugerait en dernier ressort les décisions des censeurs. Il faut reconnaître que ces modifications pourraient être utiles, que des garanties devraient être accordées aux auteurs contre les susceptibilités châtouilleuses du Pouvoir et les caprices d'un ministre, mais nous croyons en même temps que l'institution en elle-même doit être conservée, comme le seul obstacle qui puisse réprimer convenablement les audaces et la licence de la scène.

Nous diviserons notre commentaire en quatre sections :

I° Histoire juridique de la censure.

II° Pour quelles œuvres l'autorisation doit-elle être demandée? par qui et de quelle manière est-elle accordée?

III° Quels sont les effets de l'autorisation?

IV° Quelles sont les conséquences pénales des contraventions aux lois qui édictent la censure dramatique?

Section I.

Exposé historique de l'institution de la censure.

Les longs développements dans lesquels nous étudierons l'histoire si intéressante, au point de vue juridique et littéraire, de l'organisation et des variations de la censure dramatique dans le cours des siècles, ne sont guère susceptibles de divisions bien déterminées. Nous nous contenterons donc de suivre l'ordre chronologique des différents règnes, en rattachant à chacun d'eux les mesures et les documents qui s'y rapportent.

L'histoire de la censure dramatique commence avec l'établissement légal du théâtre en France au début du XVe siècle. A une époque où l'imprimerie n'était pas découverte, où l'instruction peu répandue ne permettait qu'à quelques privilégiés la lecture des pamphlets et des écrits politiques, la scène, avec son immense publicité qui s'adressait à tous les esprits, devait nécessairement devenir une redoutable puissance.

Dès 1405, en effet, trois ans à peine après l'obtention par les confrères de leur privilège, le théâtre devint agressif. Tandis que le roi Charles VI était en proie à la folie, que les Anglais se trouvaient au cœur de la France, et que le peuple, écrasé d'impôts, murmurait contre ses gouvernants, la reine Isabeau de Bavière affichait impudemment dans Paris ses adultères et incestueuses amours avec son beau-frère le duc d'Orléans. Déjà Gerson, dans la chaire de Notre-Dame, s'était élevé fortement contre ce scandale public; l'auteur anonyme du mystère de la Passion ne laissa pas échapper une si belle occasion de flétrir le régent en face du peuple assemblé. Le privilège limitant les confrères aux sujets religieux, la satire directe devenait impossible. Mais on chercha un détour, et l'on trouva dans la Bible une scène qui rappelait d'une façon merveilleusement claire la situation présente : c'était l'histoire d'Hérode abandonnant sa femme pour aller vivre avec la reine Hérodiade, l'épouse de son frère.

On développa ce sujet d'une manière toute spéciale, on lui donna dans le mystère une étendue relativement considérable, et le peuple, pour qui ces allusions transparentes avaient un sens évident, souligna par des applaudissements significatifs le discours suivant de saint Jean à Hérode :

Je viens devers ton tribunal,
Pour toy remonstrer le grant mal
Où ta folle plaisance tend,
Dont ton peuple en est mal content
Et Dieu premier. Car quant au poinct,
Je te dy qu'il n'appartient point
La femme à ton frère tenir.
Tu te vœulx, prince, maintenir !

Tel cas n'est pas fraternité,
Mais plus que bestialité;
Tu voys bien les oiseaulx petits
Qui en eulx ont cuers si gentils,
Que chacun se tient à son pér,
Sans autre frauder ne tromper.
Or commetz-tu ung adultère;
Ord et vil encontre ton frère,
Ne sçay qui t'en peut excuser ! »

Nous abrégeons cette citation que nous pourrions accompagner de beaucoup d'autres, et qui montre à quel point de licence le théâtre était arrivé. Peu de temps après, les compétitions politiques de Jean-sans-Peur et de Louis d'Orléans transforment la scène en une véritable arène, où Armagnacs et Bourguignons viennent tour à tour prêcher la haine et déverser la calomnie contre leurs adversaires.

Le Pouvoir était trop faible pour comprimer ces débordements; mais quand, après l'expulsion des Anglais, le Gouvernement reconquit, sous Charles VII, son autorité et sa force, on se hâta de mettre un terme à ce désordre effréné. Dès cette époque apparaît d'une façon suivie l'intervention vigilante du Parlement, qui, jusqu'à la création des censeurs officiels au XVIIIe siècle, exercera sa surveillance sur les théâtres. Ce grand corps, à la fois politique, judiciaire et administratif, avait dans ses attributions la police générale du royaume jusque dans ses moindres détails : il censura la scène comme déjà il censurait les écrits. Les conseillers royaux, que la gravité de leur profession, dit Mézerai, éloignait des vanités du grand monde, du luxe, des jeux, de la chasse, de la danse, encore bien plus de la dissolution et de la débauche, avaient eu eux aussi à se plaindre des attaques injustes et malicieuses des comédiens : ils comprirent de suite le danger de la situation, et, pour empêcher le retour des excès qui s'étaient produits, ils se montrèrent à toute époque et en toute circonstance plus sévères et moins libéraux que le roi lui-même. Un des premiers actes du Parlement fut de défendre aux basochiens, qui, dans la lutte, s'étaient distingués entre tous par leur verve mordante et satirique, de jouer sans une autorisation expresse, et, en 1442, un arrêt condamna à l'emprisonnement quelques clercs coupables d'avoir enfreint cette prohibition. La censure préventive existe dès lors en germe ; longtemps elle demeurera sans fixité, sans garanties, livrée à un arbitraire absolu, jusqu'à ce qu'enfin le progrès des siècles vienne compléter et perfectionner cette institution.

Louis XI, après avoir, contre le gré du Parlement, toléré la satire de la Bazoche, qui l'aidait puissamment dans sa lutte contre la féodalité, après avoir longtemps pris plaisir à ces farces railleuses et humoristiques, finit par abandonner presque complètement les comédiens à la censure de ses conseillers. A la suite de certaines intempérances de langage dont l'histoire n'a pas conservé le souvenir, nous trouvons un arrêt du 15 mai 1476 qui ne se contente pas de défendre « à tous clercs et serviteurs, tant du Palais que du Chastelet de Paris, de quelque estat qu'ils soient, de doresnavant jouer publicquement audict Palais ou Chastelet, ni ailleurs en lieux publics, farces, sotties, moralités, ni autres jeux à convocation de peuple, sur peine de bannissement du royaume et de confiscation de leurs biens », mais va jusqu'à leur prohiber de solliciter toute demande d'autorisation. L'année suivante, le Parlement, à la date du 19 juillet, interdit toute représentation au roi de la Bazoche et à ses conseillers « jusqu'à ce que par ladicte Cour en soit ordonné, sur peine d'être battus de verges par les carrefours de Paris et de bannissement du royaume. »

Sous Charles VIII, la Bazoche profita des troubles qui signalèrent la régence d'Anne de Beaujeu pour diriger ses traits contre les verts manteaux et les princes coalisés ; mais bientôt sa franchise hardie fut réduite à un silence de plusieurs années.

Le règne de Louis XII inaugura pour le théâtre une ère nouvelle, celle de la liberté absolue. « Le bon roy, dit Guillaume Bouchet [1], se plaignant que de son tems personne ne luy vouloit dire la vérité, ce qui estoit cause qu'il ne pouvoit sçavoir comme son royaume estoit gouverné. Et pour que la vérité put parvenir

1 XIIIe serée, édition de Rouen.

jusqu'à luy, il permit les théâtres libres, et voulut que sur iceulx on jouast librement les abus qui se commettoient, tant en sa cour comme en son royaume; pensant par là apprendre et sçavoir beaucoup de choses, lesquelles autrement il luy étoit impossible de connaître. » Et Brantôme ajoute : « Luy estant rapporté un jour que les clercs de la bazoche du Palais, et les écoliers aussi, avoient joué des jeux où ils parloient du Roy et de sa cour et de tous les grands, il n'en fit autrement semblant, sinon de dire qu'il falloit qu'ils passassent leur rire, et qu'il permettoit qu'ils parlassent de luy et de sa cour, mais non pourtant du règlement, et surtout qu'ils ne parlassent de la reine sa femme en façon quelconque, autrement qu'ils les feroit tous pendre[1]. »

La Bazoche, qui avait obtenu la permission de jouer sur la grande table de marbre du Palais, ne se fit pas faute d'user des concessions si libéralement accordées par le Pouvoir royal. Dans une sottie intitulée le *Vieux-Monde*, où la critique la plus mordante se donne librement carrière, le Roi lui-même est mis en scène sous les traits d'un vieillard décrépit et malade auquel on donne comme remède de l'or potable ; en même temps on attaque en ces termes l'économie un peu exagérée de Louis XII :

> Libéralité interdicte
> Est aux nobles par avarice :
> Le chief même y est propice.

Puis vient le tour de la Reine qui, dans une représentation de la Bazoche, voit jouer l'histoire « d'un maréchal qui avait voulu ferrer un âne et en avait reçu un si grand coup de pied qu'il s'était vu jeter hors de la cour », allusion sanglante à Pierre de Rohan, maréchal de Gié, qu'Anne de Bretagne avait fait jeter en prison.

Louis XII qui, par ces attaques, constatait la puissance de l'arme qu'on tournait parfois contre lui, se servit du théâtre comme d'un moyen politique pour émouvoir et diriger l'opinion populaire. A l'époque des démêlés avec Rome au sujet de la Pragmatique,

1 Brantôme, Anne de Bretagne, discours IV.

on ridiculise le Pape qui entre en scène cachant un gourdin sous son manteau et grognant en patois italien :

Io tiegno presto lo mio bastone.

Le « Père Sainct » assène un coup de bâton si violent sur la tête de la « pôvre Pragmatique », qu'il la renverse et la tue, au grand effroi d'Election et de Nomination, qui se réfugient auprès de leur aïeule Université.

Cette satire dura des années et fut surtout l'œuvre du poète Pierre Gringore qui, dans cette campagne, s'était fait l'allié et l'auxiliaire du Roi contre Rome et les Vénitiens. La lutte continua par l'*Entreprise de Venise* et la *Chasse du cerf des cerfs ;* elle se termina par le *Jeu du Prince des sots,* représenté à la Halle, le mardi-gras de l'année 1511. Les principaux personnages de la comédie sont : Peuple françoys, Peuple ytalique, Pugnition divine, Simonie, Hypocrisie, l'Homme obstiné (Jules II) et Mère Sotte, suivie de ses compagnes Sotte Fiance et Sotte Occasion. Mère Sotte, qui n'est autre que l'Église, dévoile à ses conseillères son dessein et le but de son entreprise :

Je ferai chascun accourir
Après moy et me requérir
Pardon et mercy à ma guise.
Le temporel veulx acquérir
Et faire mon renom florir,
Ha brief vels mon entreprise.
Je me dis mère saincte Église,
Je veulx bien qu'un chacun le note,
Je mauldis, anatématise,
Mais sous l'habit, pour ma devise,
Porte l'habit de mère Sotte.

Lorsque l'Église a dévoilé ses projets sur le Pouvoir temporel, que Sotte Fiance a fait observer que :

Les princes y contrediront,

que Sotte Occasion a ajouté que :

Jamais ils ne consentiront
Qu'elle gouverne temporel ;

Mère Sotte leur réplique :

Veuillent ou non, ils le feront,
Ou grande guerre à moy auront.

Après un scandaleux combat entre les Prélats et les Princes, l'Homme obstiné apparaît et trace de sa personne un portrait plein de méchanceté et de ruse ; non content de laisser de côté la bonne foi, qui « est un viel jeu », le Pontife se donne des airs de débauché, s'écriant :

Vin de Candie et vin bastard
Je trouve friand et gaillard
A mon lever, à mon coucher.

On conviendra que le poète ne conservait guère de ménagements envers la Papauté.

Nous n'avons guère examiné jusqu'ici que le rôle de la censure dans la comédie politique : il est intéressant, au double point de vue historique et littéraire, de voir maintenant quelle liberté on accordait à la scène pendant le XVe siècle et une bonne partie du XVIe, en ce qui concerne les mœurs, les individus, les corporations.

Nos anciens auteurs, avec une hardiesse souvent téméraire, ont abordé bien des sujets et produit bien des œuvres qui effarouchent à juste titre la susceptibilité de nos pudeurs modernes. Qui ne connaît la liberté d'allure de ces pièces légères dont le titre seul ne pourrait souvent être cité ? Qui n'a été surpris de cette crudité de langage, de cette propriété d'expressions dont les farces et les sotties offrent de si nombreux exemples ? Les mystères eux-mêmes n'échappent pas à ce reproche d'immoralité, et les représentations de la Passion, du Vieil-Testament et de Saint-Christophe renferment, comme le répertoire de la Bazoche, une foule de traits licencieux. L'esprit gaulois de nos poètes avait reculé bien loin les limites de la bienséance, et la tolérance facile de nos pères supportait bien des écarts. Il est vrai de dire toutefois que, lorsque des paroles risquées se traduisaient sur le théâtre par des actes, on avait encore la pudeur de les dérober aux yeux du public :

lorsqu'il s'agissait, par exemple, de représenter une scène scabreuse, telle que le viol de Thamar, l'accouchement de sainte Anne ou la nativité du Christ, un rideau voilait prudemment les détails trop intimes de la scène. Ce scrupule n'existait cependant pas toujours, et parfois on montrait sans réserve à la foule de bien étranges exhibitions. Jean de Troyes [1] nous apprend, par exemple, que, à l'entrée de Louis XI à Paris, « un peu avant dans ladicte ville, estoient, à la fontaine du Ponceau, hommes et femmes sauvages qui se combattoient et foisoient plusieurs contenances, et si avoit encore trois belles filles faisant personnages de siraines toutes nues.... qui estoient chose bien plaisante, et disoient petits motets et bergerettes. »

Le répertoire comprenait, sans exception, tous les personnages de l'éternelle comédie humaine : on voyait défiler tour à tour les rois et les papes, les gens de loi et les hommes d'église, les soldats vantards et les seigneurs entreprenants, les pères imbéciles et les soubrettes friponnes, les maris trompés et les femmes infidèles. Nous n'avons pas à nous arrêter à ces divers types que la satire moderne a depuis immortalisés sous différents noms [2] : nous examinerons seulement de quelle tolérance ces poètes, précurseurs de Molière et de nos grands auteurs comiques, jouissaient à l'égard du prêtre, de l'homme de loi et du soldat.

Les hommes d'église, les religieux surtout, sont mis en scène dans un grand nombre de farces dont le langage irrévérencieux semble un écho lointain des sarcasmes de Luther, et respire d'une façon évidente l'influence de la Réforme. Dans *Pernet qui va à*

1 *Chronique de Jehan de Troyes, greffier de l'Hôtel-de-Ville* — Ces spectacles étranges étaient, du reste, d'un fréquent usage à cette époque, et nous lisons dans la chronique de Bourgogne qu'en 1468, lors de l'entrée de Charles-le-Téméraire à Lille on représenta le mystère du *Jugement de Pâris*, dans lequel les trois déesses apparaissaient aux yeux du public dans un état complet de nudité : « Quæsierant magno pretio Insulenses ad hanc rem tres statæ ætatis feminas, nudis corporibus in scena ad petendum pomum aureum coram Paride prodeuntes. Quæ Venerem præsentabat, femina erat raræ proceritatis atque portentosæ crassitudinis. » (Pont. Heut. Rerum. Burgund. Lib. V, 1468.)

2 On ne lira pas sans intérêt, sur les ouvrages de cette époque, l'excellente *Histoire de la satire en France* par M. Lenient, professeur à la Faculté des lettres de Paris.

l'école[1], on reproche audacieusement son ignorance au clergé; dans la farce du *Pardonneur, du Triacleur et de la Tavernière*[2], un moine hâbleur montre aux assistants entre autres prodiges :

. . . . La creste
Du cocq qui chanta cheuz Pylate,
Et la moytié d'une late
De la grand arche de Noé.

Ailleurs on critique l'avarice et la débauche des religieux et l'on affirme hautement

Que chasteté et gens d'Eglise
Ne se cognoissent nullement.

Les hommes de loi ne sont pas plus épargnés que le clergé. Nous n'avons pas à citer ici ce chef-d'œuvre de finesse et d'esprit qui a nom *Maître Pathelin*. Cette farce est trop généralement connue pour que nous nous y arrêtions ; disons seulement qu'elle n'était qu'une note dans le concert d'épigrammes mordantes dont la scène poursuit les gens de robe. Les noms des personnages sont souvent choisis de façon à être par eux-mêmes une allusion ou une satire : c'est ainsi que dans le *Plaidoyer de la Simple et de la Rusée*, les juges s'appellent Maîtres Pierre Happart, Oudart de Main-Garnie, Guillaume l'Abatteur, Jean l'Estoffé, et forment un groupe rapace et avide autour du greffier Chasse-Marée.

Quant à l'homme d'armes, on évoque le souvenir du *Miles Gloriosus* de Plaute, et on le représente comme lâche et vantard ; on se moque de ses prétendus exploits et de sa feinte bravoure, et on lui fait dire, avec l'*Archer de Bagnolet* :

Je ne craignoye que les dangiers,
Moy... je n'avoye paour d'autre chose!

Il faut convenir que la censure du Parlement, malgré sa rigueur apparente, n'était pas bien terrible puisqu'elle tolérait de semblables critiques et permettait de si violentes attaques. On peut juger par là de la licence que devaient atteindre les pièces pro-

1 et 2 La collection de l'*Ancien Théâtre-Français*, publiée en 10 volumes, par M. Viollet le Duc (Jannet, Paris, 1854), renferme, avec les farces que nous indiquons, un grand nombre de pièces extrêmement curieuses et intéressantes.

hibées et proscrites, et l'on arrive, en fin de compte, à cette conclusion que les conseillers royaux ne sont guère intervenus que dans les cas qui nécessitaient impérieusement une répression.

Le grand mouvement intellectuel et artistique de la Renaissance exerça sur le théâtre une influence profonde et décisive. Au début du XVIe siècle, l'imprimerie était découverte, les savants des universités et des cloîtres se livraient avec ardeur à l'étude de l'antiquité, et un souffle d'indépendance avait traversé le monde entier au cri de révolte que la Réforme venait de pousser contre Rome. La scène ne s'inspira plus seulement des passions politiques, mais encore des haines religieuses, et bientôt le Parlement eut à sévir contre les individus « atteints de la secte luthérienne » qui colportaient en France les idées nouvelles. D'ailleurs, après les excès de langage qui s'étaient impunément produits pendant le règne de Louis XII, une intervention énergique était nécessaire. Le Parlement le comprit, et, au lendemain de la mort du roi, nous le voyons interdire les représentations de la Bazoche, sous le fallacieux prétexte que le deuil du souverain n'était pas terminé. Les clercs, surpris de cette sévérité à laquelle ils n'étaient plus habitués et déçus dans leurs légitimes espérances, firent présenter, par Clément Marot, une poétique requête à François Ier :

Pour implorer votre digne puissance,
Devers vous, Syre, en toute obéissance,
Bazochiens à ce coup sont venuz
Vous supplier d'ouïr par le menuz
Les poincts et traicts de nostre comédie :
Et s'il y a rien qui pisque ou mesdie
A votre gré l'aigreur adoucirons ;
Mais à quel juge est-ce que nous irons,
Si n'est à vous ? qui de toute science
Avez certaine et vraye expérience,
Et qui tout seul d'authorité pouvez
Nous dire : « Enfans, je veux que vous jouëz ».
O Syre, donc, plaise vous nous permettre
Sur le théâtre, à ce coup-cy, nous mettre,
En conservant nos libertez et droits,
Comme jadis firent les anciens rois.

Si vous tiendra pour père la Bazoche
Qui ose bien vous dire sans reproche
Que de tant plus son règne fleurira,
Vostre Paris tant plus resplendira.

Cette requête, qui promettait une modération et une réserve prudentes, fut favorablement accueillie par le roi, qui permit aux clercs de la Bazoche de relever leur théâtre. En même temps, les collèges de Paris qui, en 1462, s'étaient vu interdire par l'Université les représentations scolaires, remontaient leurs tréteaux et se jetaient à corps perdu dans la lutte. Un arrêt du Parlement du 5 janvier 1516 leur défendit « de ne jouer ne permettre jouer aucunes farces, sotyes ou autres jeux contre l'onneur du roy, de de la royne, de madame la duchesse d'Angoulesme, mère dudit seigneur, des seigneurs du sang, ne autres personnages estans autour de la personne dudit seigneur, sur peine de punicion contre ceux qui feront le contraire, telle que la court verra estre à faire. » Cette menace n'empêcha pas les écoliers du collège de Navarre de représenter, en 1533, sous les traits d'une furie armée d'une torche, la sœur du roi, Marguerite de Valois, qui venait de publier son *Miroir de l'âme pescheresse,* et qu'on soupçonnait de favoriser secrètement les calvinistes. Plus tard, ces sortes de spectacles furent complètement interdites, puis autorisées de nouveau en 1594, à la condition que le manuscrit de la pièce serait préalablement soumis à l'examen du Parlement.

La Bazoche, dont les conseillers royaux avaient eu grande peine à modérer la verve satirique, s'ingénia à éluder par tous les moyens possibles les prohibitions qui la contenaient dans de sages limites. Le Parlement défendait les désignations nominatives, les personnalités outrageantes ; on prit des masques qui rappelaient clairement le visage des individus, et l'on inscrivit en grosses lettres sur des écriteaux les paroles qu'on ne pouvait prononcer. Ce nouvel et criant abus donna lieu à un arrêt du 20 mai 1536 : « Ce jour, la Cour a mandé les chanceliers et receveurs, et le chancelier avec un desdits receveurs venus, leur a fait défenses de ne jouer à la montre de la Bazoche aucuns jeux, ne faire monstration de spectacles, ne écriteaux taxans ou notans quelques personnes que ce soit, sous peine de s'en prendre à eux et de prison et de bannissement perpétuel. » Enfin, le 23 janvier 1538, la Cour établit régulièrement la censure préventive, et exigea que la pièce lui fût communiquée quinze jours au moins avant la représentation.

Les farces gauloises et spirituelles de la Bazoche et des Enfants-Sans-Soucy avaient fait singulièrement pâlir le répertoire suranné des Confrères de la Passion ; d'autre part, les disputes théologiques et les controverses religieuses qui divisaient les esprits, donnaient aux représentations des mystères un caractère dangereux pour le peuple. Les satires d'Ulrich de Hutten, les livres de Calvin, les pamphlets des protestants attaquaient de front le dogme catholique, et peut-être n'était-il pas prudent de laisser mettre sur la scène et de livrer à la critique des assistants les récits de l'Ecriture-Sainte. Aussi, quand, en décembre 1541, les Confrères, se disposant à jouer le mystère du Vieil-Testament, présentèrent au Parlement une requête à fin d'autorisation, le procureur-général conclut vivement à l'abolition de ces sortes de spectacles. Il importe de citer quelques passages de ce réquisitoire qui renferme des détails précieux sur la condition des acteurs et l'état des esprits à cette époque.

Le procureur-général commence par s'élever contre « ces gens non lettrez ni entenduz en telles affaires, de condition infime, comme un menuisier, un sergent à verge, un tapissier, un vendeur de poisson, qui ont fait jouer les actes des apostres, et qui ajoutant, pour les allonger, plusieurs choses apocryphes, et entremettant à la fin ou au commencement du jeu farces lascives et momeries, ont fait durer leur jeu l'espace de six à sept mois ; d'où sont advenues et adviennent cessation de service divin, refroidissement de charitez et d'aumones, adultères et fornications infinies, scandales, dérisions et mocqueries. » D'après lui, « tant que lesdicts jeux ont duré, le commun peuple, dès huit à neuf heures du matin, ès jours de fêtes, délaissait sa messe paroissiale, sermons et vespres pour aller esdictz jeux garder sa place et y estre jusqu'à cinq heures du soir. Ont cessé les prédications, car n'eussent eu les prédicateurs qui les eussent escoutez. Et retournant desdictz jeux, se mocquaient hautement et publicquement par les rues desdictz jeux des joueurs, contrefaisant quelque langage impropre qu'ils avaient ouï desdictz jeux ou autre chose mal faite, criant par dérision que le Saint-Esprit n'avait pas voulu descendre et autres mocqueries. Et le plus souvent les prêtres des paroisses, pour avoir leur passe-temps d'aller esdictz jeux, ont délaissé dire vespres les jours de festes, ou les ont dictes tout seuls dès l'heure de midy, heure non accoustumée; et même les chantres ou chapelains de la Saincte-Chapelle de ce palais, tant que lesdictz jeux ont duré, ont dit vespres les jours de fêtes à l'heure de midy, et encore les disoyent en poste et à la légère pour aller esdictz jeux [1]. » Cet empres-

1 Il est intéressant de constater, à l'aide des documents contemporains, de quelle vogue immense jouissaient encore les mystères à l'heure où le procureur général fulminait si violemment contre eux. Une brochure contenant le « Cry et proclamation » qui remplaçait, au XVIe siècle, les affiches de théâtres, nous renseigne complètement à cet égard; voici le texte :

« Le Cry et proclamation publique

pour jouer le mystère des actes des apostres en la ville de Paris, fait le jeudi 16e jour de décembre 1540, par le commandement du Roy nostre Sire François Ier du nom et de Monsieur le Prévost de Paris, affin de prendre les rolles pour jouer ledit mystère.

» Le jour dessus dit, environ huit heures du matin, fut faite l'assemblée en l'hostel de Flandres, lieu établi pour jouer ledit mystère, que gens de justice, que plébéiens et autres gens ayant charge de la conduite d'icelui, rhétoriciens et autres gens de longue robbe et courte.

» Et premièrement marchoient six trompettes ayant baverolles à leurs tubes et buccines, armoïés des armes du roy nostre Sire, entre lesquelles était pour conduite la trompette ordinaire de la ville, accompaignée du crieur-juré establi à faire les crys de justice en ladite ville, tous bien montés selon leur estat

» Après marchoit ung nombre de sergens et archers du prévost de Paris, vêtus de leurs hoquetons paillés d'argent, aux livrées et armes tant du roy que dudit seigneur prévost, pour donner ordre et conduicte, et empescher l'oppression du peuple, et lesdits archers bien montés, comme au cas est requis.

» Puis après marchoient ung grand nombre d'officiers et sergens de la ville, tant du nombre de la marchandise que du parloir aux bourgeois, vestus de leurs robbes my parties de couleurs de ladite ville, avec leurs enseignes qui sont les navires d'argent, iceulx bien montés comme dessus.

» Et après marchoyent deux hommes establis pour faire ladite proclamation, vestus de sayes de velours noir, portant manches perdues de satin de trois couleurs, assavoir jaune, gris et bleu, qui sont les livrées desdits entrepreneurs, et bien montés sur bons chevaulx

» Après marchoyent les deux directeurs dudit mystère, assavoir ung homme ecclésiastique, et l'autre lay, vestus honnestement et bien montés selon leur estat.

» Item alloyent après, les quatre entrepreneurs dudit mystère, vestus de chamarres de taffetas armoysi et pourpoinctés de velours, le tout noir; bienmontés et leurs chevaulx garnis de housses.

» Item après ce train marchoyent quatre commissaires examinateurs au Chassement, continuait le réquisitoire, n'était rien moins que justifié, « car, tant les entrepreneurs que les joueurs sont gens ignares, artisans mécaniques, ne sachant ni *a* ni *b*, qui oncques ne furent instruitz ni exercez en théâtres et lieux publics à faire tels actes, et davantage n'ont langue diserte ni langage propre, ni les accens de prononciation décente, ni aulcune intelligence de ce qu'ils dient : tellement que le plus souvent advient que d'un mot ils en font trois; font point ou pause au milieu d'une proposition, sens ou oraison imparfaite ; font d'un interrogant un admirant, ou autre geste, probation ou accent contraires à ce qu'ils dient, dont souvent advient dérision et clameur publicque dedans le théâtre même, tellement qu'au lieu de tourner à édification, leur jeu tourne à scandale et à dérision. »

L'éloquence du procureur-général ne put obtenir la fermeture du théâtre des Confrères : mais l'heure approchait où, comme dit Boileau :

Le savoir, à la fin dissipant l'ignorance,
Fit voir de ce projet la dévote imprudence :
On chassa ces docteurs prêchant sans mission,
On vit renaître Hector, Andromaque, Ilion.

En novembre 1548, au moment où les acteurs demandaient à représenter, dans leur nouvelle salle de l'hôtel de Bourgogne « plusieurs beaux mystères à l'édification et joie du commun populaire, sans offense générale ni particulière », le Parlement rendit un arrêt « inhibant et défendant aux suppliants de jouer le mystère de la Passion de Notre-Seigneur, ne autres mystères sacrés, sous peine arbitraire ; leur permettant néanmoins de pouvoir faire jouer

telet de Paris, montés sur mules, garnies de housses, pour accompagner lesdits entrepreneurs.

» En semblable ordre marchoyent ung grand nombre de bourgeois, marchands et autres gens de la ville, tant de longue robbe que de courte, tous bien montés, selon leur estat et capacité.

» Et fault noter qu'en chacun carrefour où se faisait ladite publication, deux desdits entrepreneurs se joignoient avec les deux establis cy-devant nommés, et après le son des six trompettes et l'exhortation de la trompette ordinaire de ladite ville, faicte de par le Roy nostre seigneur et Monsieur le prévost de Paris, feirent lesdits quatre dessus nommés, ladite proclamation en la forme et manière qui s'ensuyt, etc., etc. »

(Paris, Denis Janot, 1541, 4 ff. in-4°.)

autres mystères profanes, honnêtes et licites, sans offenser ni injurier aultres personnes. »

Cette réforme, dictée par les circonstances et la situation générale des esprits, fut étendue, par les Parlements, à plusieurs provinces, notamment à la Bretagne [1], où les arrêts dés 11 septembre 1574, 28 août 1577 et 3 octobre 1578 interdirent la représentation publique des mystères et histoires de saints [2].

De son côté, le concile de Trente défendit de faire servir l'Écriture-Sainte à des sujets de divertissement, et ordonna aux évêques de punir des peines de droit ceux qui violeraient ses décrets. D'autre part, le recueil intitulé : *De la discipline des protestants de France,* déclare (chap. XIV) qu'il ne sera loisible aux fidèles d'assister aux comédies et autres jeux joués en public

1 *Dictionnaire des arrêts* de Pierre Brillon, v° Jeu.

2 Les abus produits par les théâtres s'étaient généralisés au XVIe siècle : dans les Flandres notamment qui, à cette époque, comptaient de nombreuses soci'tés de rhétorique, on trouve beaucoup de dispositions qui tendent à réprimer la licence de la scène. A Lille, en 1514, un ban du Magistrat défend « de farser des princes et leurs subjets, alyés et amis à Mgr l'archiduc, pour obvier à la discontinuation de la paix, à la diminucion des amisties, intelligences et confédérations, quy sont à présent entre les princes chrestiens, et aussi au reboutement de la communicacion, hantise et entrecours de marchandises entre les subgects de yceulx princes (*). » Une ordonnance de Charles-Quint, du 6 février 1559, rappelée souvent dans la suite par les règlements de ses successeurs à cause de la fermentation des esprits qui avait abouti à des troubles sanglants, poursuit le même but en ces termes (**) : « Comme yl soit venu à nostre cognoissance que, en nos pays de par-deça, se font, composent et jouent, tant par nos subjectz que aultres étrangiers venans en nosd. pays, divers jeux de moralité, farces, dictiers, refrains, ballades et choses semblables, engendrans schandale, où esquelz sont meslées les sainctes Ecritures, mistères divins et constitutions de nostre mère saincte Eglise, souventes fois retorquiez et mal applicquiez, et aussi touchez et notez certains personnaiges ecclésiastiques et religieux, par où le commun peuple est mal édiffié, séduict et déçeu, chose vraiment dangereuse au bien publicque ; et pour aultant que par cy devant n'estant le monde si corrompu, ne les erreurs si grans qu'ilz sont présentement, l'on n'a prins de si près regard à iceulx jeuz, farces, chansons, refrains, ballades et dictiers, comme le convient au temps présent, auquel les mauvaises et damnables sectes, de jour en jour pullulent et s'accroissent davantaige. Pour ce... mandons... de défendre et interdire... de divulgier, chanter ou jouer; faire divulgier, chanter ou jouer publicquement en compaignie, ou en secret, aulcunes farces, ballades, chansons, comédies, refrains ou aultres semblables escriptz, de quelque manière ou en quelque langaige que ce soit, tant vieulx que nouveaulx, esquelz soyent meslées aucunes questions, propositions ou faitz concernant notre religion ou les personnes ecclésiastiques, soit à l'endroit de leurs personnes ou estatz. Et quant aux jeux de moralitez ou aultres choses qui se font ou jouent à l'honneur de Dieu ou de ses saints... ils ne se pourront jouer ou réciter qu'ils ne soient préalablement visitez par le principal curé, officier ou Magistrat du lieu où lesd. jeulx se doibvent faire et réciter, etc., etc. »

(*) M. de la Fons Melicocq, *Archives du Nord*, 3e série, t. IV, p. 18.
(**) Archives de Lille.

ou en particulier, vu que de tout temps cela a été défendu entre les chrétiens comme apportant corruption de bonnes mœurs, mais surtout quand l'Écriture-Sainte, qui n'est pas bâillée pour être jouée mais pour être purement preschée, y est profanée. »

Cet arrêt de 1548, dont la critique littéraire n'a peut-être pas examiné suffisamment la portée, eut une influence capitale sur les destinées de l'art dramatique : en fermant au théâtre la voie principale qu'il avait suivie jusqu'alors, il obligea les poètes à chercher des créations nouvelles et des types inconnus à la scène. La Renaissance, en reportant les esprits vers l'étude de l'antiquité, favorisa merveilleusement cette évolution ; aussi, quatre ans plus tard, voyons-nous apparaître la première tragédie française qui ne soit plus une traduction rimée et servile des chefs-d'œuvre anciens, mais possède déjà une certaine originalité propre, nous voulons parler de la *Cléopâtre* de Jodelle. « Elle fut jouée, dit Pasquier (Recherches, liv. VII, chap. VI), devant le roi Henri II, à Paris, en l'hôtel de Reims, avec un grand applaudissement de toute la compagnie ; et depuis encore, au collège de Boncourt, où toutes les fenêtres étaient tapissées de personnages d'honneur, et la cour si pleine d'écoliers que les portes du collège en regorgeaient. Je le dis comme celui qui y était présent avec le grand Turnebus en une même chambre, et les entreparleurs étaient tous hommes de nom. Remi Belleau et Jean de la Péruse jouaient les principaux rollets avec Jodelle, qui représentait Cléopâtre. Le roy lui donna 500 écus de son épargne et lui fit tout plein d'autres grâces. » Nous n'insisterons pas davantage sur ces faits, mais nous ferons remarquer que moins d'un siècle plus tard, par un effet prodigieux de génie, les chefs-d'œuvre les plus importants avaient succédé à ces tragédies encore bien imparfaites et que le Théâtre-Français comptait dans son répertoire : le *Cid, Horace, Polyeucte* et *Cinna*.

Le malheur des temps ne tarda pas à arrêter, sous Henri II, l'essor de l'art dramatique : en 1545, quelques années avant la représentation de la *Cléopâtre* de Jodelle, la Bazoche avait, par ordre du Parlement, fermé son théâtre. Les Confrères de la

Passion, dont l'inhabileté avait été mise en relief dans un réquisitoire célèbre, n'étaient pas à la hauteur de leur nouveau répertoire ; d'ailleurs, le trouble qui régnait dans les esprits, les mesures violentes prises contre les réformés, entretenaient dans l'État une surexcitation qui se prolongea pendant les règnes de François II et de Charles IX. Aux libelles protestants intitulés : *les Satyres chrétiennes de la cuisine papale* et *le Pape malade,* succédèrent, quelque temps après la Saint-Barthélemy, des tragédies qui s'inspiraient des évènements contemporains. On représente la tragédie de *Feu Gaspard de Coligny, jadis amiral de France,* et l'on célèbre la chute de l'hérésie et la défaite des calvinistes. Puis, avec Henri III, les tendances de la scène ne tardent pas à changer : la Ligue fournit bien aux Enfants Sans-Souci l'occasion de jouer quelques satires d'une sanglante ironie, notamment la *Mort du duc de Guise,* puis le *Guisien, ou la Perfidie tyrannique de Henri de Valois ès personnes des illustres, révérendissimes et très généreux princes Loys de Lorraine, cardinal et archevêque de Rheims, et Henri de Lorraine, duc de Guise.* Mais ces pièces éphémères passaient avec les circonstances politiques qui les avaient fait naître. Henri III fit venir d'Italie des comédiens connus sous le nom de *i Gelosi,* que le Parlement ne tarda pas à chasser de France. Toutefois, le roi, qui aimait le théâtre, favorisa, dit l'Estoile, les farceurs, bouffons et mignons, qui étaient tous en crédit auprès de lui. La licence et l'immoralité s'emparèrent même du répertoire de l'hôtel de Bourgogne, et nous trouvons à ce sujet les plaintes suivantes formulées dans les *Remonstrances très humbles au Roy de France et de Pologne, Henri III de nom,* imprimées à Paris en 1588 :

« Il y a encore un autre grand mal qui se commet et tolère en vostre bonne ville de Paris aux jours de dimanches et de festes ; ce sont les jeux et spectacles publics qui se font lesdits jours de festes et dimanches, tant par des Français, et pardessus tout, ceux qui se font en une cloaque et maison de Satan, nommée l'hôtel de Bourgogne... En ce lieu se donnent mille assignations scandaleuses au préjudice de l'honnesteté et pudicité des femmes, et à la ruine des familles des pauvres artisans, desquels la salle basse est toute pleine, et lesquels plus de deux heures avant le jeu, passent leur temps en devis impudiques, en jeulx de dez, en gourmandises et yvrogneries, d'où deviennent plusieurs querelles et batteries. »

Ces doléances ne furent guère écoutées par le Roi, qui laissa faire les comédiens et leur accorda une liberté que devait encore élargir Henri IV. Le Béarnais, aimé de son peuple et n'ayant pas à redouter les traits de la satire, accorda à la scène, dit M. Poirson, une latitude à peu près absolue. Toutefois le Parlement veillait encore, et, en 1594, nous le voyons faire arrêter le sieur Léger, régent du collège des Capettes, qui avait fait afficher sans autorisation préalable sa tragédie de *Chilpéric ;* mais cet accès de sévérité resta complètement isolé, jusqu'à ce qu'enfin une ordonnance du Châtelet, en date du 12 novembre 1609, vînt mettre un frein à la licence des acteurs. Le Roi, après avoir défendu de jouer « passé quatre heures, depuis le jour de Saint-Martin jusqu'au 15 février », et fixé le prix des places à cinq sous au parterre, et à dix sous aux loges et galeries, prohibe « toute représentation de farces ou de comédies qui n'aient été au préalable communiquées au procureur du roy », dont la signature est exigée sur le registre des Comédiens.

Ces dispositions furent adoptées par Louis XIII qui, le 16 avril 1641, dans une déclaration signée à Saint-Germain-en Laye, fit « très expresses inhititions à tous comédiens de représenter aucunes actions malhonnêtes, ni d'user d'aucunes paroles lascives ou à double entente qui pourraient blesser l'honnêteté publicque, et ce, sur peine d'être déclarés infâmes, et autres peines qu'il écherra. »

Les acteurs qui observaient ces conditions conservaient tous leurs droits, et l'exercice de leur profession ne pouvait « leur être imputé à blâme, ni préjudicier à leur réputation dans le commerce public ». Cependant ces règles ne furent guère suivies, et Fontenelle, dans son *Histoire du théâtre français,* nous donne sur Hardy, dont les pièces alimentèrent pendant trente ans le répertoire de l'hôtel de Bourgogne, les détails qu'on va lire : « Nul scrupule sur les mœurs ni sur les bienséances. Tantôt, on trouve une courtisane au lit, qui, par ses discours, soutient assez bien son caractère. Tantôt, une femme mariée donne des rendez-vous à son galant. Les premières caresses se font sur la scène, et de ce qui se passe entre deux amants, on n'en fait perdre aux spectateurs que le moins qu'il se peut. Les personnages de Hardy s'embrassent volontiers sur le théâtre, et pourvu que deux amants ne soient point brouillés ensemble, vous les voyez sauter au cou l'un de l'autre dès qu'ils se rencontrent. Au milieu de ces amours qui se traitent si librement, il y a lieu d'être étonné de voir que les amants de Hardy appellent très souvent leurs maîtresses : Ma sainte. Ils se servent de cette expression comme ils feraient de celle de : Mon âme, ma vie, et c'est une de leurs plus agréables mignardises. »

Louis XIV, après avoir, pendant la première partie de son règne, encouragé, par une protection bienveillante, les comédiens et les poètes, s'abandonna, dans les années de sa vieillesse, à l'influence de Mme de Maintenon, et son ancienne tolérance vis-à-vis du théâtre se changea en une sévérité qui parfois dégénéra en rigueur.

Le génie des auteurs du XVIIe siècle avait élevé à une telle hauteur le niveau de l'art dramatique, que Brosse, dans son épître dédicatoire des *Songes des hommes éveillés*, pouvait affirmer sans crainte « que la comédie était tellement épurée qu'une fille pouvait la voir avec moins de scandale qu'elle ne parlerait à un capucin à la porte de son couvent ». Mais s'il est vrai de dire que l'on avait banni du théâtre l'immoralité de l'ancien répertoire, il faut ajouter que, à cette époque comme à toutes les autres, la satire s'emparait encore des évènements et des hommes du jour pour les traduire d'une façon vivante sur la scène. Sous la Fronde, le théâtre s'unit au pamphlet dans la campagne entreprise contre Mazarin : dans la farce des *Courtisans de Pluton* et dans la *Balance de l'Etat, contenant l'histoire de l'emprisonnement de MM. les Princes et l'éloignement du cardinal Mazarin, dans une continuelle allégorie*, on ridiculise le ministre de la façon la plus vive et la plus personnelle. Plus tard, sous le gouvernement absolu du Roi, alors que la moindre intempérance de langage valait à son auteur quelques années de Bastille, les auteurs devinrent plus timides : les critiques que, au XVIe siècle, on décochait contre la cour se changèrent en flatteries à l'égard du Roi et de ses maîtresses. En même temps, on défendait sévèrement tous les types de personnages qui pouvaient ressembler à des fonctionnaires connus, et tandis qu'on bannissait les personnalités de la scène, on interdisait sévèrement toute parole qui rappelait même indirectement les actes du Roi. Mais malgré tous les efforts des censeurs, la malignité publique trouvait encore, dans les œuvres dramatiques, des allusions qui étaient certainement bien loin de la pensée des auteurs : c'est ainsi que lorsqu'on joua *Esther,* on voulut reconnaître dans la persécution des Juifs la révocation de l'édit de Nantes, dans Esther Mme de Maintenon, dans Vasthi Mme de Montespan, et dans Aman le ministre Louvois. En présence de ces manifestations de l'opinion qui se traduisaient par de sanglantes épigrammes, on défendit la représentation de la tragédie de Racine sur les scènes parisiennes, et, sous prétexte que l'arrêt de 1548 excluait du théâtre les sujets religieux, on accorda seulement aux Dames de Saint-Cyr le privilège de la jouer dans leur établissement.

Nous n'insisterons pas davantage sur les tendances de la censure à cette époque, et nous n'examinerons pas les démêlés que presque tous les auteurs du XVIIe siècle eurent avec elle. Etudions seulement quelle était son organisation au siècle de Louis XIV.

Il y a deux périodes à distinguer :

Pendant la première, qui s'étend jusqu'à 1706, on suit presque complètement les traditions du passé, et la surveillance du répertoire des théâtres appartient d'abord au Parlement seul, puis au Parlement et au lieutenant-général de police. Les règles de cette intervention n'étaient nettement précisées dans aucun texte législatif, et l'action des censeurs, abandonnée à un arbitraire absolu, aboutissait tantôt à des mesures préventives, tantôt à des mesures répressives.

La censure préventive était généralement assez rare : on en

trouve toutefois plusieurs exemples et notamment le suivant qui emprunte un certain intérêt à la qualité des personnages qu'il met en jeu. L'auteur Boursault, violemment attaqué dans les *Satires* de Boileau, avait voulu se venger en poète et répondre à l'ironie dont on l'avait accablé par une comédie acerbe et aristophanesque intitulée : *la Critique des satires de M. Boileau*. Ce dernier, qui apparemment ne tenait pas à servir de risée au parterre, se plaignit au Parlement, et, invoquant une ancienne jurisprudence qui interdisait, nous l'avons vu, les personnalités au théâtre, il demanda la suppression de la pièce et obtint l'arrêt suivant :

« Vu, par la Chambre des vacations, la requête présentée par M. Nicolas Boileau, avocat en la Cour, contenant qu'il a appris, par une affiche qui a été mise en tous les carrefours de cette ville de Paris, que les comédiens du Marais, jouant actuellement en la rue du Temple, devaient représenter sur le théâtre, vendredi prochain, une farce intitulée : *la Critique des satires de M. Boileau*, qui est une pièce diffamatoire contre l'honneur, la personne et les ouvrages du suppliant, ce qui est directement contraire aux lois et ordonnances du royaume, et qui serait d'une conséquence dangereuse, n'étant pas permis à des farces et comédiens de nommer les personnes connues et inconnues sur les théâtres ; à ces causes, requérant être fait défense au nommé Rossidor, qui a annoncé ladite farce, et autres comédiens de la même troupe et tous autres, de représenter sur leur théâtre ni ailleurs, en quelque sorte et manière que ce soit, ladite pièce, intitulée dans leurs affiches : *la Critique des satires de M. Boileau*, ni l'afficher et annoncer de nouveau, à peine de punition corporelle et de deux mille livres d'amende ; la Cour inhibe et défend la représentation, etc., etc. »

Presque toujours, au contraire, l'intervention du Parlement était purement répressive ; parfois même les arrêts de la Cour opposaient leur veto à une autorisation donnée par le Roi. On connaît à cet égard l'histoire du *Tartufe* de Molière : ce chef-d'œuvre, d'abord joué aux fêtes de Versailles avec l'assentiment de

Louis XIV, excita à son apparition sur la scène de si violentes clameurs, que le Roi, revenant sur sa décision première, en défendit la représentation. Deux ans plus tard, après des démarches sans nombre et des remaniements importants, la pièce, qui avait changé son titre primitif contre celui de l'*Imposteur,* tandis que le personnage principal, complètement modifié, prenait le nom de Panulphe, put être jouée le 5 août 1667. Mais, au lendemain de la représentation, le Parlement l'interdit de nouveau de son propre chef, malgré l'autorisation royale, et la comédie resta défendue jusqu'à l'apaisement des esprits et des controverses théologiques en 1669.

Ce défaut de fixité et de garanties dans l'organisation de la censure amenait parfois des mesures profondément regrettables : c'est ainsi que les comédiens italiens qui, en 1697, avaient représenté une pièce intitulée : *la Fausse Prude,* dans laquelle on crut reconnaître des allusions à Mme de Maintenon, virent fermer leur théâtre et furent chassés du royaume. En vain la *Gazette de France,* dans son numéro du 17 mai 1697, prétend-elle que Louis XIV les proscrivit parce que l'on n'y gardait pas les règlements, que l'on y jouait des pièces licencieuses et que l'on ne s'y était pas corrigé des obscénités et des gestes indécents » : il fut évident pour tous que cette expulsion violente, qui montrait l'avantage d'une censure préalable, n'était que la punition de l'imprudente audace avec laquelle les comédiens avaient attaqué la veuve de Scarron.

La seconde phase de la censure sous Louis XIV commence en 1706 et aboutit à l'organisation de l'examen tel qu'il existe de nos jours. Certains écarts de plume, notamment une comédie scandaleuse de Boindin, intitulée : *le Bal d'Auteuil,* amenèrent successivement la réforme de la censure. Le Roi décida que la surveillance de la scène n'appartiendrait plus au Parlement, mais serait confiée au lieutenant-général de police, auquel on adjoindrait, pour faciliter sa tâche, un fonctionnaire spécial qui prendrait le nom de censeur ou d'inspecteur de la police. Cet agent, choisi parmi les censeurs royaux chargés de l'examen des livres, était détaché à la lieutenance, où, après avoir pris connaissance du manuscrit, il faisait un rapport concluant soit à l'autorisation, soit au refus de la pièce. Les pièces qui soulevaient des questions théologiques étaient, en outre, soumises au contrôle d'un docteur de la Sorbonne.

Un fonctionnement analogue fut établi dans les provinces, où la censure appartint aux échevins et aux magistrats, sous l'autorité du lieutenant de police.

Cette organisation demeura sans modifications sensibles pendant les règnes de Louis XV et de Louis XVI.

Large et tolérante sous la régence du duc d'Orléans, la censure ne tarda pas à devenir d'une sévérité sans exemple. Le grand mouvement philosophique qui devait avoir tant d'influence sur les évènements postérieurs, envahissait le théâtre comme il avait envahi la presse : en même temps, la conduite scandaleuse de Louis XV révoltait l'opinion publique, et on se plaisait à évoquer partout le souvenir de Henri IV pour établir un contraste avec le caractère du souverain régnant. Le censeur devint pointilleux et prudent : Crébillon, l'auteur tragique, qui était alors le titulaire officiel, montra, dès le début de ses fonctions, le danger qu'il y avait à confier à un seul homme le droit de statuer sur le sort des œuvres dramatiques. Ennemi de Voltaire, dont le succès et la gloire excitaient son envie, Crébillon refusait impitoyablement toutes les pièces de son rival ; en vain ce dernier essaya-t-il de faire intervenir en sa faveur la protection de Mme de Pompadour, en vain usa-t-il de stratagème en envoyant ses tragédies sous un nom supposé; l'hostilité jalouse du censeur s'exerçait à son égard d'une façon aussi injuste que persistante. Sa pièce de *Mahomet* notamment, dédiée au Pape, agréée par le cardinal de Fleury en 1740 et représentée à Lille aux applaudissements du clergé, rencontra un refus formel de Crébillon; autorisée cependant par le lieutenant de police, la représentation excita de telles attaques qu'on l'interdit de nouveau. Voltaire, outré de cette persécution qui faisait rejeter tous ses ouvrages, demanda, en 1751, que *Mahomet* fut soumis à l'examen de d'Alembert ou de tout autre honnête homme : sa requête, appuyée par le duc de Richelieu, obtint un succès complet et la pièce put être représentée sans inconvénients. A Crébillon succéda Marin, que les Mémoires de Beaumarchais ont rendu si tristement célèbre : le nouveau censeur qui, dans l'accomplissement de sa tâche, était moins rigoureux que son prédécesseur, fut envoyé à la Bastille pour avoir autorisé *Théagène et Chariclée*, pièce qui contenait le portrait d'un roi fainéant, dont le public fit l'application à Louis XV. A sa sortie de prison, Marin, que l'expérience avait rendu plus méticuleux, défendit tour à tour le *Philosophe sans le savoir* de Sedaine, les *Guèbres* et les *Lois de Minos* de Voltaire, *Mélanie* de La Harpe, la *Partie de chasse de Henri IV* de Lemierre, et *Maillard ou Paris sauvé* de Sedaine.

Telle est au XVIIIe siècle la position des censeurs : se montrent-ils un peu sévères, on crie de suite à la partialité et à l'injustice. Lors, au contraire, qu'ils abandonnent aux auteurs un semblant de liberté, le Pouvoir leur fait un crime de leur facilité et les envoie à la Bastille.

La mort de Louis XV amena une réaction sensible contre les rigueurs exagérées de la censure, et la représentation de certaines pièces interdites sous le règne précédent fut autorisée sans difficulté. Les idées nouvelles de liberté faisaient chaque jour des progrès incessants dans la société française, et la cour elle-même applaudissait à outrance la piquante ironie de Beaumarchais. Nous ne rapporterons pas ici les incidents à la suite desquels le *Barbier de Séville* et le *Mariage de Figaro* furent représentés malgré l'opposition du Roi, qui, en cette circonstance, rencontra comme adversaires Marie-Antoinette, la famille royale et même les censeurs. C'était là un signe du temps : quelques années plus tard, les évènements devaient se précipiter et emporter dans leur tourbillon ceux qui avaient laissé imprudemment l'opinion publique trouver un aliment dans les satires de Figaro.

La Révolution renversa en passant l'institution de la censure que ses anciens abus avaient rendue odieuse, et, cédant à une généreuse illusion inspirée par l'amour de la liberté, elle proclama l'indépendance absolue de la scène. Les comédiens avaient adressé à la Commune de Paris des pétitions relatives à la surveillance des spectacles [1]. L'Assemblée décida, par la loi du 24 août 1790, tit. XI, art. 4, que la police des théâtres appartiendrait désormais aux administrations municipales. En même temps, on sentait la nécessité de bannir l'arbitraire et d'établir des règles fixes relativement aux représentations : tandis que, au cours de la discussion, l'abbé Maury réclamait le maintien de la censure, Robespierre s'élança à la tribune et s'écria : « Je ne veux pas que, par une disposition vague, on donne à un officier municipal le droit d'adopter ou de rejeter tout ce qui pourrait lui plaire ou lui déplaire. Par là on favorise les intérêts particuliers et non les mœurs publiques. » L'assemblée adopta ces conclusions et vota l'article 6 de la loi des 13-19 janvier 1791, qui est ainsi conçu :

« Les entrepreneurs et les membres des différents théâtres seront, à raison de leur état, sous l'inspection des municipalités; ils ne recevront des ordres que des officiers municipaux, qui ne pourront arrêter ni défendre la représentation d'une pièce, sauf la responsabilité des auteurs et des comédiens, et qui ne pourront rien enjoindre aux comédiens que conformément aux règlements de police. »

La liberté de l'industrie théâtrale avait fait éclore à Paris et dans toute la France une foule de scènes nouvelles où l'on représentait chaque soir les œuvres précédemment interdites par la censure ou des pièces d'actualité conformes aux idées du jour. C'est à cette époque surtout qu'il est vrai de dire que le théâtre se transforma en une tribune qui proclamait d'une façon ardente et animée les principes sociaux et les théories démocratiques. Les chefs-d'œuvre des maîtres disparaissent presque complètement de l'affiche : en revanche, on voit apparaître tout un cortège de pièces patriotiques aux titres pompeux et pleines d'allusions aux évènements contemporains. On célèbre la prise de la Bastille et la Fédération; on exalte la mort de Desilles, les vertus des défenseurs de Lille et de

1 Voir à cet égard un article de Quatremère de Quincy (*Moniteur* de 1790, n° 53.)

Thionville, et les réformes accomplies par la Révolution. La guerre aux couvents éclate avec la constitution civile du clergé ; une littérature malsaine, dont on ne saurait trop, à quelque parti que l'on appartienne, blâmer le dévergondage impudent et calomniateur, règne en maître sur le répertoire, qui compte bientôt des pièces comme les *Victimes cloîtrées*, les *Vœux forcés* et le *Curé amoureux*. Puis le mouvement révolutionnaire s'accentue, et la réaction violente contre la monarchie se dessine de plus en plus. La République était proclamée depuis quelques mois, quand une pièce de Laya, intitulée : *l'Ami des lois*, fut représentée au théâtre de la Nation : cette œuvre, dans laquelle l'auteur flétrissait les bourreaux et attaquait violemment certaines personnalités puissantes, excita de véritables orages, et, sur la proposition d'Hébert, fut défendue par la municipalité de Paris. Laya se rendit au sein de la Convention pour réclamer contre cet acte arbitraire qui violait ouvertement la loi de 1791. C'est à la suite de ce débat que l'Assemblée rendit, à la date du 12 janvier 1793, le décret qu'on va lire : « La Convention nationale, sur la lecture donnée d'une lettre du maire de Paris, qui annonce qu'il y a un rassemblement autour du théâtre de la Nation, qui demande que la Convention nationale prenne en considération une députation dont le peuple attend l'effet avec impatience, et dont l'objet est d'obtenir une décision favorable, afin que la pièce l'*Ami des lois* soit représentée nonobstant l'arrêté du Corps municipal de Paris qui en défend la représentation, passe à l'ordre du jour, motivé sur ce qu'il n'y a point de loi qui autorise les Corps municipaux à censurer les spectacles. »

En conséquence de ce décret, le Conseil exécutif provisoire cassa l'arrêté de la Commune de Paris, déclara que les théâtres resteraient ouverts, et enjoignit aux directeurs de spectacles « d'éviter les représentations des pièces qui jusqu'à ce jour ont occasionné quelques troubles et qui pourraient les renouveler dans le temps présent. »

Cette proclamation fut à son tour déférée, pour excès de pouvoir, à la Convention, dont les séances étaient remplies à cette époque par le procès de Louis XVI. Tandis que la discussion s'ouvre sur l'arrêté du Conseil exécutif, Danton monte à la tribune, où il prononce un discours d'une virulence inouïe, et demande à l'assemblée de passer à l'ordre du jour. « Je l'avouerai, citoyens, s'écrie-t-il, je croyais qu'il était d'autres objets qui doivent nous occuper que la comédie. (*Plusieurs voix :* Il s'agit de la liberté !) — Oui, il s'agit de la liberté ! Il s'agit de la tragédie que vous devez donner aux nations ! Il s'agit de faire tomber sous la hache des lois la tête d'un tyran, et non de misérables comédies ! » La Convention se détourna néanmoins quelques instants de sa lugubre tâche pour casser l'arrêté du Conseil exécutif, « en ce que l'injonction faite aux directeurs des différents théâtres étant vague et indéterminée, blesse les principes, donnerait lieu à l'arbitraire et est contraire à l'article 6 du décret du 13 janvier 1791. »

Cependant la liberté du théâtre n'était qu'un vain mot et la scène subissait une véritable oppression. Depuis longtemps on avait remplacé dans les comédies les appellations de Monsieur et Madame par celles de Citoyen et Citoyenne ; les costumes des marquis de l'ancien répertoire étaient sévèrement proscrits, et les acteurs étaient forcés de paraître en scène avec la cocarde tricolore. Bientôt les pièces les plus inoffensives deviennent suspectes à l'humeur méfiante des patriotes, et l'on en arrive aux extravagances les plus inconcevables. Nous ne pouvons mieux faire, pour donner une idée exacte du théâtre à cette époque, que de transcrire une interpellation que nous trouvons dans le procès-verbal de la séance de la Convention du 31 mars 1793 (*Moniteur* du 2 avril) :

GENESSIEU.— Je demande la parole pour un objet qui intéresse la tranquillité publique. Dernièrement, je me trouvais au théâtre Montansier ; on y jouait *Mérope*, tragédie très connue de Voltaire. Tous les patriotes qui s'y trouvèrent furent indignés de voir que, dans les circonstances où nous nous trouvons, on jouât une pièce dans laquelle une reine en deuil pleure son mari et désire ardemment le retour de deux frères absents. Le trouble que causa cette représentation fit croire qu'elle ne serait plus jouée, mais elle est affichée aujourd'hui pour être représentée sur un théâtre qui prend le faux nom de patriote. Je demande que, par décret, l'Assemblée défende cette représentation.

M. Boissy-d'Anglas. — Je propose cette rédaction :

« La Convention nationale charge son comité d'instruction publique de lui présenter une loi sur la surveillance des spectacles, et quant au fait dénoncé par l'un de ses membres, que la tragédie de *Mérope* est affichée pour être représentée sur l'un des théâtres de Paris, charge le maire de prendre les mesures nécessaires pour empêcher la représentation de cette pièce. »

Cette rédaction est adoptée.

La Convention, qui comprenait l'influence du théâtre sur l'esprit public, voulut se servir de la scène pour la propagation dans les masses des principes démocratiques : à la date du 3 août 1793, elle rendit en conséquence le décret suivant :

« Art. 1. A compter du 4 de ce mois et jusqu'au 1er septembre prochain seront représentées trois fois la semaine, sur les théâtres de Paris qui seront désignés par la municipalité, les tragédies de *Brutus*, *Guillaume Tell*, *Caïus Graccus* et autres pièces dramatiques qui retracent les glorieux évènements de la Révolution et les vertus des défenseurs de la liberté. Une de ces représentations sera donnée chaque semaine aux frais de la République.

» Art. 2. Tout théâtre sur lequel seraient représentées des pièces tendant à dépraver l'esprit public et à réveiller la honteuse superstition de la royauté sera fermé et les directeurs punis selon la rigueur des lois. »

La mise à exécution de ce dernier texte gros de menace ne se fit guère attendre. Le Théâtre-Français qui, par son attitude réactionnaire, avait depuis longtemps soulevé la haine des Montagnards, jouait à cette époque une pièce de François de Neufchâteau, intitulée : *Paméla*. Les tendances de cet ouvrage émurent le Comité de salut public qui, à la date du 3 septembre, décréta la fermeture du théâtre et l'arrestation des comédiens et de l'auteur.

Le décret des 12-13 germinal an II supprima le Conseil exécutif provisoire et le remplaça par douze commissions chargées des fonctions attribuées précédemment aux ministères. L'une d'elles, celle de l'instruction publique, fut investie du droit de surveiller les spectacles et les fêtes nationales, et le 25 floréal an III elle rendit un arrêté qui rétablissait formellement la censure. L'opinion et les tendances du Pouvoir à cette époque sont fidèlement affirmées par les actes des censeurs. On commence par obliger les directeurs de théâtres à soumettre leur répertoire à un examen nouveau, et on procède à une épuration complète. Les comédies de Molière, ainsi que le *Glorieux*, le *Dissipateur*, le *Joueur*, les *Jeux de l'Amour et du Hasard* sont déclarés mauvais (historique) ; on exige des changements dans *Horace*, *Andromaque*, *Britannicus*, *Phèdre*, *Mérope*, *Bajazet*, *Macbeth*, *Charles IX*, *Tartufe*, l'*Ecole des femmes*, le *Dépit amoureux*, le *Devin du village* et la *Métromanie*. Toutefois, les pièces suivantes sont autorisées sans scrupules : les *Crimes de la noblesse*, *Plus de bâtards en France*, *Encore un curé*, la *Mort de Marat* et l'*Esprit des prêtres* [1].

Le Directoire, à son tour, sous l'influence d'une réaction puissante, sentit le besoin de ranimer l'esprit républicain qui faiblissait sensiblement dans certaines villes : à l'exemple de la Convention, qui avait ordonné la représentation des pièces patriotiques et affecté à cet usage, par décret du 3 pluviôse an II, un crédit de 100,000 fr., le Pouvoir exécutif prend, à la date du 18 nivôse an IV, un arrêté ainsi conçu :

« Tous les directeurs, entrepreneurs et propriétaires des spectacles de Paris sont tenus, sous leur responsabilité individuelle, de faire jouer chaque jour par leur orchestre, avant la levée de la toile (*sic*), les airs chéris des républicains, tels que la *Marseillaise*, *Ça ira ! Veillons au salut de l'empire* et le *Chant du départ*. — Dans l'intervalle des deux pièces, on chantera toujours l'hymne des Marseillais ou quelque autre chanson patriotique. — Le théâtre des Arts donnera, chaque jour de spectacle, une représentation de l'*Offrande à la liberté* avec ses

1 Consulter à ce sujet les *Etudes administratives* de M. Vivien, p. 400 et suiv., et l'intéressant ouvrage de M. Hallays-Dabot intitulé : *Histoire de la censure dramatique*.

chœurs et accompagnement, ou quelque autre pièce républicaine. — Il est expressément défendu de chanter, laisser ou faire chanter l'air homicide dit : *le Réveil du peuple*. — Le ministre de la police générale donnera les ordres les plus précis pour faire arrêter tous ceux qui, dans les spectacles, appelleraient par leurs discours le retour de la royauté, provoqueraient l'anéantissement du Corps législatif ou du Pouvoir exécutif, exciteraient le peuple à la révolte, troubleraient l'ordre et la tranquillité publique, et attenteraient aux bonnes mœurs. »

Ces dispositions, d'abord spéciales à Paris, furent étendues, le 27 nivôse, à tous les théâtres de la République. Un troisième arrêté du 25 pluviôse an IV ressuscite les prescriptions édictées par la Convention et enjoint aux officiers municipaux de veiller à ce qu'il ne soit représenté sur les théâtres établis dans les communes de leur arrondissement aucune pièce dont le contenu puisse servir de prétexte à la malveillance et occasionner du désordre. Les Administrations des communes peuvent, au cas de trouble, arrêter les représentations.

La censure, abolie en droit depuis 1791, n'avait pour ainsi dire jamais cessé d'être exercée en fait, mais elle l'était d'une façon presque toujours occulte et timide. Chénier avait demandé en vain au Conseil des Cinq-Cents son rétablissement officiel, quand le coup d'Etat de brumaire vint changer complètement la situation. La censure dramatique, réorganisée par le premier consul, passa successivement au ministère de la police, au ministère de l'intérieur, puis à la direction générale de l'instruction publique ; elle revint, en 1804, au ministère de la police, dans les attributions duquel le décret du 8 juin 1806, art. 4, plaça définitivement cette institution.

Nous n'avons pas à examiner en détail l'œuvre de la censure sous le premier Empire : contentons-nous seulement de faire remarquer que l'esprit public, rendu plus sage à la vue des excès du régime précédent, faisait parfois la leçon aux auteurs et exigeait d'eux une retenue à laquelle on n'était plus habitué depuis le Directoire. La censure impériale, exercée par quatre fonctionnaires qui faisaient sur chaque ouvrage un rapport collectif au ministre, ne peut certes encourir le reproche d'avoir laissé au théâtre trop de liberté : d'après les ordres de Napoléon, elle bannit de la scène les pièces qui rappelaient la Monarchie ou la Révolution ; elle se montra rigoureuse en ce qui concerne l'ordre public et les lois, et maintint, avec une fermeté assez souvent tyrannique, le respect du gouvernement nouveau.

La chute de l'Empire fut le signal d'une réaction violente : tandis que certains auteurs saluaient avec enthousiasme le retour des Bourbons et accueillaient l'invasion comme un bienfait, d'autres, s'appuyant sur l'article 8 de la charte qui permettait à tout citoyen de publier et de faire imprimer librement ses opinions, prétendirent que la censure était abolie. Cette opinion, évidemment erronée, puisque les dispositions de l'acte constitutionnel ne s'appliquaient qu'à la liberté de la presse, fut rejetée par les tribunaux, et la censure continua à fonctionner conformément au décret de 1806. La tâche de la commission, que la satire de la presse poursuivait sans relâche, devenait singulièrement épineuse. Son esprit étroit et rétrograde qui bannissait jusqu'au souvenir du régime déchu, ses tendances cléricales qui allaient jusqu'à proscrire dans les ouvrages dramatiques les noms de Voltaire et de Rousseau, excitèrent les récriminations les plus vives de l'opposition libérale. Cependant, les phrases en apparence les plus insignifiantes devenaient pour le public turbulent de cette époque un prétexte à manifestations bruyantes. On supportait mal cette oppression maladroite, et quand, en 1827, le ministère Villèle présenta la loi sur la presse, loi dite de justice et d'amour, ce fut une explosion de murmures et de malédictions générales. L'Académie française, émue des atteintes que le Pouvoir voulait apporter à la liberté, rédigea une adresse signée des noms de Villemain, Châteaubriand et Lacretelle, suppliant le Roi de ne pas donner suite au projet, qui fut, du reste, retiré plus tard. A quelque temps de là, la lutte de l'école romantique contre l'école classique vient donner une nouvelle occasion aux censeurs de montrer l'intolérance de leur caractère. Partisans outrés de la littérature ancienne, ils retranchent, dans les pièces modernes, les situations hardies et originales qui doivent assurer le succès des œuvres dramatiques. Aussi, certains auteurs, comme Casimir Delavigne pour la *Princesse Aurélie* et Victor Hugo pour *Marion Delorme*, demandent-ils à soumettre leurs ouvrages au ministre directement, sans avoir à passer par les exigences des censeurs dont ils connaissent l'hostilité et redoutent les indiscrétions. Rien ne peint mieux d'ailleurs les dispositions de la commission vis-à-vis de l'école romantique que le rapport de Briffault sur *Hernani* : « L'analyse, dit-il, ne peut donner qu'une idée imparfaite de la bizarrerie de cette conception et des vices de son exécution. Elle m'a semblé un tissu d'extravagances, auxquelles l'auteur s'efforce vainement de donner un caractère d'élévation, et qui ne sont que triviales et souvent grossières. Cette pièce abonde en inconvenances de toute nature. Le roi s'exprime comme un bandit, le bandit traite le roi comme un brigand... Toutefois, malgré tant de vices capitaux, je suis d'avis qu'il n'y a aucun inconvénient à autoriser la représentation de cette pièce, mais qu'il est d'une bonne politique de ne pas en retrancher un mot. Il est bon que le public voie jusqu'à quel point d'égarement peut aller l'esprit humain, affranchi de toute règle et de toute bienséance. » C'est là une étrange façon d'exercer la censure : la commission n'est pas, en effet, un jury qui ait à se prononcer sur une question d'art ou à critiquer une œuvre dramatique, et elle ne peut, sans sortir de ses attributions, émettre un jugement sur l'ouvrage lui-même.

En 1830, on prétendit, comme jadis, que la charte avait aboli la censure : on se basait sur l'acte constitutionnel qui, en consacrant les dispositions précitées de la charte de 1815, ajoutait que la censure ne pourrait être rétablie. La question fut agitée par MM[es] Odillon Barrot et Chaix d'Est-Ange dans le solennel débat qui s'éleva à propos de l'interdiction du *Roi s'amuse*. Toutefois, en admettant même que la censure existât encore légalement, elle était supprimée en fait. « Je me proposais, dit M. Guizot dans ses Mémoires, de rétablir une censure dramatique sérieuse, décidée à défendre hautement l'honnêteté publique contre le cynisme et l'avidité des entrepreneurs de corruption. Les vanités littéraires, les assurances déclamatoires et les spéculations intéressées, secondées par l'imprévoyance et la faiblesse de nos mœurs, se mirent en travers avec tant de vivacité que je n'eus pas le temps de les vaincre et d'exécuter mon projet. » En 1831, M. de Montalivet présenta à la Chambre une loi qui rétablissait formellement la censure. La proposition ne fut pas accueillie par les députés ; mais bientôt on sentit le besoin d'armer le Gouvernement contre l'audace du théâtre qui ne connaissait plus de bornes. La satire ne ménageait ni les institutions, ni les principes, ni les ministres, ni le roi lui-même : les articles 21, 22 et 23 de la loi du 9 septembre 1835 réorganisèrent complètement la censure. L'autorisation préalable devait être demandée pour la représentation des pièces ; les contraventions à la loi étaient punies d'un emprisonnement d'un mois à un an et d'une amende de 1,000 à 5,000 francs. En outre, l'Autorité pouvait toujours, pour des motifs d'ordre public, suspendre la représentation d'une pièce et ordonner la clôture du théâtre.

Le Gouvernement issu de la révolution de Février, cédant à de généreuses illusions que la réalité devait cruellement démentir, inaugura une fois encore le régime de la liberté absolue de la scène. Depuis longtemps déjà les auteurs dramatiques, les publicistes réclamaient, au nom de l'art, des réformes profondes dans la législation théâtrale : on commença par supprimer la censure, et l'on étudia les mesures propres à remédier aux inconvénients signalés.

Pendant ce temps, le Gouvernement provisoire, qui voulait encourager les artistes, retirer le grand répertoire d'un trop long oubli, et rendre à la scène son influence salutaire et moralisatrice, s'occupait du théâtre avec un souci vraiment digne d'éloges. Dès le 24 mars 1848, le ministre de l'intérieur, « considérant que si l'État doit au peuple le travail qui le fait vivre, il doit aussi le faire participer aux jouissances morales qui élèvent l'âme », ordonnait de faire représenter gratuitement et à des intervalles rapprochés les principaux chefs-d'œuvre des maîtres. Le 17 juillet, un décret de l'Assemblée nationale, rendu à la suite d'un éloquent rapport de Victor Hugo, attribuait aux théâtres de Paris, qui avaient souffert de la crise au point que plusieurs d'entr'eux avaient dû fermer leurs portes, un crédit extraordinaire de 680,000 fr. Une commission chargée de s'occuper des divers intérêts artistiques avait été instituée par le ministre et s'était prononcée ouvertement pour la liberté des théâtres et l'abolition de la censure ; on forma, en outre, un comité consultatif permanent qui donnerait son avis sur toutes les mesures d'administration et toutes les questions de législation théâtrale.

Ces innovations n'étaient, d'ailleurs, que le prélude des réformes que le Gouvernement méditait. Un projet de loi élaboré par le ministère fut envoyé au Conseil d'Etat qui, sous la présidence de M. Vivien, se livra à une étude complète et approfondie des questions que la controverse s'agitait. Des critiques, des amateurs, des artistes, des directeurs de théâtre, des auteurs dramatiques furent entendus par la commission, et rien n'est plus intéressant que ce procès-verbal d'enquête où les thèses les plus sages et les plus sérieuses se rencontrent à côté des théories les plus étranges et les plus fantaisistes. Les uns se prononçaient pour la liberté absolue. « La censure, disait Alexandre Dumas, est toujours impuissante : elle a été très violente au XVIIIe siècle, avant la Révolution, et cependant elle n'a rien empêché : elle a laissé passer Voltaire et Beaumarchais... La censure est destructive de l'art et de la liberté intellectuelle ; elle est bien peu utile pour l'ordre. » — « Laissez la liberté, s'écrie aussi Théophile Gautier ; les bonnes pièces combattront les mauvaises, et tout se balancera. Ne prenez pas d'autre censeur que le public ; c'est un censeur sévère, éclairé et contre lequel il n'y a rien à dire. » — Victor Hugo, l'acteur Bocage et bien d'autres se joignaient à eux pour combattre la censure.

D'autres, au contraire, et parmi eux on rencontrait Scribe, Jules Janin, le baron Taylor, Régnier et Provost de la Comédie-Française, reconnaissaient la nécessité de l'examen préalable ; toutefois, on demandait, en général, des garanties sérieuses, et particulièrement l'institution d'une commission d'appel qui serait juge des réclamations et recommencerait l'œuvre des premiers censeurs.

Les choses se trouvaient encore en cet état lorsque le Gouvernement, désarmé en face des excès continuels de la scène, sentit la nécessité impérieuse de mettre un terme à ces débordements dangereux pour l'ordre public. Le théâtre reflètait, en effet, d'une façon effrayante le trouble qui règnait à cette époque dans l'esprit des masses : les théories socialistes les plus effrénées, les revendications les plus audacieuses du prolétariat, les déclamations les plus incendiaires jointes à la satire personnelle et aristophanesque des hommes du jour, constituaient d'irritants appels aux passions populaires. Toutes les institutions sociales, l'autorité, l'armée, la famille, l'Assemblée, étaient attaquées d'une façon si amère et si virulente que le *National* lui-même avait demandé le rétablissement de la censure. Quant à la morale, elle n'était pas plus respectée que la religion : certaines pièces telles que *Daphnis et Chloé, Suzanne au bain,* dont le titre seul indique suffisamment les tendances, servaient de prétexte à de scandaleuses exhibitions. La presse flétrit ces immoralités qui s'étalaient impunément au grand jour, et l'*Evènement,* journal de Victor Hugo, terminait ainsi un de ses articles : « La critique a attaqué la censure, et elle a eu raison, mais c'est à la condition de la suppléer. Non, un théâtre n'est pas une alcôve. Non, il ne se peut pas que, à défaut de pointe, un couplet se termine par des gestes à faire rougir les mères qui auront amené leurs filles. S'il se trouve des actrices qui consentent à jouer cela, tant pis pour elles. S'il se trouve un public pour applaudir cela, tant pis pour lui. Mais c'est l'art qui paiera les frais de ces débauches. Un beau jour, on profitera de ces immondices pour rétablir la censure. »

Cette prédiction ne devait pas tarder à se réaliser. Lors de la discussion du budget de 1850, le ministre de l'intérieur, M. Léon Faucher, dénonça à l'Assemblée nationale ces honteuses spéculations et demanda aux représentants du peuple l'allocation nécessaire pour rétablir l'inspection des théâtres. Ses paroles restèrent sans écho, mais quelques mois plus tard, une proposition identique fut faite à la Chambre et votée à une très grande majorité. Cette loi du 30 juillet 1850 n'était que provisoire : elle devait être remplacée par une loi générale sur la police des théâtres qui, dans le délai d'un an, devait être présentée à l'Assemblée. Jusque-là aucun ouvrage dramatique ne pourrait être joué sans l'autorisation du ministre de l'intérieur à Paris, et des préfets dans les départements. Cette autorisation pouvait, du reste, être révoquée pour des motifs d'ordre public.

L'année s'étant écoulée sans que la loi annoncée eût été discutée, l'Assemblée prorogea d'urgence les dispositions de la loi de 1850 jusqu'au 31 décembre 1852.

Le coup d'Etat du 2 décembre survint. L'Empire, au lendemain de son avènement, sentit le besoin d'exercer une action ferme et énergique sur les théâtres. Aussi un décret du 30 décembre 1852 vint-il proroger indéfiniment la loi de 1850, et, donnant à l'institution de la censure une existence permanente et illimitée, organiser l'examen préalable tel qu'il existe encore aujourd'hui. Les censeurs, d'abord placés sous les ordres du ministre de l'intérieur, passèrent, par décret du 23 juin 1854, sous l'autorité du ministre d'Etat, puis du ministre de la maison de l'Empereur, du ministre des beaux-arts, et enfin du ministre de l'instruction publique. Leur existence a été de nouveau confirmée par le décret du 6 janvier 1864 relatif à la liberté des théâtres.

Presque tous les fonctionnaires qui ont été chargés, sous le second Empire, de l'examen des ouvrages dramatiques sont encore vivants à l'heure nous écrivons : nous ne pourrions, par suite, formuler un jugement sur la tâche qu'ils ont accomplie sans être accusés de partialité ou d'injustice. Nous nous bornerons à constater un seul fait : c'est que, tandis que la *Dame aux camélias*, *Diane de Lys*, *Nos intimes*, les *Lionnes pauvres* et une foule d'autres pièces se heurtaient à des difficultés de détail ou à des fins de non-recevoir, le répertoire des petits théâtres s'épanouissait librement avec ses grivoiseries hasardées. Cette indulgence a eu certainement une influence regrettable sur les destinées de l'art dramatique.

A la suite des évènements de septembre 1870, un décret du Gouvernement de la Défense nationale, daté du 30 septembre, abolit la censure ; mais après une suppression de trois années, la commission d'examen a été rétablie par le décret du 1er février 1874, qui a remis en vigueur les dispositions de la législation précédente.

A l'heure actuelle, il est difficile de prévoir le sort qui, dans l'avenir, est réservé à la censure dramatique : lors de la discussion du budget de 1880, son existence a été, au sein des commissions, l'objet d'attaques dont le résultat sera, sans doute, un débat devant nos Assemblées législatives. Quoi qu'il en soit, nous ne pouvons mieux faire que de citer une lettre rendue publique et adressée par le sous-secrétaire d'Etat des beaux-arts aux inspecteurs des théâtres : elle donnera, mieux que tout autre document, une idée exacte de l'esprit dont doivent s'inspirer les censeurs dans l'accomplissement de leur difficile mission :

« Paris, 26 février 1879.

» Monsieur,

» La République a beaucoup à faire pour le théâtre, et, en vous confiant les délicates fonctions d'inspecteur, je crois devoir vous indiquer quel concours j'attends de vous dans l'œuvre de régénération si nécessaire que nous entreprenons.

» Si l'art dramatique est en décadence, c'est que, depuis trop d'années, la France, tenue en tutelle, avait vu ses libertés publiques supprimées.

» Au théâtre, les œuvres nobles et viriles étaient suspectes; ce qui parlait à l'homme de sa dignité, de sa liberté, de ses hauts devoirs, était proscrit. Un art corrupteur s'était emparé de la scène ; on voyait s'y étaler effrontément la licence. L'art semblait n'avoir plus qu'un but, amuser ; et pour amuser, il descendait jusqu'à la grivoiserie, et plus bas encore, jusqu'à la corruption.

» Nous voudrions que l'art dramatique fût ramené à un idéal plus mâle et plus fier, que le théâtre fût une école.

» L'art que nous voulons, c'est celui qui élève, non celui qui dégrade. L'œuvre que nous aimons, c'est celle qui assainit, non celle qui corrompt. Il faut que l'influence du théâtre nous vienne en aide, et seconde les efforts que nous faisons pour instruire le peuple, pour le fortifier, pour le faire de plus en plus digne d'exercer le pouvoir que met en ses mains la République, afin de donner à la France la grandeur morale qui convient à une démocratie.

» Pour cela, donnons en politique toute la liberté compatible avec le maintien de la paix publique, et gardons toute notre sévérité pour les couplets licencieux et les pièces immorales, nous souvenant que les deux principes de la République sont : la dignité et la liberté.

» *Le sous-secrétaire d'Etat du ministère des beaux-arts,*

» TURQUET. »

On ne peut qu'applaudir à ce langage noble et élevé qui poursuit d'une façon conciliante la régénération de l'art dramatique, et souhaiter que la ligne de conduite si nettement tracée aux censeurs soit suivie d'une manière impartiale pour tous les auteurs, sans distinction d'opinions et de partis.

SECTION II.

Législation actuelle de la censure dramatique.

Le décret du 1er février 1874, qui a rétabli la commission d'examen, a en même temps remis en vigueur les dispositions de la législation précédente. Nous présenterons, dans trois paragraphes distincts, le commentaire des questions suivantes :

I° Pour quelles œuvres l'autorisation doit-elle être demandée, par qui et de quelle manière est-elle accordée ?

II° Quels sont les effets de l'autorisation et de l'interdiction ?

III° Quelles sont les conséquences et la sanction des contraventions au refus de la commission d'examen ?

§ I. — *Pour quelles œuvres l'autorisation doit-elle être demandée, par qui et de quelle manière est-elle accordée ?*

Le visa de la commission d'examen est exigé pour toutes les œuvres lyriques ou dramatiques qui se produisent sur la scène, pièces, cantates, couplets, chansonnettes ou scènes détachées. La forme de l'ouvrage importe fort peu ; ce qu'il faut considérer, c'est son exécution sur un théâtre public.

Aux termes du décret de 1852 et des nombreuses circulaires ministérielles qui l'ont suivi et interprété [1], une distinction est faite entre Paris et les départements, au point de vue des autorités qui exercent la censure.

A Paris, l'examen des ouvrages dramatiques est confié à une commission, composée d'un inspecteur principal, de deux inspecteurs et de deux sous-inspecteurs qui dépendent de la direction générale des beaux-arts, rattachée elle-même, par décret du 9 septembre 1878, au ministère de l'instruction publique. Ces agents jouissent d'un pouvoir discrétionnaire absolu, et ne sauraient être passibles d'aucun recours ni d'aucune responsabilité légale à raison de leurs fonctions, sauf, bien entendu, les cas de divulgation du sujet ou des détails de la pièce qui pourraient les exposer à une action en dommages-intérêts.

La tâche de la censure comprend deux parties : la lecture du manuscrit, et l'inspection de la mise en scène de l'ouvrage.

Quinze jours au moins avant la représentation projetée, le directeur envoie à la direction des beaux-arts, qui lui en délivre récépissé, deux exemplaires de la pièce nouvelle. La commission prend connaissance de l'œuvre, conclut soit à l'autorisation pure et simple, soit à certains changements ou corrections, soit enfin au refus, et transmet ses observations et son avis à l'administration supérieure. Le ministre des beaux-arts, juge souverain de la question, adopte ou rejette l'opinion des censeurs. Aucune voie de recours n'existe contre la décision ministérielle, et les tribunaux se sont toujours à juste titre déclarés incompétents en cette matière. Il s'agit, en effet, d'un acte administratif que le ministre accomplit dans l'exercice de ses fonctions et dans la mesure de ses droits, et qui par suite ne peut donner ouverture à une demande en dommages-intérêts.

1 On trouvera tous ces documents dans le *Code des Théâtres* de notre excellent confrère Me Constant. Un commentaire judicieux et pratique accompagne les nombreux textes et arrêts que cite ce savant auteur.

Au cas où la censure refuse purement et simplement son autorisation et où le ministre confirme cette décision, les auteurs ne peuvent faire représenter la pièce. Si les modifications exigées ont été faites, ou si l'admission de la pièce a eu lieu *de plano,* un des exemplaires, revêtu du visa de la commission, est remis au directeur, qui doit le représenter à toute réquisition du commissaire de police; l'autre reste déposé aux archives de la direction des beaux-arts.

La pièce peut alors être apprise et affichée ; mais avant qu'elle soit représentée, un second examen est indispensable. Il peut se faire, en effet, que la mise en scène de l'ouvrage révèle des dangers que la lecture laissait inaperçus, que le jeu et l'interprétation des acteurs modifient considérablement le sens de certains passages, enfin que les travestissements ne présentent pas, au point de vue de l'honnêteté publique, toutes les garanties désirables. Afin d'éviter ces inconvénients, un inspecteur des théâtres doit assister aux répétitions générales, dont une au moins a lieu avec décors, costumes et accessoires. Un dernier rapport est encore fait au ministre, et le visa définitif est délivré s'il y a lieu : ces dernières ormalités exigeant un certain temps, la première représentation ne peut avoir lieu que le surlendemain de la répétition générale.

Aux termes d'une circulaire du ministre des beaux-arts du 23 novembre 1872, les règles qui viennent d'être exposées ne sont pas dans toutes leurs parties applicables aux cafés-concerts : ces établissements doivent faire parvenir tous les jours ou tous les deux jours au plus leur programme quotidien au bureau des théâtres. Tout morceau soumis pour la première fois à l'examen doit être inscrit à part en tête du tableau et déposé cinq jours à l'avance. Aucune pièce appartenant au répertoire des théâtres n'est visée pour un café-concert si elle n'est accompagnée de l'autorisation écrite de l'auteur.

Dans les départements, l'autorisation de représenter un ouvrage nouveau est accordée par les préfets, qui statuent, sous leur responsabilité personnelle, et sont seuls juges de l'opportunité des mesures qu'ils adoptent. Leur décison est susceptible de recours au ministre.

En règle générale, une pièce interdite à Paris se trouve du même coup interdite dans toute la France : toutefois il ne faudrait pas conclure *a contrario* qu'un ouvrage autorisé à Paris peut être joué d'une façon absolument libre par les directeurs de province. Le préfet peut craindre qu'une œuvre qui ne présente aucun danger dans la capitale soulève, à raison des circonstances, de graves difficultés dans son département. C'est ainsi que l'opéra des *Huguenots* n'a jamais été autorisé dans certaines villes du Midi où les querelles religieuses ont laissé des souvenirs sanglants et vivaces encore. Quant aux pièces jouées à Paris et qui, en province, sont autorisées par les préfets, elles ne peuvent être représentées que d'après un exemplaire portant le visa et l'estampille du ministère des beaux-arts.

§ II. — *Quels sont les effets de l'autorisation ou de l'interdiction ?*

L'approbation de la commission d'examen n'a qu'un seul effet, celui de mettre les directeurs et les auteurs à l'abri de toutes poursuites criminelles à raison de la pièce qu'ils ont fait représenter. Toutefois, il faut bien le remarquer, l'autorisation de la censure n'enlève pas aux particuliers calomniés ou diffamés dans une œuvre dramatique, le droit de porter plainte et de former une action en dommages-intérêts. La commission d'examen ne statue, en effet, qu'au point de vue de l'ordre public et des intérêts généraux dont la sauvegarde lui a été confiée. Les tribunaux, d'ailleurs, n'ont jamais hésité à réprimer sévèrement les diffamations qui acquièrent une gravité toute spéciale par suite de l'immense publicité que leur donnent les représentations.

On a agité la question de savoir si le visa de la censure paralyse l'action du ministère public dans le cas où la pièce lui paraît contenir des outrages à la religion et aux mœurs, ou des attaques contre l'autorité et la loi. MM. Lacan et Paulmier, dans leur traité de législation théâtrale, admettent le droit de poursuite, et se fondent sur ce que les censeurs, en autorisant un ouvrage, n'en ordonnent pas la représentation, mais déclarent ne pas l'empêcher.

Nous avouons, quant à nous, ne pas bien comprendre ces raisons, et nous ne pouvons nous rallier à cette solution trop contraire à la réalité des faits et à l'institution même de la censure pour être admissible. L'Autorité supérieure, chargée de maintenir dans la société le respect des lois et de la morale publique, a délégué ses pouvoirs à un certain nombre d'agents qui, sous son contrôle, ont la mission de surveiller le répertoire des théâtres et d'en éliminer tout ce qui serait contraire à l'ordre public. Admettre que, après une autorisation, une œuvre contient des passages dangereux qui constituent de véritables délits, c'est admettre que les représentants de l'État et le ministre lui-même n'ont pas suffisamment respecté certains intérêts, c'est constituer le ministère public juge des actes de la commission d'examen, c'est enlever aux directeurs et aux auteurs toute espèce de garanties. Nous doutons d'ailleurs que, en pratique, la question ait jamais pu se poser.

L'interdiction d'une pièce a, comme l'autorisation, un effet absolu : l'auteur ou le directeur qui contrevient au refus de la censure, s'expose non-seulement aux pénalités que nous allons examiner, mais encore à une poursuite criminelle, au cas où l'œuvre contiendrait des passages qui tomberaient sous l'application de la loi répressive.

§ III. — *Quelles sont les conséquences et la sanction des contraventions au refus de la commission d'examen ?*

Les lois des 30 juillet 1850 et 30 juillet 1851 punissaient d'une amende de 100 à 1,000 fr., sans préjudice des peines auxquelles la pièce pourrait donner lieu, toutes les contraventions aux dispositions qu'elles édictaient : la connaissance de ces infractions était spécialement réservée aux tribunaux correctionnels.

Toutefois ces deux lois et, par suite, les pénalités qu'elles contenaient, n'avaient qu'une durée provisoire et temporaire, limitée par le législateur au 31 décembre 1852. Le décret impérial du 30 décembre 1852 ayant omis, par suite d'un oubli regrettable, de reproduire la sanction votée par l'Assemblée nationale, on se trouva dans l'impossibilité d'appliquer une peine qui était éteinte avec la loi elle-même.

Dès lors se posa la question de savoir si les infractions au décret du 30 décembre 1852 rendaient passible d'une pénalité quelconque. La controverse fut portée devant les tribunaux, et la Cour de cassation décida, par un arrêt du 17 avril 1856 (D. P. 56. 1. 199), que le décret précité ayant le caractère d'un règlement général de police, rendu dans les limites des art. 3 et 4 de la loi du 24 août 1790, les contraventions à ses dispositions tombaient sous le coup de l'art. 471 § 15 du Code pénal.

Aujourd'hui donc, les directeurs qui ne soumettent pas leurs pièces à l'examen préalable de la censure ou introduisent des changements au texte autorisé, les acteurs qui ajoutent à leurs rôles des jeux de scène ou des passages non approuvés, encourent seulement une amende de simple police.

Le directeur, il est vrai, demeure responsable des faits de ses acteurs ; l'auteur lui-même qui oblige le directeur à représenter un ouvrage sans passer par les formalités exigées par la loi, s'expose aussi à être poursuivi ; mais il faut bien reconnaître que la sanction est tout à fait insuffisante. Ce résultat est d'ailleurs d'autant plus regrettable, que l'Administration, conservant toujours le droit de révoquer son autorisation et d'interdire la pièce, ou même de fermer le théâtre, les directeurs sont exposés, en cas de contraventions, à des inconvénients beaucoup plus graves que ceux qui dérivaient de la pénalité édictée par la loi de 1850.

CHAPITRE III.

DU DROIT DES PAUVRES.

Le droit des pauvres, comme toutes les questions qui se rattachent directement ou indirectement aux intérêts artistiques, a été à la fois l'objet d'attaques violentes et de justifications passionnées ; à de nombreuses reprises, la tribune s'est faite l'écho des critiques répétées des auteurs et de la presse, et toujours il s'est rencontré des orateurs pour légitimer l'existence de cet impôt et en réclamer le maintien [1].

Avant d'entrer dans la controverse et d'examiner la valeur de cette taxe au point de vue économique et législatif, il importe de définir le droit des pauvres.

C'est une redevance, établie au profit des établissements hospitaliers, sur la recette brute des théâtres et des autres établissements de réunion, de divertissement et de fête, où l'on est admis en payant.

Jamais impôt, disent ses partisans, n'a eu un but plus noble, plus élevé, plus moral que celui qui fait participer le plaisir au soulagement de la misère, et demande aux heureux une faible aumône en faveur des déshérités de la fortune. Si maintenant, abandonnant ces considérations, on n'examine cette taxe qu'au point de vue pratique, il est facile de constater qu'elle présente toutes les conditions requises pour constituer une contribution excellente et irréprochable. C'est d'abord un impôt indirect, qui par conséquent n'atteint que le consommateur volontaire ; c'est, en second lieu, un impôt qui porte sur un plaisir dont on peut aisément se passer,

1 Voir notamment le discours prononcé par M. Dupin, le 12 mars 1851, à l'Assemblée nationale; la discussion du 28 février 1863; les discours de M. Boudet au Sénat, le 18 mai 1866; de M. Cornudet au Corps législatif, le 19 juillet 1867; de M. Busson-Billaut à la Chambre, le 10 mars 1869; les discussions du 3 août 1875, 28 novembre 1878 et 28 janvier 1879.

et qui n'affecte par suite que le superflu relatif dont chacun dispose. Enfin, le droit des pauvres étant proportionnel et établi *ad valorem* sur le prix de la place, mesure la proportion du sacrifice aux facultés du spectateur. Car il ne faut pas s'y méprendre, ajoute-t-on, ce n'est pas sur l'entrepreneur que pèse l'impôt, mais bien sur le public. « C'est à lui, d'après M. Dupin, qu'on dit : Partout où vous paierez vingt sous pour entrer au spectacle, vous ajouterez deux sous pour les pauvres ; partout où vous donnerez trois francs, vous donnerez six sous pour les pauvres ; et s'il y avait encore deux caisses, comme dans l'origine, vous donneriez le prix de la place intégralement au théâtre, et vous verseriez dans le tronc des pauvres les sous additionnels pour les pauvres. Voilà, en vérité, le caractère de l'impôt : l'impôt procède du prix de la place, mais il est en sus, et ne peut être confondu avec le prix. Si vous mettez maintenant le tout dans la même caisse, si celui qui donne les billets reçoit à la fois et leur prix et le dixième en sus, il reçoit bien l'argent du spectateur, mais ce n'est pas pour la caisse théâtrale ; il ne reçoit pour cette caisse que ce qui est pour le spectacle ; mais c'est comme dépositaire préposé des hospices qu'il reçoit le dixième, et à la charge de le rendre immédiatement aux hospices. » C'est assurément le moins lourd, le mieux accepté, le plus inaperçu des impôts indirects, et celui en même temps que sa destination, si elle était plus apparente, justifierait le plus aisément aux yeux de la foule.

Nous reconnaissons volontiers le but louable du droit des pauvres, bien que nous doutions que la charité forcée soit une excellente chose ; mais est-il vrai de dire que cette taxe soit un impôt mis sur le plaisir, alors qu'on ne frappe qu'une seule catégorie d'amusements, qu'on exempte formellement les fêtes brillantes du monde élégant, et qu'on excepte même les bals ou concerts dont l'entrée est soumise à un abonnement, mais qui n'ont pas un but de spéculation ? Non, évidemment : ce qu'on veut atteindre, et cela résulte catégoriquement de l'art. 2 de la loi du 26 novembre 1808, c'est uniquement la recette, et on ne veut pas s'apercevoir que par contrecoup on atteint le directeur. Si au moins le droit des pauvres n'était perçu que sur la recette nette, ses conséquences seraient moins désastreuses ; mais il porte sur la somme brute encaissée par l'entrepreneur de spectacles. Supposons un directeur qui a 1,500 fr. de frais journaliers et qui fait une recette de 900 fr. : ce résultat commence par le constituer en perte de 600 fr., mais de plus il devra acquitter le droit des pauvres sur la somme de 900 fr. qu'il a perçue. Cette conséquence, conforme à la loi, est contraire au but de l'institution du droit des pauvres. Quand la taxe a été établie sous Louis XIV, les finances étaient profondément obérées, les besoins immenses et les ressources très restreintes : on trouva fort commode d'établir une redevance sur les recettes des comédiens qui n'existaient que grâce à la volonté du roi ; mais le droit, dans la pensée du législateur, ne devait frapper que le bénéfice, « les profits considérables » réalisés à cette époque par les entreprises théâtrales. Depuis, dans un but purement utilitaire, on a changé de système, et l'impôt perçu sur la recette brute rapporte des millions à l'assistance publique, mais aboutit à des conséquences pratiques diamétralement opposées à la justice. Sous le régime du privilège, la redevance pouvait paraître une compensation que l'Etat exigeait des directeurs en retour du monopole qu'il leur concédait ; mais depuis que le décret de 1864 a permis d'établir librement des théâtres et a donné l'essor à la concurrence, la situation n'est plus la même et la redevance devrait disparaître.

On nous objecte que cette manière d'envisager les choses constitue une erreur complète et une appréciation erronée des faits : ce n'est pas l'entrepreneur qui supporte le droit, mais le public, et le directeur ne joue que le rôle d'un simple dépositaire qui reçoit à charge de restituer.

Il est parfaitement exact que d'après la loi c'est le spectateur qui paie le droit ; mais si l'on va au fond des choses, on constate que, en fin de compte, c'est l'entrepreneur qui le supporte. Le public, en effet, ne considère qu'une seule chose, la somme qu'il débourse, et il lui importe fort peu que le prix de sa place aille grossir la caisse du directeur ou augmenter les ressources des hospices. Combien de personnes ont jamais songé qu'en prenant un billet de théâtre elles faisaient un acte de charité ? Il est évident, au point de vue économique, que plus ce billet sera cher, moins on l'achètera ; plus l'entrée sera élevée, moins on ira au théâtre, et à ce point de vue encore, c'est le directeur qui en souffre. Et quelles raisons plausibles donnera-t-on pour imposer l'industrie théâtrale de préférence à toute autre ? Que dirait-on si tel ou tel commerce était assujetti à une redevance de ce genre ? Cependant les entreprises de spectacles ne sont pas bien souvent prospères : presque toujours on est obligé de les soutenir par des subventions, de telle sorte que les villes au lieu de donner directement des subsides aux hospices, les leur font donner indirectement par les directeurs subventionnés, sous la forme du droit des pauvres. L'expérience a d'ailleurs démontré d'une façon péremptoire que dans presque toutes les faillites des théâtres, l'écart entre l'actif et le passif était absolument égal aux sommes payées aux hospices, et que par suite si la taxe n'existait pas, si le prix total du billet était encaissé par les directeurs, ceux-ci auraient pu faire face à leurs affaires.

Quant à nous, entre les deux systèmes, notre opinion n'est pas douteuse : il est indispensable, au triple point de vue de l'art, de la justice et des principes économiques, que la redevance des pauvres soit abolie. Le seul motif qui empêche en réalité sa suppression, c'est la difficulté de trouver ailleurs les ressources qu'elle procure ; mais cette raison n'est pas un argument, et nous croyons qu'elle ne légitime en rien l'existence de cet impôt malencontreux.

Nous examinerons tour à tour :

1° La législation historique du droit des pauvres ;

2° Quel est actuellement le montant du droit ;

3° Au profit de qui et de quelle manière il est perçu ;

4° Dans quel cas il y a lieu à perception ;

5° Comment le droit est recouvré, et quelles sont les garanties accordées aux établissements hospitaliers pour son recouvrement ;

6° Quelle est l'autorité compétente pour statuer sur les difficultés relatives au droit des pauvres.

Section I.

Législation historique du droit des pauvres.

Des auteurs, plus amoureux de la fantaisie que de la réalité historique, ont fait remonter le droit des pauvres aux premières années du XVe siècle, et en ont vu l'origine dans une ordonnance de Charles VI qui ordonne aux ménestrels de quêter dans les noces pour l'hôpital Saint-Julien.

Il ne faut pas faire à l'impôt des indigents l'honneur d'une aussi haute antiquité. Il est certain, et cela résulte implicitement du silence absolu des documents historiques, que jamais ce règlement n'a été applicable aux spectacles, qui pourtant à cette époque étaient déjà investis de leurs privilèges. C'est à un conflit d'intérêts privés, à une mince querelle bien plus qu'à une pensée charitable, qu'il faut reporter l'origine du droit des pauvres.

Les comédiens de l'hôtel de Bourgogne étaient pour le curé de Saint-Eustache des voisins singulièrement tracassiers et gênants. Tous n'avaient pas sans doute l'insolente hardiesse de ce Gros-Guillaume qui pendant le sermon allait battre la caisse sur une place voisine afin de troubler le prédicateur; mais la proximité du spectacle nuisait à l'église, et le curé, voyant les fidèles porter aux comédiens l'argent destiné à ses quêtes et déserter les offices pour courir aux représentations qui se donnaient précisément à l'heure des vêpres, se plaignit au Parlement de cette situation et demanda la fermeture du théâtre. C'est alors que, pour concilier autant que possible les intérêts contraires, la justice, tout en permettant aux confrères de jouer de une heure à cinq heures, leur ordonna, le 27 février 1541, « de bailler aux pauvres la somme » de 1,000 livres tournois, sauf à ordonner plus grande somme, » à cause que le peuple sera distrait du service divin et que cela » diminuera les aumônes. »

Ce n'était, on le voit, qu'une sorte de compensation du dommage causé à l'église.

Après de nouveaux efforts infructueux tentés en 1574, par le curé de Saint-Eustache, qui ne put faire changer les heures de représentation, on modifia les heures des offices. Le tort causé aux pauvres n'existant plus, la redevance eût dû logiquement disparaître. Elle se maintint toutefois par la force même de l'habitude et en dehors de toute contrainte légale. Les comédiens avaient, en effet, à lutter contre trop de préjugés, trop d'influences et trop de haines pour se départir des traditions de charité qui leur faisaient pardonner bien des choses. Leurs distributions d'aumônes ne se bornaient pas d'ailleurs aux indigents : les couvents de Paris avaient eux-mêmes recours à la générosité proverbiale des comédiens, et deux documents conservés dans les archives théâtrales prouvent d'une façon curieuse l'exactitude de notre assertion.

Le premier, adressé par les Pères Capucins en 1699, est ainsi conçu :

« Messieurs,

» Les PP. Cordeliers vous supplient très humblement d'avoir la bonté de les mettre au nombre des pauvres religieux à qui vous faites la charité. Il n'y a point de communauté à Paris qui en ait plus de besoin, eu égard à leur grand nombre et à l'extrême pauvreté de leur maison qui, le plus souvent, manque de pain. L'honneur qu'ils ont d'être vos voisins leur fait espérer que vous leur accorderez l'effet de leurs prières, qu'ils redoubleront envers le Seigneur pour la prospérité de votre chère compagnie.

Quelque temps après, les Augustins présentèrent à leur tour la requête suivante :

« *A MM. de l'illustre compagnie de la Comédie du Roi.*

» Les religieux Augustins réformés du Faubourg-Saint-Germain vous supplient très humblement de leur faire part des aumônes et charités que vous distribuez aux pauvres maisons religieuses de cette ville de Paris, dont ils sont du nombre ; ils prieront Dieu pour vous. »

Les choses se trouvaient depuis longtemps en cet état, quand Louis XIV vint substituer à l'aumône fixe et volontaire une redevance proportionnelle et forcée. « Sa Majesté, dit l'ordonnance du 25 février 1699, voulant contribuer au soulagement des pauvres dont l'Hôpital-Général est chargé, et ayant pour cet effet employé tous les moyens que sa charité lui suggérait.... ordonne qu'il sera perçu un sixième en sus du prix des entrées dans les divers théâtres de Paris. » Une autre ordonnance du 30 août 1701 intervint pour trancher certaines difficultés relatives à l'assiette de l'impôt.

Ces règlements organisent le droit des pauvres tel qu'il fonctionne actuellement, et c'est à cette époque en réalité que remonte notre institution avec ses caractères spéciaux et essentiels.

En 1716, on augmente d'un neuvième la perception précédente, et la redevance atteint ainsi le quart de la recette brute. Castil Blaze, dans son « *Histoire de l'Académie impériale de musique* », prétend, avec certains auteurs, que cette nouvelle mesure était motivée par la peste de Marseille. C'est là une erreur complète, et le passage suivant d'un contemporain [1] donne, sur les motifs qui ont fait édicter cette ordonnance, des détails curieux et généralement inconnus :

« On vit aussitôt M. le président de Mesmes et M. d'Agues-
» seau, procureur général, accorder ouvertement leur protection,
» agir sans relâche, parler, écrire, et déterminer le Roi à consentir
» en faveur de M. de la Mare à une augmentation d'un neuvième
» sur les entrées aux spectacles. L'ordonnance allait être portée
» à la signature, lorsque Louis XIV tomba malade et mourut. Cet
» événement ne fit que suspendre l'exécution de la chose : M. le
» premier président et M. le procureur général recommencèrent
» leurs sollicitations et prirent la peine d'aller demander la même
» grâce à Mgr le duc d'Orléans, régent du royaume ; ce prince,
» aussi juste que généreux, écouta favorablement la proposition,
» et l'agréa, ajoutant : Qu'il connaissait le commissaire de la
» Mare et qu'il voulait lui faire autant de bien que Louis XIV
» avait eu dessein de lui en procurer.

1 Continuation du « *Traité de la police* » du commissaire de la Mare. Paris, chez Hérissant, 1738. Cet ouvrage forme le tome IV du *Traité*.

» Pour assurer le recouvrement de la nouvelle augmentation
» sur les entrées aux spectacles, les magistrats avaient trouvé
» bon qu'elle ne parût point sous le nom de M. de la Mare, et ils
» lui avaient laissé la liberté de choisir un des hôpitaux de Paris;
» sa prédilection pour l'Hôtel-Dieu, dont Madame sa sœur était
» prieure, et en grande recommandation pour sa haute vertu, lui
» fit préférer cette sainte maison : la conjecture se trouvait d'au-
» tant plus heureuse que l'Hôtel-Dieu venait d'entreprendre le
» bâtiment d'une salle neuve pour le soulagement des pauvres
» malades.

» De là vient qu'il n'est parlé que de l'Hôtel-Dieu dans l'or-
» donnance du roi du 5 février 1716 qui a augmenté d'un neu-
» vième les entrées au spectacle ; mais Sa Majesté ne lui en fit
» don qu'à cette condition expresse d'en rendre une somme con-
» venable à M. de la Mare pour récompense de ses longs ser-
» vices, pour le dédommager des dépenses qu'il avait faites pour
» la composition et l'impression de son *Traité de la police*,
» et pour le mettre en état d'achever un ouvrage aussi utile au
» public. Ce sont les mêmes termes dont Son Altesse Royale se
» servit et qui ont été conservés mot pour mot, tant dans la déli-
» bération du bureau de l'Hôtel-Dieu du même jour 5 février 1716,
» que dans le traité qu'il fit avec M. de la Mare pour sa part
» qui devait lui revenir dans ce don ; elle fut convenue à 300,000
» livres, par acte devant notaire le 19 du même mois de
» février. »

Nous n'avons pas à faire remarquer l'étrangeté de cette mesure qui déguise sous un but louable les faveurs accordées à un fonctionnaire : on conviendra seulement que le droit des pauvres avait singulièrement changé de destination.

Quoi qu'il en soit, l'impôt fut perçu sans modifications sensibles jusqu'à la Révolution, en dépit des réclamations des directeurs de théâtres, qui se refusaient à payer la redevance sur la recette brute.

La loi des 4, 5, 6 août 1790 fit disparaître le droit des pauvres, mais la loi des 16-24 août de la même année, qui donnait aux municipalités le droit de permettre l'exploitation des spectacles, permettait de prélever une redevance au profit des indigents. Ce texte vague amena des inconvénients et fut remplacé par l'arrêté du 11 nivôse an IV, qui remplaçait la perception indéterminée par une représentation mensuelle au bénéfice des pauvres. Les comédiens étaient invités à concourir par tous les moyens possibles à rendre la recette importante, et on permettait de tiercer le prix des places et de recevoir les rétributions volontaires. La somme encaissée était constatée légalement par une commission *ad hoc* nommée par le ministre de l'intérieur à Paris, et dans les départements par un des agents municipaux. Deux théâtres ne pouvaient, dans la même commune, donner le même jour cette représentation mensuelle pour les pauvres. Mais comme sans doute les directeurs de théâtres se montraient récalcitrants, que ce système, nécessitant une ingérence continuelle dans la comptabilité des spectacles, ne donnait pas de résultats pratiques satisfaisants, la loi du 7 frimaire an V établit, au lieu d'une redevance variable, un droit fixe du dixième sur les billets d'entrée. Cet impôt, dans la volonté du législateur, n'était que provisoire, et la loi de frimaire avait limité son existence à six mois ; mais ce temps écoulé, on se retrouva en face des mêmes nécessités, et le Conseil des Anciens, « considérant combien les besoins des hospices sont pressants et l'utilité qu'on peut retirer d'une augmentation de la rétribution déjà imposée », prolongea de six mois encore le maintien de la taxe du dixième, et porta la redevance au quart pour certains spectacles.

Les lois des 2 frimaire et 9 fructidor an VI, 6e jour complémentaire an VII, les arrêtés des 7 fructidor an VIII, 9 fructidor an IX, 18 thermidor an X et 10 thermidor an XI, les décrets des 30 thermidor an XII, 8 fructidor an XIII, 21 août 1806, 2 novembre 1807 et 26 novembre 1808 prorogèrent successivement l'impôt des pauvres, jusqu'à ce qu'enfin le décret du 9 décembre 1809 l'établit d'une façon permanente et disposa qu'il serait indéfiniment perçu.

Ce décret reçut son exécution jusqu'en 1817 : depuis cette

époque, sous l'influence du régime représentatif, le droit des pauvres, considéré comme un impôt véritable, est voté avec la loi de finances et figure annuellement au budget.

Le 28 février 1848, le ministre de l'intérieur décidait que le droit ne serait plus perçu que sur les bénéfices nets. L'Assistance publique, émue de cette disposition et craignant la suppression complète de l'impôt, s'empressa d'abaisser la taxe à un pour cent. Mais bientôt elle réclama contre cet adoucissement qu'elle avait elle-même accepté, et des discussions ardentes s'élevèrent avec les directeurs de théâtre à la suite d'une augmentation du tarif à cinq pour cent. Les entrepreneurs de spectacles durent se soumettre à ces exigences qu'une commission nommée par le ministre avait sévèrement qualifiées, et se contentèrent de protester en faisant appel à l'opinion publique. Une proposition faite à l'Assemblée Nationale en 1851 par M. Sauteyra, combattait le droit des pauvres en ce qu'il avait de rigoureux et d'injuste. Ce projet, qui demandait qu'on prélevât l'impôt sur les bénéfices nets et non sur la recette brute, fut repoussé par les représentants du peuple.

Sous l'Empire, en de nombreuses occasions, que nous avons précédemment signalées, on réclama des réformes et des modifications; mais la voix des adversaires du droit des pauvres ne trouva pas d'écho dans les Chambres qui maintinrent sans réserve la législation existante. L'impôt fut du reste formellement conservé par le décret du 6 janvier 1864 relatif à la liberté de l'industrie théâtrale.

Depuis quelques années, les attaques ont recommencé sans relâche, et il est probable qu'un jour ou l'autre la taxe finira par disparaître. En 1875, lors de la discussion du budget de 1876, MM. Raoul Duval et Ganivet présentèrent un amendement tendant à attribuer à chaque théâtre une somme fixe en représentation de ses frais journaliers et disposant que cette somme ne serait pas soumise à l'impôt : la perception du droit ne devait avoir lieu que sur le surplus de la recette. Cet amendement fut retiré, mais une proposition de M. Tirard, qui demandait la réduction de l'impôt à cinq pour cent pour les concerts non quotidiens, fut adoptée par l'Assemblée Nationale. Un projet de loi fut de nouveau déposé le 29 mars 1878 par M. Dugué de la Fauconnerie et discuté au sein de la quatrième commission d'initiative parlementaire, qui conclut à la prise en considération. L'honorable député voulait que le droit des pauvres fût fixé à douze pour cent, mais ne portât que sur la partie de la recette qui excédait 1,500 fr. dans les théâtres classés en première catégorie, 2,000 fr. dans ceux de la seconde, 1,500 fr. dans ceux de la troisième, 1,000 fr. dans ceux de la quatrième, et 500 fr. dans ceux de la cinquième. M. René Brice, nommé rapporteur de la commission, soutint le projet dans la séance du 28 janvier 1879 : son argumentation rencontra pour adversaires principaux M. Martin Nadaud et le baron Haussmann, qui parvinrent à faire écarter la proposition par la Chambre des Députés. On reproduisit à la tribune les raisons données depuis longtemps pour ou contre le droit des pauvres, et de ces débats, qui n'ont jeté sur la question aucune lumière nouvelle, nous extraierons seulement le montant des sommes payées en 1877 à l'Assistance publique par les théâtres de Paris :

Opéra (en 1875), 318,520 fr.; Théâtre-Français, 146,000 fr.; Opéra-Comique, 90,300 fr.; Lyrique, 98,000 fr.; Vaudeville, 83,000 fr.; Gymnase, 70,000 ; Renaissance, 69,000 ; Variétés, 88,000 ; Porte-Saint-Martin, 90,000 ; Châtelet, 105,000 : pendant ce temps, le directeur de cette dernière scène réalisait un bénéfice de 3,400 fr. !

Section II.

Quel est actuellement le montant de la taxe ?

La loi du 7 frimaire an V établissait la perception d'« un décime par franc en sus du prix des entrées dans tous les spectacles où se donnent des pièces de théâtre, des bals, feux d'artifices, courses et exercices de chevaux, pour lesquels les spectateurs paient. »

Six mois plus tard, la loi du 8 thermidor an V, élargissant le cadre de la loi, ajouta aux divertissements déjà prévus « les autres fêtes où l'on est admis en payant », et vint créer, au point de vue de la quotité de la taxe, les distinctions qui subsistent encore aujourd'hui.

Le droit du dixième était maintenu sur les billets de spectacles où se donnaient des pièces de théâtre. Quant aux autres réunions, la perception était élevée au quart de la recette brute, c'est-à-dire à 25 0/0.

L'énormité de cette dernière redevance paralysait entièrement les entreprises artistiques : aussi, lors de la discussion de la loi de finances du 25 juin 1841, un député proposa d'abaisser de 25 0/0 à 10 0/0 le droit à percevoir sur les concerts quotidiens. Cette modification fut adoptée. En 1875, une nouvelle réforme fut opérée par l'Assemblée Nationale qui, sur les instances de M. Tirard, réduisit à 5 0/0 de la recette brute l'impôt à percevoir sur les concerts non quotidiens donnés par des associations d'artistes.

Le droit des pauvres est donc aujourd'hui :

1° De 10 0/0 sur les recettes des théâtres proprement dits[1] et sur celles des concerts quotidiens.

2° De 25 0/0 sur les spectacles de curiosités, les bals, feux d'artifices, courses de chevaux et autres fêtes où l'on est admis en payant.

3° De 5 0/0 sur les concerts non quotidiens donnés par des associations d'artistes.

Ces diverses sommes se calculent sur la recette brute, c'est-à-dire sur le prix total encaissé par le directeur sans qu'il lui soit possible de défalquer une part quelconque pour ses frais journaliers.

SECTION III.

Au profit de qui et de quelle manière est-il perçu ?

La loi du 7 frimaire an V disposait que l'impôt des pauvres

1 Les théâtres pittoresques et mécaniques, les panoramas, néoramas, etc. sont assimilés aux théâtres.

serait exclusivement consacré aux besoins des indigents qui ne se trouvaient pas dans les hospices. Une modification fut apportée à cette attribution par la loi du 8 thermidor, qui décida que le produit des droits perçus serait distribué à la fois aux bureaux de bienfaisance et aux établissements hospitaliers. La répartition est proportionnée aux besoins et à l'importance des administrations bénéficiaires ; elle est opérée par le préfet sur l'avis du sous-préfet. (L. 7 fructidor an VIII, art. 2 ; circ. minist. int. 7 janvier 1855.)

Sous l'ancienne législation, les établissements charitables plaçaient à la porte du théâtre un sergent chargé de recueillir le droit des pauvres. Ce genre de perception, abandonné en pratique depuis longtemps, ne serait plus possible au point de vue légal. Tandis, en effet, que la loi du 7 frimaire an V permettait aux administrations de prendre les mesures qu'elles croiraient les plus convenables pour assurer le recouvrement du droit, un arrêté du 29 frimaire chargea les directeurs de percevoir eux-mêmes l'impôt des pauvres et de le restituer aux hospices. Les entrepreneurs doivent envoyer le relevé de leur comptabilité au bureau de l'Assistance publique, qui n'a qu'un droit de contrôle et non plus un droit de perception directe.

Afin de faciliter le recouvrement de l'impôt et d'éviter des immixtions toujours délicates, les hospices procèdent par adjudication, par régie, ou par abonnement. Dans ce dernier cas, le contrat ne peut avoir lieu, aux termes de l'art. 3 du décret du 9 décembre 1809, qu'avec l'approbation du Conseil d'Etat, après avis du préfet et de la commission hospitalière. Les traités de cette nature ne sont pas résiliés par la survenance d'événements politiques ou autres qui viennent mettre obstacle aux représentations quotidiennes. Cette opinion a été consacrée, le 26 juillet 1854, par un arrêt du Conseil d'Etat dans l'espèce suivante (D.P. 55. 3. 27) : Le directeur du théâtre de Belleville qui, en 1848, 1849 et 1850, n'avait pu donner que 281 représentations au lieu des 488 qui auraient dû normalement avoir lieu, soutint que son contrat devait être considéré comme résolu pour cause de force majeure : il invoquait, à l'appui de sa demande, un acte extrajudiciaire signifié en 1848 au bureau de bienfaisance, par lequel il offrait de substituer à l'abonnement contracté pour trois ans, à raison de 4,000 fr. par an, la perception proportionnelle sur chaque représentation qui serait donnée. L'Administration répondit de son côté que l'abonnement constituait un marché aléatoire dont les chances bonnes ou mauvaises étaient à la charge du directeur, qui ne pouvait en telle matière invoquer la lésion comme cause de résiliation du contrat. — Le Conseil d'Etat n'adopta ni l'une ni l'autre de ces opinions Il considéra que si, en effet, l'abonnement présente à certains égards les caractères d'un forfait, son but unique est de supprimer les difficultés de contrôle en ramenant à un chiffre donné le montant irrégulier de la perception journalière. Du reste, en cette matière, comme dans l'interprétation de tout contrat, il ne faut pas perdre de vue l'intention des parties qui ont déterminé le quantum moyen de l'abonnement d'après le nombre des représentations qui auraient lieu réellement. Le Conseil d'Etat décida, par suite, que la résiliation ne devait pas être prononcée, mais qu'il y avait lieu de faire subir au chiffre convenu une diminution proportionnelle au total des soirées pendant lesquelles le théâtre n'avait pu jouer.

Section IV.

Dans quel cas y a-t-il lieu à perception ?

Pour arriver à une solution exacte et précise de ce problème, il est nécessaire que nous examinions d'abord quelles sont les entreprises soumises à l'impôt des pauvres, et, en second lieu, quelles conditions ces entreprises doivent réunir pour être sujettes à la taxe.

I. *Entreprises soumises au droit des pauvres.* — L'énumération limitative de la loi de frimaire an V a été complétée par la loi du 8 thermidor qui, aux spectacles, bals, feux d'artifices, concerts, courses et exercices de chevaux, a ajouté les autres fêtes où l'on est admis en payant.

La formule du législateur comprend dans sa généralité tous les divertissements du genre de ceux qui viennent d'être énumérés et qui ont pour but d'attirer le public par l'appât du plaisir. Peu importe que ces fêtes aient un but de bienfaisance, qu'elles soient organisées par l'Etat ou que la nouveauté de leur origine ne les fasse pas rentrer expressément dans les catégories prévues par les lois de l'an V. Ce qu'il importe d'examiner avant tout, c'est en effet l'esprit de la loi.

Il ne faudrait pas toutefois assimiler aux amusements soumis à l'impôt des pauvres les fêtes ou réunions qui ont un but purement littéraire ou scientifique. Les concours publics organisés par l'administration et qui se traduisent par des expositions des beaux-arts et de l'industrie où le public est admis en payant, ne doivent pas être considérés comme passibles du droit des indigents. Conformément à ces principes, le Conseil d'Etat, dans un arrêt du 7 mai 1857 (Recueil des arrêts du C. d'Et. 1857, p. 356), a décidé « que l'Exposition universelle de l'industrie et des beaux-arts de 1855... étant une œuvre exclusivement nationale et d'une utilité publique générale, ne peut sous aucun rapport être assimilée aux spectacles, fêtes ou autres réunions en vue desquels les lois de l'an V et celle du 22 juin 1854 ont autorisé la perception au profit des pauvres ».

Nous excmpterons de même les conférences littéraires, historiques ou scientifiques ; si toutefois la conférence accompagnait une représentation dramatique dont elle présenterait le commentaire et l'étude, on ne devrait la considérer que comme un accessoire de la pièce et décider qu'il y a lieu de percevoir le droit des pauvres. Cette doctrine a été consacrée par un arrêté du conseil de préfecture de la Seine rendu à propos des matinées Ballande, 17 mars 1875 (DP. 76. 5. 432).

II. *Conditions que les entreprises doivent réunir pour être sujettes à la taxe.* — Une double condition est indispensable : il faut d'abord un prix d'entrée, et en second lieu un but de spéculation.

De ce qu'un prix d'entrée est nécessaire, nous concluerons :

1° que les représentations gratuites ne sont pas assujetties à l'impôt ; 2° que les billets qui sont délivrés gratis pour quelque raison que ce soit sont également exempts du droit des pauvres.

Mais il faut que la gratuité soit réelle et non apparente ; toutes les fois que le billet n'est que l'équivalent d'un avantage appréciable en argent, il est passible de la taxe. C'est ainsi que les billets d'auteurs, qui ne sont que la représentation d'une partie du prix de leurs ouvrages et qui sont mis en vente par les agences, doivent subir l'impôt. Il en est de même des billets donnés en paiement au propriétaire de la salle ou aux employés du théâtre. (Cons. d'Etat, 5 août 1831 ; *Gaz. trib.*, 24 juillet et 9 août ; Cons. préf. de la Seine, 27 fév. 1864 ; *Gaz.*, 14 fév. ; Cons. d'Etat, 8 juin 1854 [DP. 55. 3. 2] ; id., 24 juillet 1862 [DP 63. 3. 29].)

Dans certains cafés-concerts comme ceux des Champs-Elysées, le billet d'entrée donne droit non-seulement au spectacle, mais à des consommations diverses : aussi, dès 1844, les directeurs de ces établissements prétendirent que la somme représentative de la valeur des consommations devait être affranchie du droit des pauvres auquel on ne devait soumettre que le prix de la place. Le Conseil d'Etat, dans son arrêt du 9 décembre 1852 (DP. 53. 3. 21), a formellement repoussé cette interprétation, et a décidé que l'impôt devait être perçu, conformément aux termes de la loi, sur le prix total de l'entrée, sans qu'on eût à examiner si l'on consomme ou non dans l'intérieur de l'établissement.

Passons maintenant à l'examen de la seconde condition exigée pour qu'une entreprise soit sujette au droit des pauvres.

Il faut, aux termes de l'art. 2 du décret du 26 novembre 1808, que ces réunions « soient la chose d'un entrepreneur et aient un but de spéculation ». Toutes les fois que la rétribution exigée à l'entrée ou par abonnement n'a d'autre but que de couvrir les frais de la fête, il n'y a pas lieu à perception ; mais si la recette est destinée à grossir la caisse d'une société quelle qu'elle soit, — fût-ce même une société de bienfaisance, — si l'entrepreneur n'a en vue que le bénéfice, il y a lieu évidemment de toucher l'impôt.

Par suite de ces principes, nous déciderons que les bals et concerts de réunion et de sociétés donnés par certains cercles et qui ne poursuivent aucun but de lucre doivent être exempts de la taxe alors même que l'entrée serait soumise à un abonnement annuel. (Décret du 26 novembre 1808.) Il en est de même des concerts donnés par des sociétés philharmoniques devant des abonnés tenus au paiement d'une cotisation ou même devant des invités étrangers, si elles n'ont pas un but de spéculation. (Orléans, 24 juillet 1854 [DP. 55. 1. 44].)

C'est encore par une conséquence logique de la théorie qui vient d'être exposée que le Conseil d'Etat a décidé que les courses de chevaux, bien que prévues par les lois de l'an V, ne sont pas soumises à l'impôt des pauvres lorsqu'elles sont organisées de concert avec l'Administration, dans l'intérêt de l'amélioration de la race chevaline, et que la totalité des recettes est affectée par les statuts de la société des courses à cette œuvre d'utilité publique. (13 juin 1873 [DP. 73. 3. 93].)

En résumé, pour qu'il y ait eu lieu à perception, il faut : 1° une des entreprises expressément ou implicitement prévues par la loi ; 2° un prix d'entrée réel ; 3° un but de spéculation.

Section V.

Comment le droit est-il recouvré, et quelles sont les garanties accordées aux établissements hospitaliers pour son recouvrement?

La loi du 8 fructidor an XIII ayant assimilé le droit des pauvres aux contributions directes, les poursuites à faire pour le recouvrement de l'impôt doivent être dirigées suivant le mode fixé par l'arrêté du 16 thermidor an VIII, c'est-à-dire par voie de contraintes décernées par la régie ou le fermier et rendues exécutoires par le préfet.

Les lois spéciales qui ont établi et maintenu le droit des pauvres n'accordent aux hospices aucun droit de préférence ni aucun privilège sur la recette ; or, les privilèges étant de droit étroit et ne pouvant être étendus au-delà des limites posées par la loi, nous déciderons que les administrations charitables n'ont d'autre ressource que de se faire payer à termes rapprochés, même chaque jour, et ne peuvent exercer aucun prélèvement au préjudice des autres créanciers. On a toutefois prétendu que le privilège de la loi du 5 septembre 1807, accordé à l'Etat sur les biens de ses comptables, devait être admis en faveur des hospices ; pour soutenir cette opinion, on se basait sur l'art. 5 de l'arrêté du 19 vendémiaire an XII, qui porte que les receveurs des hospices seront soumis aux dispositions des lois relatives aux comptables des deniers publics et à leur responsabilité. On ajoutait alors que les directeurs chargés par la loi de percevoir le droit des pauvres et de le restituer aux hospices, étaient de véritables comptables qui par suite étaient soumis au privilège. Cette opinion n'a pas trouvé crédit devant les tribunaux qui, sans examiner la question de savoir si l'arrêté de vendémiaire an XII n'était pas implicitement abrogé par la législation postérieure, ont repoussé l'assimilation abusive qu'on prétendait établir entre un receveur des hospices tenu à un cautionnement et à d'autres obligations strictes, et un directeur de théâtre chargé d'une simple perception.

SECTION VI.

De l'autorité compétente pour statuer sur les difficultés relatives au droit des pauvres.

Les contestations qui peuvent s'élever au sujet de l'exécution ou de l'interprétation des lois qui régissent l'impôt des indigents sont du domaine de la juridiction administrative. La connaissance en a été expressément attribuée par le législateur aux conseils de préfecture qui statuent, sauf recours au Conseil d'Etat. (Arrêté du 10 thermidor an XI, art. 3 ; décrets des 21 août 1806 et 2 novembre 1807.)

Les tribunaux civils saisis par les parties d'une difficulté de ce genre ne pourraient sans excès de pouvoir trancher la question en litige : l'incompétence *ratione materiæ* créée par le législateur les empêche de statuer même provisoirement. C'est ainsi que le président du tribunal ne pourrait par ordonnance de référé faire suspendre momentanément les poursuites, en renvoyant les parties à se pourvoir au fond devant la juridiction compétente. (Trib. civ. de Lyon, 22 mai 1869 [DP. 71. 3. 96] ; Cons. d'Etat, 13 juin 1873 [DP. 73. 3. 93] ; Paris, 28 janvier 1832 [*Gaz. trib.* du 4 fév.].)

Les décisions rendues par les conseils de préfecture sont exécutées provisoirement, sauf recours au Conseil d'Etat : ce recours, qui n'est soumis qu'au droit de timbre, peut être transmis sans frais au Gouvernement par l'intermédiaire du préfet. (Art. 3 décret du 8 fructidor an XIII ; art. 30 L. 21 avril 1832.)

CHAPITRE IV.

DE LA POLICE DES THÉATRES.

La surveillance des théâtres qui, dans l'ancien régime, était placée dans la juridiction des lieutenants-généraux de police, a été attribuée aux municipalités des villes par les lois des 24 août 1790, 13 janvier 1791, 1er septembre 1793 et par un arrêté du Directoire en date du 25 pluviôse an IV. Les pouvoirs, qui appartiennent dans les départements au maire et à ses adjoints, sont exercés à Paris, et depuis le décret des 10-15 juin 1853 dans tout le département de la Seine et dans les communes de Meudon, Sèvres et Saint-Cloud qui dépendent de la préfecture de Seine-et-Oise, par le préfet de police.

Ces pouvoirs de surveillance et de règlementation, absolument distincts du droit d'autoriser les pièces, ont pour but de prendre les mesures propres à assurer la sécurité, la salubrité et l'ordre public. Le maire agit à un point de vue purement local : il examine les conséquences que peut entraîner l'exécution d'un ouvrage dramatique, eu égard aux circonstances particulières de temps et de lieu.

Les dispositions générales propres à protéger la sûreté des citoyens ont été l'objet d'un grand nombre d'ordonnances de police : les principales sont celles des 9 juin 1829, 3 octobre 1837, 17 mai 1838, 10 décembre 1841, 12 mai 1852, 16 mars 1857, 1er juillet 1864 [1]. Elles ont servi de types et de modèles aux arrêtés municipaux qui sont intervenus sur le même objet.

Nous ne pouvons entrer dans le détail de ces règlements : disons seulement d'une façon générale quelles sont les mesures qu'ils adoptent.

Les règles édictées par les ordonnances de police et les arrêtés municipaux peuvent se grouper en trois catégories : les unes ont

1 Dalloz, Rép., vo Théâtres-Spectacles ; Constant, Code des théâtres.

trait à la construction des salles, les autres à la police intérieure des théâtres, les dernières enfin à la police extérieure.

I° *Construction des salles.* — L'entrepreneur qui bâtit un théâtre doit au préalable soumettre ses plans à l'autorisation de l'administration : on examine si l'étendue de la salle est en rapport avec le nombre projeté de places, si les dégagements sont suffisants, et si l'isolement de la construction est assez considérable pour ne pas offrir de dangers pour les habitations voisines. Des dispositions minutieuses règlent l'aménagement intérieur, le choix des matériaux, la ventilation et la disposition des appareils de chauffage et d'éclairage. Les combles doivent être munis d'appareils de secours et de réservoirs d'eau ; la scène doit être séparée du reste des bâtiments par des portes en fer et un rideau mobile en treillage métallique ; aucun atelier ne peut être établi au-dessus de la salle, et les magasins de décors doivent être placés hors de l'enceinte du théâtre. Toutes ces mesures ont pour objet de prévenir les incendies.

Lorsque l'entrepreneur, après avoir reçu l'autorisation de construire suivant le plan proposé, s'est conformé à ces diverses prescriptions, l'administration fait éprouver la solidité de la salle, et, s'il y a lieu, en permet l'ouverture.

II° *Police intérieure.* — Pendant le cours de l'exploitation d'un théâtre, les maires et adjoints s'assurent d'une façon permanente de l'accomplissement régulier des conditions imposées aux directeurs dans l'intérêt de la sécurité et de la salubrité publique.

Un service médical, muni des médicaments et des objets de pansement de première nécessité, doit être organisé dans chaque théâtre, en prévision des accidents, et une brigade de pompiers doit s'y trouver chaque soir avec ses engins et son matériel.

Un commissaire de police, revêtu de son écharpe, et assisté d'un nombre d'agents proportionné aux besoins du service, surveille pendant chaque représentation la stricte exécution des arrêtés municipaux.

Il doit empêcher que les spectateurs fument dans l'enceinte du théâtre [1], conservent leurs cannes [2] ou leurs armes, gardent leur chapeau sur la tête, pénètrent dans les coulisses, et troublent la représentation par des conversations et par des chants. Les manifestations bruyantes d'approbation ou de désapprobation qui pourraient entraîner du désordre doivent être sévèrement réprimées [3]. Toutefois, la garde placée à la porte du théâtre ne peut sous aucun prétexte pénétrer dans l'enceinte; seulement, quand des scènes de violence et de tumulte se produisent, le maire ou ses adjoints, le commissaire ou le préfet de police doivent expressément requérir l'intervention de la force armée. (Art. 7 L. du 19 janvier 1791.) On procède alors soit à des arrestations individuelles, soit à l'évacuation de la salle, mais la troupe ne peut, en cas de rebellion, se servir de ses armes qu'après les sommations exigées par les lois des 3 août 1791, 10 avril 1831 et 7 juin 1848.

Voilà quels sont, d'une manière générale, les droits et devoirs du commissaire de police vis-à-vis du public; examinons maintenant sa consigne à l'égard du directeur et des acteurs.

Le commissaire de service veille à ce que les heures d'ouverture et de clôture de la salle soient ponctuellement observées, et à ce que l'administration se conforme aux précautions multiples exigées dans l'intérêt de la sécurité et de la salubrité des spectateurs. Pendant la représentation, les artistes ne peuvent sous aucun prétexte interpeller le public, ni même, à la rigueur, bisser leurs morceaux ou revenir en scène après un rappel. Les armes dont ils font usage dans la pièce sont examinées par le commissaire de police qui s'assure qu'elles ne sont pas chargées. Si la présence d'un acteur occasionne du désordre, l'autorité municipale peut lui interdire de jouer; elle peut aussi ordonner à un artiste de jouer, forcer le directeur à compléter sa troupe, et même, dans les cas graves, prescrire la fermeture du théâtre.

1 Voir sur cette question Cr. c. 7 janvier 1867 (DP. 67. 5. 37), et Cr. c. 27 avril 1866 (DP. 67. 5. 361).

2 DP. 55. 1. 184.

3 Nous traiterons au chapitre VIII la question des applaudissements gagés et des sifflets.

III° *Police extérieure.* — Les abords du théâtre doivent rester constamment libres, et on n'y tolère aucun stationnement qui entrave la circulation ; aussi défend-t-on la vente des contremarques sur la voie publique, et règle-t-on l'ordre dans lequel les voitures doivent prendre la file.

A la police extérieure, se rattachent les affiches : le directeur est tenu d'observer, en ce qui concerne leur rédaction, leur format, leur dépôt, leur apposition et le visa du maire, les règles prescrites par l'administration.

Le directeur est en outre responsable des détériorations que les propriétés voisines pourraient subir par suite de sa négligence : il a été jugé à plusieurs reprises qu'il est tenu d'établir, soit à l'intérieur, soit à l'extérieur du théâtre, un nombre d'urinoirs suffisant, et que, faute par lui d'accomplir cette obligation, il peut être actionné par les voisins à raison de dommage matériel et moral causé à leurs habitations. (Trib. civ. de la Seine 1er juillet 1863 [DP. 65. 3. 63]; Req. 24 avril 1865 [DP. 66. 1. 135].)

RÈGLES DE DROIT PRIVÉ

APPLICABLES AUX THÉATRES

---

1. Avant de passer au commentaire des règles de droit privé qui sont applicables aux théâtres, il est indispensable que nous donnions quelques détails sur notre plan et sur la façon dont nous avons entendu traiter notre sujet.

« Les théâtres de Paris, disait Victor Hugo en 1848, sont peut-être les rouages principaux de ce mécanisme compliqué qui met en mouvement le luxe de la capitale et les innombrables industries que ce luxe engendre et alimente... Les théâtres de Paris font vivre directement dix mille familles, trente ou quarante métiers divers, occupant chacun des centaines d'ouvriers, et versent dans la circulation une somme qui, d'après les chiffres incontestables, ne peut guère être évaluée à moins de 20 ou 30 millions. »

Ces paroles font clairement ressortir la multiplicité inévitable des contrats que passent les administrations théâtrales; mais ces conventions ainsi conclues avec les diverses branches d'industries ou avec les divers employés de l'entreprise, tels que caissiers, contrôleurs, ouvreuses et machinistes, n'offrent rien de spécialement intéressant à l'attention du jurisconsulte. Elles rentrent dans les règles générales du droit civil ou commercial, et sont assujetties à des principes dont on retrouve partout l'exposé.

2. Mais à côté de ces contrats, il en existe d'autres dont l'étude est beaucoup plus délicate parce que les usages et les traditions les régissent bien plutôt que les textes : nous voulons parler de ceux qui interviennent chaque jour entre les directeurs, les auteurs, les acteurs et le public.

L'exploitation d'un théâtre, qu'elle appartienne à une seule personne ou qu'elle appartienne à une société en nom collectif, à une commandite ou à une association en participation, constitue une entreprise commerciale (art. 632 C. com.). Le directeur est un spéculateur qui attire la foule au moyen des représentations : or, une représentation nécessite trois éléments, une pièce, une troupe qui l'interprête, et un public qui la juge. Cette division logique et fondamentale nous conduit à partager notre matière en trois chapitres [1].

Dans le premier, nous examinerons les règles que doit observer le directeur en ce qui concerne la représentation d'un ouvrage ancien ou nouveau.

L'engagement des acteurs — et par ce mot nous n'entendons pas seulement les acteurs proprement dits, mais aussi les choristes et les musiciens, qui, sauf les débuts et quelques autres exceptions que le bon sens du lecteur suppléera, sont soumis aux règles que nous allons étudier, — l'engagement théâtral, disons-nous, fera l'objet de notre second chapitre.

Nous examinerons enfin les droits et les obligations du public qui assiste à une représentation.

1 Les principaux recueils de jurisprudence, que nous désignerons par les formules usitées, et auxquels nous renvoyons le lecteur, sont :

Le *Recueil périodique de Dalloz* (DP. avec indication de la partie).
Le *Recueil des lois et arrêts de Sirey* (Sir. id.).
Le *Journal des tribunaux de commerce* (*Jour. des trib. de com.*).
La *Gazette des tribunaux* (*Gazette* du....).
Le *Journal le Droit* (*Droit* du....).
Les *Annales de la propriété littéraire et industrielle* (*Annales*).

CHAPITRE V.

DES AUTEURS.

3. Le temps n'est plus où, en l'absence de protection légale suffisante, l'auteur dramatique était livré à la discrétion des comédiens et forcé de s'incliner devant leur insolente puissance. On ne peut certes se rappeler aujourd'hui sans un étonnement profond l'époque où Corneille, suivant son expression, « saoûl de gloire et affamé d'argent », ne retirait de ses chefs-d'œuvre qu'un salaire modique et dérisoire ; où Racine cédait pour 200 livres le manuscrit d'*Andromaque ;* où enfin Voltaire et Beaumarchais étaient contraints, en plein XVIIIe siècle, de disputer à la Comédie-Française le paiement de leurs droits d'auteurs. Le législateur, en reconnaissant l'existence et l'inviolabilité de la propriété intellectuelle, a fait disparaître ces abus criants, et, en même temps qu'il accomplissait une œuvre de justice, il a rendu à l'art et à la littérature un immense service.

4. Nous ne pouvons dans un ouvrage juridique insister bien longuement sur l'histoire des rapports pécuniaires des comédiens et des auteurs ; mais cette question est trop généralement inconnue, elle se relie trop étroitement aux développements qui vont suivre, pour que nous n'esquissions pas les traditions et les principales règles adoptées sur ce point dans l'ancien régime.

5. Pendant bien longtemps les auteurs ont cédé leurs pièces aux comédiens pour un prix fixé et déterminé à l'avance, et ce n'est qu'au milieu du XVIIe siècle qu'on voit apparaître en germe l'institution de la part d'auteur calculée proportionnellement sur la recette.

A l'époque où les mystères et les farces formaient le répertoire de notre ancien théâtre, le poète n'était guère considéré que comme l'égal des divers artisans qui consacraient leur travail au succès de l'entreprise. C'est ainsi qu'à Valenciennes nous trouvons « Roland Girard, clercq du Beguinage de ladicte ville, et fabricateur par son art rhéthorical des vingt-cinq journées du mystère de la Passion », moins rétribué que le charpentier qui livra « tous les hourds et les bancs ». A Paris, on voit au XVIe siècle, dans les registres de la prévôté, le compte suivant : « A Jehan Marchand et Pierre Gringoire, compositeur et charpentier, qui ont fait et composé le mystère fait au Chastelet de Paris à l'entrée de M. le Légat, ordonné des personnages, iceux revêtus et habillés, ainsi que audit mystère était requis, et pareillement d'avoir fait les échaffaux qui étaient à ce nécessaires, et pour ce faire fourni le bois, cent livres. »

Plus tard, Hardy, qui, en vertu de son traité avec les comédiens de l'hôtel de Bourgogne, devait fournir une pièce par semaine, et qui, après trente ans de travail, arriva, de son propre aveu, au total de six cents ouvrages et plus, Hardy ne touchait que trois écus par tragédie ou comédie. Du reste, beaucoup d'écrivains de cette période se contentaient de vendre à un libraire le manuscrit de leurs ouvrages sans exiger des comédiens aucun droit de représentation.

Les grands auteurs du XVIIe siècle réagirent contre cette tendance : en 1653, Quinault le premier obtint une part du neuvième sur la recette. Ce précédent fut suivi de beaucoup d'autres, et Chappuzeau, en 1674, pouvait écrire : « La plus ordinaire condition et la plus juste de côté et d'autre est de faire entrer l'auteur pour deux parts dans toutes les représentations de sa pièce jusqu'à un certain temps... Mais pour une première pièce et à un auteur dont le nom n'est pas connu, les comédiens ne donnent pas d'argent ou n'en donnent que fort peu... Enfin, la pièce lue et acceptée, le plus souvent l'auteur et les comédiens ne se quittent point sans se régaler ensemble, ce qui conclut le traité. »

Des règles précises furent même formulées par le roi : elles fixaient d'une façon très nette les droits des auteurs.

Un règlement de 1697, applicable à la Comédie-Française, attribuait aux auteurs un neuvième de la recette pour les pièces en cinq actes, et un dix-huitième pour les pièces en un ou trois actes.

Les règlements postérieurs des 23 décembre 1757 et 1er juillet 1766 consacrèrent ces mêmes chiffres, mais élevèrent les droits à un douzième pour les pièces en trois actes.

A la Comédie-Italienne, la perception était à peu près la même.

A l'Opéra, des règles spéciales établies par les règlements royaux de 1713 et de 1714 décidaient que le poète et le musicien toucheraient chacun quotidiennement 100 livres pendant les vingt premières représentations ; 50 livres pendant les vingt représentations suivantes, et que leur droit se trouverait ensuite éteint. Ces perceptions furent augmentées par le règlement du 30 mars 1776, qui fit la distinction suivante :

Pièce en un acte. .	80 liv. pour les 20 premières représentations; 60 liv. pour les 10 suivantes ; 50 liv. pour les autres.
Pièce remplissant la durée du spectacle	200 liv. pour les 20 premières représentations; 150 liv. pour les 10 suivantes ; 100 liv. pour les 10 autres jusqu'à la 40me.

Dans tous les théâtres, la part de l'auteur ne se calculait du reste sur la recette qu'après défalcation des frais journaliers.

6. Ces règles si nettes et si claires auraient dû protéger, ce semble, les auteurs dramatiques : pourtant si l'on interroge l'histoire, on voit que tous les écrivains de cette époque se plaignent amèrement des procédés des comédiens à leur égard [1]. C'est, en effet, que

1 La piquante satire de Lesage nous a laissé, dans une scène célèbre, peinte évidemment d'après nature, le tableau des relations de comédiens à auteurs au XVIIIe siècle. Nous demandons la permission de citer ce morceau curieux :

« Notre petit laquais vint dire tout haut à ma maîtresse : « Madame, un homme en linge sale, crotté jusqu'à l'échine, et qui, sauf votre respect, a tout l'air d'un poète, demande à vous parler. — Qu'on le fasse monter, répondit Arsénie; ne bougeons, messieurs; c'est un auteur. » Effectivement, c'en était un dont on avait accepté une tragédie, et qui apportait un rôle à ma maîtresse. Il s'appelait Pedro de Moya. Il fit en entrant cinq ou six profondes révérences à la compagnie, qui ne se leva, ni même ne le salua point. Arsénie répondit seulement par une inclination de tête aux civilités dont il l'accablait. Il s'avança dans la salle d'un air tremblant et embarrassé. Il laissa tomber ses gants et son chapeau. Il les ramassa, s'approcha de ma maîtresse, et, lui présentant un papier plus respectueusement qu'un plaideur ne présente un placet à son juge : « Madame, lui dit-il, agréez, de grâce, le rôle que je prends la liberté de vous offrir. » Elle le reçut d'une manière froide et méprisante, et ne daigna pas même répondre au compliment. »

(*Gil Blas*, liv. III, chap. XI.)

les acteurs avaient trouvé moyen d'éluder ces dispositions en se ménageant une porte de sortie : lorsque la pièce, suivant l'expression consacrée, tombait dans les règles, c'est-à-dire lorsque la recette descendait deux fois de suite au-dessous d'une certaine somme, elle appartenait définitivement aux comédiens qui, pour les représentations postérieures, n'étaient plus astreints au paiement d'aucun droit. Or, on trouvait facilement moyen d'arriver à ce résultat : les acteurs, protégés par la complaisance facile des gentilshommes de la Chambre, usaient, nous disent les mémoires de l'époque, de toutes les ruses et de toutes les perfidies pour atteindre leur but. Beaumarchais, qui n'avait rien touché pour ses *Deux Amis* ni pour son *Eugénie,* s'éleva contre cette injustice et insista pour obtenir des comédiens le compte des représentations du *Barbier de Séville*. Le récit de ces difficultés avec la Comédie-Française nous a été transmis par le célèbre satirique dans son *Compte-rendu aux auteurs dramatiques* [1], dont la verve étincelante fit impression sur l'opinion publique et amena des réformes. Deux arrêts du Conseil du 9 décembre 1780 fixèrent à 2,300 livres pour les représentations d'hiver, et à 1,800 livres pour les représentations d'été, les sommes au-dessous desquelles devait tomber la recette pour que la pièce appartînt définitivement à la Comédie. Les parts d'auteurs furent en même temps élevées à 142 livres 16 sols sur 1,000 livres pour les œuvres en quatre ou cinq actes, et à 107 livres 2 sols sur 1,000 livres pour les ouvrages en un ou deux actes. Le calcul de ces sommes ne s'opérait plus seulement sur la recette de la porte, comme les comédiens l'avaient précédemment fait décider par surprise, mais sur le produit total des entrées, des abonnements à l'année et des abonnements à vie.

7. La loi des 13-19 janvier 1791 vint renverser à la fois le privilège des théâtres et ces diverses dispositions : elle décréta que les ouvrages des auteurs morts depuis cinq ans, « étant une propriété publique », pourraient être représentés sur tous les théâtres indistinctement, et que les héritiers ou cessionnaires de ces auteurs

1 *Œuvres de Beaumarchais,* t. VI, éd. Collin. Paris, 1809.

conserveraient la propriété de leurs œuvres pendant cinq ans. Quant aux auteurs vivants, ils avaient le droit de fixer librement les droits qu'ils voulaient retirer de leurs pièces.

8. Aujourd'hui, des règles fixes et positives déterminent d'une façon bien nette les droits réciproques des auteurs et des directeurs de théâtres : la loi qui a consacré la propriété littéraire a même été parfois jusqu'à fixer elle-même, pour certains théâtres, le montant des droits d'auteur.

9. Les compositeurs dramatiques, afin d'assurer le respect de leurs droits, ont du reste fondé en 1837 une société qui a pour but : 1° la défense mutuelle des droits des associés vis-à-vis des administrations théâtrales ou de tous autres en rapport d'intérêt avec les auteurs ; 2° la perception à moindres frais de leurs droits ; 3° la création d'un fonds de secours au profit des associés, de leurs veuves, héritiers ou parents ; 4° la création d'un fonds commun de bénéfices partageables. Cette association, en substituant la puissance d'une action collective à l'initiative de chaque individu, a centuplé les forces des auteurs, et leur a permis d'imposer aux directeurs de théâtres des conditions qui assurent la sauvegarde de leurs droits. Les auteurs et compositeurs de musique ont imité, en 1851, cet exemple dont on avait pu apprécier les résultats avantageux, et ont formé, à leur tour, une société pour la protection mutuelle des prérogatives qui leur sont accordées par les lois [1].

10. Nous diviserons notre commentaire en cinq sections :

I° De l'autorisation préalable.

II° De la présentation des pièces.

III° De l'acceptation des pièces, et des droits et des obligations qui en résultent pour l'auteur et le directeur.

IV° Des causes qui amènent la rupture des conventions passées entre directeurs et auteurs.

V° De l'autorité compétente pour statuer sur les contestations entre directeurs et auteurs.

1 Pour les statuts de ces deux sociétés, voir Constant, *Code des théâtres*, p. 188 et suiv.

Section I.

De l'autorisation préalable de l'auteur.

11. Le répertoire des théâtres comprend deux sortes de pièces : les unes appartiennent au domaine public ; les autres, au contraire, sont l'objet d'un droit de propriété littéraire.

12. Les pièces que l'ancienneté de leur date fait ranger dans le domaine public, peuvent être représentées librement, sans autorisation, et ne sont pas assujetties par la loi au paiement des droits d'auteurs. Toutefois, comme il importe à l'art dramatique que les productions des grands poètes ne soient pas défigurées par une interprétation grotesque ou par des mutilations stupides, les préfets ont été chargés, par une circulaire ministérielle du 28 avril 1864 (DP. 64. 3. 94), de veiller à ce que les ouvrages des maîtres soient exécutés autant que possible sans altération et avec le respect qu'on doit aux chefs-d'œuvre de la pensée humaine. Ces pièces, avons-nous ajouté, ne sont pas soumises au paiement des droits d'auteurs : il importe de remarquer, cependant, qu'une délibération de la société des auteurs, en date du 29 janvier 1858, a décidé que toutes les fois qu'un ouvrage du domaine public serait représenté sur un théâtre avec lequel elle a conclu un traité, ses agents percevraient sur la recette une somme égale au droit qui serait alloué aux auteurs s'ils vivaient encore. Cette somme est remise à leurs héritiers directs, s'il en existe, et, à leur défaut, elle revient à la caisse de secours de la société. Comme, à l'heure actuelle, on peut dire d'une manière générale qu'il n'est pas de théâtre qui n'ait de traité avec la société des auteurs, il arrive en fait que les œuvres du domaine public sont soumises à la perception des droits.

13. Les pièces qui sont l'objet d'un droit de propriété littéraire, lorsqu'elles sont représentées par un directeur autre que celui qui a reçu l'ouvrage, ne peuvent être exécutées qu'après l'obtention préalable du consentement formel et par écrit de l'auteur. Cette disposition si sage, édictée par les lois des 13-19 janvier 1791, 19 juillet-6 août 1791, 1er septembre 1793, complétées par l'article 428 du Code pénal, a un double but. Le législateur a voulu d'abord laisser à l'auteur, propriétaire absolu de son œuvre, le droit souverain de défendre à une troupe médiocre, qui l'exposerait à un insuccès, la représentation de sa pièce; de plus, l'écrivain devait rester libre de ne pas affronter les cabales d'un public peut-être hostile et partial. A un autre point de vue, l'autorisation préalable était le seul moyen efficace d'assurer à l'auteur le recouvrement de ses droits; sans cette précaution de la loi, bien souvent des écrivains, ignorant que leur ouvrage avait été représenté dans les villes éloignées de province, eussent été frustrés de la part légitime qui leur revient dans la recette. Aujourd'hui, la publicité de la presse, la facilité des communications et surtout l'établissement de la société des auteurs qui compte des agents nombreux dans les départements, ont atténué et pour ainsi dire fait disparaître ce second inconvénient.

14. Nous rechercherons successivement :

1° A qui et dans quelle forme l'autorisation doit-elle être demandée ?

2° Pour quelles œuvres et par qui le consentement de l'auteur doit-il être sollicité ?

3° Quelles sont les conséquences des contraventions aux règles édictées par la loi ?

§ 1. — *A qui et dans quelle forme l'autorisation doit-elle être demandée ?*

15. L'autorisation doit émaner de l'auteur lui-même, de ses héritiers [1], ou d'un fondé de pouvoirs. De nos jours, les auteurs dramatiques faisant presque tous partie de la société des auteurs,

1 On trouvera dans une brochure de notre savant maître M. de Folleville, intitulée : *De la Propriété artistique et littéraire*, le commentaire de la loi du 14 juillet 1866, dans les développements de laquelle notre cadre ne nous permet pas d'entrer.

c'est par l'intermédiaire des agents correspondants que le consentement est accordé aux directeurs.

16. L'autorisation est nécessaire pour la représentation de l'ouvrage, tel est le principe ; mais il ne faudrait pas se méprendre sur sa portée et son étendue. Lorsqu'une œuvre jouée antérieurement est restée au répertoire et n'a pas été retirée par son auteur, le directeur qui veut la reprendre par la suite n'a pas besoin d'un consentement nouveau. Cette solution, qui nous paraît absolument conforme à l'esprit et au texte de la loi, a été consacrée par un arrêt de de la Cour de Paris du 26 juin 1840 (le *Droit,* 27 juin). Le célèbre compositeur Spontini, après avoir donné en 1809 sa partition de *Fernand Cortez* à l'Académie royale de musique, prétendait en 1840 que son œuvre, qui cependant était restée au répertoire, ne pouvait être reprise sans son autorisation. La justice décida avec raison « que le consentement une fois donné n'avait pas besoin d'être renouvelé ; qu'aucune disposition de loi ou de règlement ne l'exige ; que la suspension des représentations, quelque longue qu'elle soit, ne crée pas un droit nouveau ; que ces suspensions sont de la nature même des choses, et communes à tous les ouvrages de ce genre ». Le seul droit de l'auteur consiste à surveiller la reprise de sa pièce, à assister aux répétitions et à en diriger l'étude.

17. La question ne présente guère de difficultés lorsque l'œuvre est jouée dans les conditions ordinaires ; mais il arrive souvent que des pièces écrites en français sont traduites en langues étrangères et représentées sous cette nouvelle forme sur nos théâtres. C'est ainsi que *Rigoletto, Ernani* et la *Traviata*, par exemple, ne sont que la reproduction du *Roi s'amuse*, de *Hernani* et de la *Dame aux camélias*. Ces imitations souvent serviles, nous allions presque dire ces contrefaçons, dans lesquelles le librettiste se contente de modifier certains agencements, d'approprier certaines scènes à leur destination nouvelle, sans enlever à l'œuvre son cachet propre et distinctif, son caractère primitif et original, peuvent-elles être représentées avec la seule autorisation du traducteur, ou faut-il de plus le consentement de l'auteur véritable ? La question s'est posée bien des fois devant les tribunaux, notamment à propos de la *Somnambule*, du *Philtre* et de *Gustave III*, de Scribe, qui, travestis sous les noms de la *Sonnambula*, *l'Elisire d'amore* et un *Ballo in maschera*, avaient été représentés sans l'autorisation de l'auteur français au Théâtre-Italien. La Cour de cassation, par un arrêt du 15 janvier 1867 (DP. 67. 1. 182), a décidé, dans cette espèce, que les pièces italiennes étant, au point de vue du sujet, de la disposition des scènes, et de la marche générale de l'ouvrage, des reproductions du théâtre d'Eugène Scribe, et constituant par suite une atteinte à son droit de propriété, ne pouvaient être représentées qu'avec son autorisation.

18. On a demandé si le décret du 28 mars 1852, qui interdit et punit la contrefaçon sur le territoire français d'ouvrages *publiés* à l'étranger et mentionnés dans l'art. 425 C.p., s'applique à la représentation des œuvres théâtrales, et si, par conséquent, l'auteur étranger dont les ouvrages ont été joués en pays étranger peut s'opposer à leur exécution en France. Certains auteurs, notamment MM. Lacan et Paulmier, t. II, n° 677, admettent l'affirmative en disant qu'il ne faut pas induire du silence du décret de 1852 en ce qui touche la représentation des œuvres dramatiques, que la loi n'ait pas voulu protéger cette sorte de publication comme l'impression même de l'ouvrage. Il y aurait là, ajoutent-ils, une contradiction étrange, absolument contraire au but et à l'esprit de la loi. La Cour de cassation, à la suite d'un savant rapport de M. le conseiller Ferey, a adopté l'opinion contraire dans l'espèce suivante : En 1856, le sieur Calzado, directeur du Théâtre-Italien, annonça au public la représentation de *il Trovatore, la Traviata* et *Rigoletto*, de Verdi. Le célèbre maëstro voulut s'opposer à l'exécution de ses œuvres sans son autorisation, et assigna Calzado devant le tribunal de la Seine. La Cour de Paris, confirmant la décision des premiers juges, débouta Verdi de sa demande, en décidant que le décret de 1852 ne s'appliquait qu'à la publication et non à la représentation en France des ouvrages d'auteurs étrangers. Cette jurisprudence fut adoptée par un arrêt de la Cour suprême du 14 décembre 1857 (DP. 58. 1. 161.)

Pour éviter ce résultat fâcheux, des traités internationaux ont été conclus entre la France et presque tous les Etats d'Europe : ces conventions assurent aux auteurs français et étrangers une protection réciproque, et toutes les fois, par conséquent, qu'un compositeur appartiendra à une nation liée par traité envers la France, l'autorisation préalable sera nécessaire comme si l'auteur était Français (voir Dalloz, *Tables* de 22 ans et de 10 ans ; v° *Traité international,* où ces nombreuses conventions sont rapportées avec l'indication de leur date et les renvois aux recueils). La conservation des droits d'auteur est subordonnée à la traduction de l'œuvre en français dans un délai généralement assez court et qui varie de trois à six mois : réciproquement, les écrivains français sont assujettis aux mêmes formalités dans les pays étrangers Le défaut d'observation de ces règles entraîne la déchéance du droit d'autoriser ou de défendre la pièce : elle tombe en quelque sorte dans le domaine public et devient la propriété du traducteur. Nous avons vu dans ces derniers temps deux exemples frappants de la nécessité de publier l'œuvre à l'étranger dans le délai prescrit. Les auteurs des *Cloches de Corneville* ont perdu leur droit exclusif en Italie, faute d'avoir publié l'œuvre en italien dans les six mois de sa publication en France (voir le *Droit* du 3 août 1879). D'un autre côté, un jugement du tribunal d'Anvers en date du 2 septembre 1879 (le *Droit* du 6 septembre), vient de se prononcer dans le même sens dans l'affaire d'Emile Zola contre Driessens : ce dernier, ayant fait traduire et représenter en flamand l'*Assommoir* sans se munir de l'autorisation de l'auteur français, fut poursuivi pour contrefaçon. Il répondit à cette demande que la législation internationale permet de traduire les pièces françaises, si l'auteur de l'œuvre originale n'a pas usé de cette faculté dans les six mois à partir du dépôt. Ces conclusions furent adoptées par le tribunal.

29. Nous nous bornons à constater ce résultat fâcheux en faisant remarquer, avec le congrès international littéraire tenu à Londres en juin dernier, que la traduction d'un ouvrage devrait appartenir exclusivement à son auteur. Si on ne voulait pas admettre ce principe dans toute son étendue, il serait bon tout au moins qu'on accordât aux auteurs un délai plus large que celui qui est actuellement imparti par la législation, et qui amène, pour nos nationaux comme pour les étrangers, de regrettables déconvenues et des méprises sans nombre.

20. Lorsque l'ouvrage émane d'une pensée unique, la question est généralement bien simple ; mais que faudra-t-il décider quand l'œuvre est due au concours de plusieurs personnes qui, s'inspirant aux mêmes sources, ont agi en collaboration? Chaque auteur acquiert-il sur cette production collective un droit complet et absolu, indépendant de celui de ses collaborateurs, en sorte qu'il puisse de sa seule volonté autoriser la représentation de la pièce? La jurisprudence a décidé que dans les ouvrages qui étaient dus au travail combiné de plusieurs écrivains, on devait voir une œuvre indivisible sur laquelle chacun d'eux avait un droit de propriété égal, et que par suite le consentement de tous les auteurs devait être requis. Si donc l'un d'eux s'opposait à l'exécution de l'œuvre, la représentation deviendrait impossible; toutefois l'auteur lésé par une opposition non justifiée de son collaborateur serait en droit de lui réclamer des dommages-intérêts. L'application de ces principes a été faite par les tribunaux d'une façon très nette, notamment en ce qui concerne les opéras : il a été décidé que l'auteur des paroles a le droit absolu de s'opposer à la représentation publique de son ouvrage, encore bien que ce refus puisse empêcher la représentation de l'œuvre musicale (Paris, 19 avril 1845 [DP. 45. 2. 85]). Un autre arrêt (Paris, 12 juillet 1855 [DP. 55. 2. 256]) porte qu'un opéra ne devant pas être considéré comme la réunion de deux œuvres distinctes, un poème et des airs de musique, dont chacune serait la propriété de son auteur, mais bien comme une œuvre collective sur laquelle s'exerce en entier le droit de chacun, l'exécution des parties purement musicales de l'œuvre, et par exemple de l'ouverture, ne peut avoir lieu sans l'autorisation, non pas seulement de l'auteur de la musique, mais encore de l'auteur du poème. Tout récemment encore, les règles que nous exposons ont été consacrées par la justice dans une affaire qui a eu quelque retentissement. Ambroise Thomas avait composé en 1859, pour l'Opéra-Comique, la musique d'une pièce de Sauvage intitulée : *Gilles et Gillotin;* l'illustre auteur de *Mignon* et d'*Hamlet,* jugeant sans doute que cette œuvre de jeunesse ne pouvait voir le jour sans inconvénients, s'opposa à la représentation. Le tribunal de la Seine, saisi de la difficulté, décida qu'Ambroise Thomas était en droit de défendre l'exécution de sa musique, mais que sa résistance non justifiée le soumettait à une action en responsabilité au profit de son collaborateur. « Attendu, dit le jugement, que la loi du 19 juillet 1791 contient une disposition générale, protectrice de la propriété littéraire, et dont peuvent se prévaloir les auteurs d'une œuvre dramatique, quels que soient d'ailleurs le caractère, la forme et l'importance de l'ouvrage, mais que l'exercice du droit est subordonné à la nature de l'œuvre qui le fait naître; — attendu qu'un opéra, produit du travail combiné de l'auteur et du compositeur, est une œuvre indivisible, l'une des parties ne pouvant être représentée sans l'autre, et ne reçoit la vie littéraire et dramatique que du souffle de la double pensée du poète et du musicien; que s'il en est ainsi, le droit de propriété de chacun des collaborateurs réside sur l'ensemble de l'œuvre; d'où la conséquence que l'exécution ne peut avoir lieu sans le consentement de l'un et de l'autre; — attendu qu'il ne saurait en être autrement jusqu'à la représentation publique, puisqu'à la dernière heure il doit être possible d'apporter à l'œuvre les modifications que le temps, l'aptitude des interprètes de l'ouvrage, les répétitions elles-mêmes ou toutes autres circonstances peuvent révéler aux auteurs; que cette faculté, indéniable dans l'intérêt de l'art lui-même, est génératrice pour l'un des auteurs du droit de s'opposer à la représentation de la pièce, sans être obligé de faire connaître les considérations qui le font agir et qu'il appartient à lui seul d'apprécier; que, sous ce rapport, Ambroise Thomas est l'unique juge de sa détermination, et que le défaut de consentement de sa part met obstacle à l'exécution avec la musique de l'œuvre commune, sauf les dommages-intérêts auxquels, s'il y a lieu, peut prétendre son collaborateur, qui voit tarir la source des avantages qu'il avait espéré recueillir de son travail ;... par ces motifs, etc. (Paris, 19 août 1872 [DP. 74. 5. 414]). La Cour de Paris adopta ces mêmes principes tout en statuant en sens opposé sur le fond même de l'affaire.

21. Cette autorisation qui, aux termes de la loi, doit être demandée préalablement à l'auteur ou aux auteurs de l'ouvrage, doit être obtenue d'une manière formelle et par écrit ; toutefois cette dernière formalité n'est, croyons-nous, exigée que *ad probationem* et non *ad solemnitatem*. En d'autres termes, l'écrivain qui a accordé verbalement son consentement ne serait pas fondé à prétendre que l'absence d'un consentement écrit l'autorise à réclamer la répression édictée par l'art. 428 C. p. La preuve de l'autorisation pourrait, en effet, résulter, soit de la déclaration de l'auteur lui-même, soit de son aveu sur délation de serment.

§ II. — *Pour quelles œuvres et par qui le consentement de l'auteur doit-il être sollicité ? A quel moment doit-il intervenir ?*

22. Les lois relatives à la propriété littéraire, notamment celle du 19 janvier 1791, étant applicables à tout ouvrage susceptible d'être représenté, exécuté, chanté ou déclamé en public, quelles que soient d'ailleurs sa nature, sa forme et son importance, la nécessité de l'autorisation a un caractère général et s'applique à l'audition publique de toutes sortes d'œuvres destinées à satisfaire des goûts littéraires et artistiques (Paris, 19 avril 1845 [DP. 45. 2. 85] ; Riom, 25 février 1859 [DP. 59. 1. 430]).

23. Les adaptations ou arrangements d'airs de musique ne peuvent être exécutés sans le consentement de l'auteur ; ainsi les mélodies de romances ou de chansonnettes ne peuvent être empruntées pour des couplets de vaudevilles, et les quadrilles composés avec des motifs d'opéras ne peuvent être joués sans cette condition préalable (Trib. Seine 14 janvier 1852 [DP. 53. 5. 382] ; Paris, 12 juillet 1855 [DP. 55. 2. 256]).

24. Le droit d'exécuter une œuvre chorégraphique est subordonné au consentement préalable de l'auteur comme la représentation des œuvres musicales ou dramatiques : il en est ainsi d'un pas de danse ou d'un ballet pantomime. (T. Paris, 11 juillet 1862 [le *Droit* du 27 juillet]; Trib. com. Rouen, 12 novembre 1873 [DP. 75. 5. 364].)

25. Les prohibitions de la loi concernent les directeurs et entrepreneurs ou organisateurs, non seulement des spectacles proprement dits, mais aussi les propriétaires des lieux publics assimilables aux spectacles. La jurisprudence a fait l'application de ce principe : 1° aux cafés (Cr. c., 22 janvier 1869 [DP. 69. 1. 384];) 2° aux cafés concerts (Cr. r., 24 juin 1852 [DP. 52. 1. 221]; Toulouse, 17 novembre 1862 [DP. 63. 2. 128];) 3° aux concerts organisés dans les établissements d'eaux thermales et dans les casinos des villes de bains (Riom, 25 février 1859 et sur pourvoi Cr. r., 19 mai 1859 [DP. 59. 1. 430];) 4° aux bals publics (Paris, 12 juillet 1855 [DP. 55. 2. 256];) 5° aux cirques (*eod.*, page 257); 6° aux sociétés philharmoniques qui exécutent des œuvres musicales devant un auditoire tenu au paiement d'une cotisation annuelle (Cr. c., 10 décembre 1854 [DP. 55. 1. 45].) Tous ces établissements sont assimilés aux spectacles, mais ne sont astreints à l'obtention du consentement de l'auteur que si l'exécution est publique et si l'entrée est soumise au paiement d'un prix quelconque.

26. L'autorisation de l'auteur doit être demandée avant la représentation ou l'exécution de l'œuvre : c'est en vain que pour se soustraire aux pénalités de l'article 428 C. p., l'entrepreneur de spectacles chercherait à établir qu'il avait l'intention d'acquitter ultérieurement les droits d'auteur. Les termes précis de la loi du 19 janvier 1791 s'opposent complètement à une interprétation de ce genre (Cr. c., 11 mai 1860 [DP. 60. 1. 293]; Cr. c., 9 août 1872 [DP. 72. 1. 332].)

§ III. — *Quelle est la sanction des contraventions aux règles posées par la loi ?*

27. L'article 428 C. p. punit d'une amende de 50 à 500 fr.

les directeurs de spectacles qui représentent une œuvre littéraire ou musicale sans avoir obtenu au préalable le consentement formel et par écrit de l'auteur. Ce texte prononce en outre la confiscation des recettes ; l'article 429 dispose « que le produit de cette confiscation sera remis à l'auteur pour l'indemniser d'autant du préjudice qu'il aura souffert et que le surplus de son indemnité ou l'entière indemnité, s'il n'y a eu ni vente d'objets confisqués ni saisie des recettes, sera réglé par les voies ordinaires. » (Voir en ce sens un arrêt de la Cour de Paris du 26 janvier 1852 [DP. 52. 2. 184].)

28. Le décret du 25 prairial an III, interprétatif du décret du 19 juillet 1793, porte que les saisies opérées par application de la loi du 19 janvier 1791 seront faites par les commissaires de police, et par les juges-de-paix dans les lieux où il n'y a pas de commissaire de police : ce texte n'ayant pas été abrogé, il est certain que la saisie des recettes, exécutée par un huissier agissant en vertu d'une ordonnance du président du tribunal civil, serait nulle et inefficace.

29. Pour qu'il y ait lieu d'édicter la sanction de l'article 428, il faut que le directeur n'ait pas requis le consentement de l'auteur : si à raison des circonstances, par suite d'une collaboration, par exemple, l'autorisation accordée était insuffisante, mais si en même temps la bonne foi du directeur était certaine, il ne saurait être passible des peines portées par la loi. L'article 428 punit comme délit la contravention à ses dispositions et il est certain que, sans intention coupable, il ne peut y avoir délit (Paris, 22 mars 1838 — *Gazette* du 23 mars).

30. Les infractions à l'article 428 C. pén. constituant des délits, l'application des textes relatifs à la complicité doit être faite à ceux qui procurent aux contrevenants le moyen de commettre ce délit. Ainsi, le propriétaire, qui met [illegible]e à la disposition d'artistes qui enfreignent la loi, doit être poursuivi devant les tribunaux. (Cr. c., 22 janvier 1869 [DP. 69. 1. 384].) L'organisateur d'un bal, d'un concert, d'une représentation publique doit, avant de prêter un local aux artistes qu'il a choisis, s'assurer de l'autorisation des auteurs (Nancy, 3 juin 1869 [DP. 71. 5. 318].) C'est ainsi qu'une fête donnée avec le concours et sous le patronage de la municipalité rend la commune civilement responsable du délit (Orléans, 24 février 1872, et sur pourvoi, Req. 3 mars 1873 [DP. 73. 1. 253].) Il en serait autrement si la ville était restée totalement étrangère à l'organisation de la fête, au versement des souscriptions et au règlement des dépenses (Nancy, 18 juin 1870 [DP. 72. 2. 73]; Cr. r., 7 novembre 1873 [DP. 74. 1. 136].)

Section II.

De la présentation et de l'acceptation des ouvrages dramatiques et lyriques.

31. Tout contrat suppose une offre faite par l'une des parties et acceptée par l'autre : ce concours des volontés librement exprimées donne à la convention sa force obligatoire.

L'offre faite par l'auteur à un directeur de théâtre par suite de la présentation d'une pièce se décompose, si l'on analyse bien les faits, en un certain nombre d'actes qui ont tous leur importance et que nous devons soigneusement étudier. Ces actes successifs sont : 1° le choix d'un théâtre; 2° la remise du manuscrit; 3° la lecture de l'ouvrage; 4° l'acceptation pure et simple, l'acceptation à charge de corrections, ou enfin le refus de la pièce.

§ I. — *Choix d'un théâtre.*

32. Le principe général est que l'auteur est complètement libre de choisir le théâtre q[illegible]onvient : les règles qui assignaient jadis à chaque scène u[illegible]e déterminé ont en effet complètement disparu, et l'écrivain peut porter sa pièce au directeur qui lui offrira les plus grandes chances de succès. La convention peut toutefois limiter cette liberté : si, par exemple, la pièce composée par l'auteur lui a été commandée sur un sujet donné par l'entrepreneur des spectacles, il ne peut arbitrairement la faire recevoir à un autre théâtre sans s'exposer à des dommages-intérêts.

33. Les annales judiciaires offrent l'exemple d'auteurs faisant recevoir en même temps la même pièce à deux théâtres différents : ce fait amène une situation qui, au point de vue du droit, n'est pas sans difficulté. Auquel des deux directeurs appartiendra le droit de jouer l'ouvrage ?

Des jurisconsultes ont proposé d'appliquer ici l'article 1141, qui dispose que « si la chose qu'on s'est obligé de donner ou de livrer à deux personnes successivement est purement mobilière, celle des deux qui en a été mise en possession réelle est préférée et en demeure propriétaire, encore que son titre soit postérieur en date, pourvu toutefois que la possession soit de bonne foi. »

Nous croyons que ce texte doit rester étranger à l'espèce qui nous occupe : en fait d'abord, il arrivera presque toujours que les deux directeurs auront été mis en possession du manuscrit, et en droit peut-on dire avec exactitude que ce manuscrit est un titre de propriété ? Nous ne le pensons pas ; ce qui est cédé par l'auteur, c'est le droit de représentation, droit incorporel, absolument distinct de la possession d'un exemplaire de l'ouvrage. Nous préférons décider que le droit de jouer la pièce appartiendra au directeur qui le premier l'a acceptée : l'auteur, en effet, ayant par suite de ce traité abdiqué sa propriété sur l'ouvrage, n'a pas pu disposer valablement d'un droit qui ne lui appartenait plus.

34. Pour les œuvres écrites par un seul auteur, la question se résout en général sans difficultés pratiques bien considérables : mais qu'arriverait-il si une pièce avait été composée par plusieurs écrivains qui se trouveraient en désaccord sur le choix du théâtre ? Chacun d'eux devrait-il s'incliner devant la préférence accordée à une scène donnée par son collaborateur ?

MM. Lacan et Paulmier (t. II, n° 542) pensent que chacun des auteurs sera libre de porter la pièce à tel directeur qui lui conviendra, de manière qu'elle puisse être jouée sur deux scènes différentes. D'après ces jurisconsultes, chaque auteur ayant sur l'œuvre commune un droit égal de propriété, peut en disposer à son gré sous la réserve de la part qui appartient à son collaborateur dans les recettes. — D'autres ont décidé qu'en cas de désaccord, le droit de statuer sur le choix du théâtre appartiendrait à la justice : cette solution a même été appuyée par un jugement du tribunal de la Seine du 30 avril 1853 (*Gazette* du 1er mai).

Ces deux systèmes sont également inadmissibles. Il est parfaitement exact, comme le disent MM. Lacan et Paulmier, que les auteurs ont sur la pièce un droit égal, mais il est de principe qu'en cas d'indivision, chacun des communistes ne peut disposer de la chose sans le consentement des autres ayants-droit. En vain prétendrait-on que la collaboration forme entre les auteurs une véritable société, et qu'aux termes de l'article 1859 C. c., « les associés sont censés s'être donnés réciproquement mandat d'administrer l'un pour l'autre et que ce que chacun fait est valable même pour la part de ses associés, sans qu'il ait pris leur consentement, sauf le droit pour eux de s'opposer à l'opération avant qu'elle soit conclue. » Il est impossible d'étendre ce texte au cas qui nous occupe : il ne s'agit pas en effet ici d'une société, mais d'une copropriété, ce qui est tout différent. De plus, cet acte, que le système que nous combattons appelle acte d'administration, n'est autre chose qu'un acte d'aliénation qui ne rentre pas dans le texte de l'article 1859. — On ne saurait prétendre davantage substituer à la volonté des parties une décision de justice : les tribunaux n'ont pas à s'immiscer dans les contrats pour déterminer ce que les contractants ont pu omettre.

Nous croyons que les coauteurs ayant sur la pièce un droit égal et pouvant toujours, nous l'avons vu, s'opposer à la représentation, la conséquence inévitable de cette difficulté sera en fait l'impossibilité de jouer l'ouvrage.

§ II. — *Envoi du manuscrit.*

35. Quand l'auteur a fait choix d'un théâtre, il fait parvenir son manuscrit au directeur. Cet envoi constitue un véritable dépôt, conformément à l'article 1915 du Code civil. Ce contrat est, d'après la loi, soumis au système général de preuves organisé par les articles 1315 et suivants ; il ne peut en conséquence être établi par témoins au-dessus de 150 fr., s'il n'existe pas un commencement de preuve par écrit. Habituellement les directeurs de théâtres délivrent aux auteurs un récépissé de leur manuscrit ; cette pièce permet de prouver la remise de l'exemplaire et d'asseoir d'une façon précise les responsabilités en cas de perte.

§ III. — *Lecture de l'ouvrage.*

36. Souvent les auteurs, au lieu de remettre leur manuscrit, préfèrent lire eux-mêmes leur pièce en présence du directeur ou du comité de lecture institué dans certains théâtres. Ces comités, qui statuent sur le sort des ouvrages dramatiques, n'ont en général que voix consultative, et leur opinion ne lie pas le directeur. Cependant, il n'en est pas ainsi dans tous les théâtres : à la Comédie-Française notamment, l'administrateur ne peut, aux termes de l'article 8 du décret du 27 avril 1850, faire représenter une pièce qui n'a pas encore fait partie du répertoire du théâtre si elle n'a pas été admise par le comité de lecture. Ce comité, qui jouit ainsi d'un droit de décision souveraine, a été institué par le décret de Moscou et le décret de 1850 : il a été réorganisé par un arrêté ministériel du 22 avril 1869, sur des bases analogues à celles que lui avaient données les anciens règlements. Il se compose aujourd'hui : 1° de l'administrateur général du Théâtre français, président; 2° de six membres titulaires du comité d'administration. — La présence de cinq membres, y compris le président, suffit pour qu'une décision soit valablement prise.

L'auteur peut du reste demander que tous les sociétaires-hommes soient adjoints au comité avec voix délibérative : les actrices ne peuvent, depuis 1855, assister à ces réunions.

La pièce peut être renvoyée à une seconde lecture : dans ce cas, tous les sociétaires-hommes doivent être réunis, au nombre de sept au moins, pour se prononcer sur l'admission ou le rejet de l'ouvrage.

Après la lecture, il est procédé à un tour de scrutin dans lequel chacun des membres présents exprime son suffrage : le vote a lieu nominalement par bulletins signés et portant l'une des mentions suivantes : pièce reçue, refusée ou admise à une seconde lecture. Le résultat du vote est relaté sur le procès-verbal de chaque séance, en regard du nom des votants.

37. Que le manuscrit soit remis au directeur ou que la lecture ait lieu publiquement, tous ceux qui ont eu, par suite de leurs fonctions, connaissance de l'ouvrage, sont tenus à un secret absolu. Ils ne peuvent divulguer ni le sujet ni les détails de la pièce, et toute indiscrétion de leur part donnerait lieu à des dommages-intérêts. Il est possible en effet, et le cas s'est présenté fréquemment, qu'un auteur indélicat s'empare de ces indications pour composer une œuvre sur le même plan et avec les mêmes développements. Les tribunaux n'ont jamais hésité à punir ceux qui, par une sorte d'abus de confiance, avaient ainsi révélé le secret dont ils étaient dépositaires.

§ IV. — *Acceptation pure et simple ou à corrections. — Refus de la pièce.*

38. L'acceptation par le directeur ou par le comité de lecture forme définitivement le contrat et le rend obligatoire pour toutes les parties. Toutefois, ce principe général n'est exact qu'en ce qui concerne la réception des œuvres dramatiques : lorsqu'il s'agit d'un ouvrage lyrique, l'admission du livret n'implique nullement celle de la musique. L'auteur peut seulement présenter le compositeur qu'il choisit, et si ce dernier n'est pas agréé, le directeur peut en désigner trois autres, entre lesquels l'auteur fixera sa préférence. Si l'auteur n'en acceptait aucun, la réception de son poème serait considérée comme non-avenue.

39. Quand une pièce n'a été reçue qu'à charge de corrections, le contrat est subordonné dans son existence à l'accomplissement total des modifications qui ont été réclamées. Lorsque les changements ont été effectués conformément aux conventions des parties, le directeur ne pourrait refuser la pièce. Toutefois, il importe que l'auteur fasse constater la réception à corrections, s'il ne veut pas s'exposer à des contestations toujours dangereuses.

Les corrections doivent, du reste, être opérées dans le délai de deux mois à partir du jour où le manuscrit a été rendu et où la décision du comité de lecture a été signifiée à l'auteur.

40. Le refus de la pièce rend à l'auteur le droit d'en disposer complètement : il peut la porter à un autre théâtre, et n'est tenu à aucune obligation vis-à-vis du directeur auquel il a soumis son manuscrit.

Section III.

Des droits et obligations réciproques qui dérivent pour le directeur et l'auteur de la réception d'un ouvrage dramatique.

41. La convention qui intervient entre le directeur et l'auteur, par suite de la réception d'une pièce, forme un contrat synallagmatique qui engendre des droits et des devoirs respectifs ; comme à tout droit de l'une des parties correspond nécessairement une obligation de l'autre, nous déterminerons, *ipso facto*, en examinant les droits de l'auteur, les obligations du directeur et réciproquement.

42. L'acceptation d'un ouvrage dramatique donne à l'auteur :

1° Le droit de faire jouer la pièce, et de la faire jouer à son tour ou dans le délai convenu ;

2° Le droit de distribuer les rôles, de déterminer la mise en scène, et d'assister aux répétitions ;

3° Le droit d'exiger le paiement du prix stipulé.

§ I. — *Droit de faire jouer la pièce, et de la faire jouer à son tour ou dans le délai convenu.*

43. La première obligation du directeur, celle qui est évidemment l'objet du contrat, est de représenter la pièce reçue. Souvent, les parties, afin de sanctionner plus énergiquement leurs devoirs respectifs, apposent au traité une clause pénale représentant l'indemnité que l'auteur devrait payer s'il retirait son ouvrage, ou à laquelle serait tenu l'entrepreneur s'il refusait de le faire jouer. En pareil cas, l'auteur peut reprendre son manuscrit et exiger le dédit stipulé.

44. Si le directeur était libre de jouer la pièce quand il lui plaît, l'auteur serait absolument à sa discrétion et à sa merci ; comme ce résultat, aussi contraire à la justice qu'à l'intention des parties, ne doit pas être possible, l'époque à laquelle l'ouvrage sera représenté est déterminée en pratique soit par la date de sa réception, soit par le traité lui-même.

45. Les anciens règlements obligeaient déjà le directeur du théâtre à inscrire au fur et à mesure de leur acceptation les pièces qui lui étaient présentées ; le nom de l'auteur, le nombre d'actes, la date de la réception devaient être portés sur un registre spécial, et les œuvres étaient ainsi représentées suivant l'ordre dans lequel elles avaient été soumises au directeur. Cette obligation de tenir note des acceptations de manière à déterminer le tour de rôle, a été depuis consacrée explicitement par le législateur, notamment pour le Théâtre-Français.

De son côté, la Société des auteurs dramatiques a imposé le même devoir à tous les directeurs avec qui elle a conclu un traité. Il est donc de règle que le tour des pièces ne peut être interverti, et que les auteurs ont le droit de s'opposer à ce qu'on joue avant les leurs les ouvrages qui n'ont été reçus que postérieurement. Toutefois, ce principe reçoit une double exception : la première est établie en ce qui concerne les pièces de circonstances, les revues et actualités. Ces œuvres, qui empruntent tout leur intérêt aux événements qui les ont fait naître, doivent être représentées d'une manière générale dans les trois mois de leur réception et priment les ouvrages précédemment acceptés. La seconde exception est constituée par ce qu'on appelle les tours de faveur : chaque théâtre a ses règlements particuliers à cet égard qui lui permettent, dans le cours de l'année, d'accorder un droit de préférence à un certain nombre d'ouvrages. L'auteur qui présente une pièce est censé accepter tacitement cette faculté attribuée au directeur et est obligé de se soumettre aux décisions rendues dans les limites de ce droit.

46. Mais il arrive fréquemment qu'afin de prévenir les lenteurs qui dérivent inévitablement de cette façon de procéder, les auteurs fixent un délai en dedans duquel la pièce devra être jouée. Les clauses de ce genre doivent recevoir strictement leur exécution : c'est en vain que, pour se soustraire aux dommages-intérêts ou à la clause pénale stipulée, le directeur voudrait déduire du temps convenu les mois de clôture du théâtre, ou alléguerait comme excuses le défaut de distribution des rôles par l'auteur, l'absence d'autorisation de la censure ou d'autres prétextes du même genre. C'est à lui de prendre ses mesures pendant le délai de dix-huit mois ou deux ans qui est généralement imparti. Cependant, si malgré le retard des représentations, l'auteur consentait à ce que sa pièce fût jouée, il pourrait, tout en réclamant des dommages-intérêts, demander que la représentation eût lieu dans un nouveau délai fixé par les tribunaux.

47. Il est toutefois des circonstances qui peuvent modifier parfois la convention et élargir le délai primitivement fixé. C'est ainsi, par exemple, que lorsque l'auteur, d'accord avec le directeur, opère à sa pièce des changements ou des remaniements nécessaires, le temps employé pour ces modifications doit être déduit de la période fixée. De même, l'interruption des répétitions de la pièce, prolongée pendant plus de dix jours par l'auteur, permet au directeur de réclamer un nouveau délai : si la suspension des répétitions se prolongeait pendant plus d'un mois, la direction pourrait refuser de monter l'ouvrage et réclamer à l'auteur des dommages-intérêts [1].

48. Lorsqu'il n'existe pas de causes de ce genre qui viennent influer sur la convention, le directeur est obligé de se conformer aux conditions qu'il a souscrites, et lorsqu'une clause pénale a été

1 Constant, *Code des théâtres*, p. 155.

stipulée pour la représentation dans un délai fixé, il n'est pas nécessaire que l'auteur fasse sommation à l'entrepreneur de s'exécuter. Il peut l'assigner directement devant les tribunaux et réclamer à la fois le montant du dédit et la remise de son manuscrit. L'offre de représenter immédiatement la pièce malgré le retard, ne peut soustraire le directeur à la responsabilité qu'il encourt.

49. Si les usages reçus en matière théâtrale fixent, à défaut de convention, et d'une manière positive, à quelle époque une pièce doit être jouée, les traditions sont muettes en ce qui concerne la durée et le nombre des représentations. Le directeur est libre de faire exécuter l'ouvrage autant de fois qu'il lui plaît : son intérêt personnel étant engagé dans la question, sa participation aux bénéfices est une garantie que l'œuvre sera représentée tant qu'elle fera recette. Toutefois, comme à défaut de stipulations spéciales, il faut prévoir le cas où un entrepreneur, pour nuire à un écrivain, arrêterait le cours des représentations malgré le succès de l'ouvrage, il est de règle que l'auteur peut retirer sa pièce et la porter à un autre théâtre, lorsqu'elle est abandonnée par le directeur. Une pièce est censée abandonnée lorsque, dans l'espace de 365 jours, elle n'a pas été jouée. L'auteur doit, pour faire courir ce délai d'une façon certaine, mettre le directeur en demeure de représenter son ouvrage : si le directeur n'obtempère pas à cette sommation, il est censé rendre à l'auteur le droit absolu de disposer de sa pièce et de la présenter où bon lui semblera. (Trib., Paris, 10 août 1831. [*Gazette*, 22 juillet et 12 août]).

§ II. — *Droit de distribuer les rôles, de déterminer la mise en scène et de diriger les répétitions.*

50. L'auteur qui fait représenter un ouvrage dramatique a un but plus noble que celui de retirer de sa pièce un bénéfice pécuniaire plus ou moins important : il a surtout l'ambition de se créer un nom dans le monde des lettres et de transmettre à la postérité, s'il a reçu du ciel ce don sublime qu'on appelle le génie, le souvenir de sa gloire et le répertoire de ses œuvres. Mais le succès d'un poëme, fût-il excellent, dépend d'une foule de causes complexes qui influent d'une façon capitale sur son sort : la médiocrité des acteurs, l'insuffisance des répétitions, les défauts de la mise en scène ont amené parfois des chutes tout à fait inattendues et profondément regrettables. Pour obvier à ces graves inconvénients, l'usage a accordé à l'auteur le droit de surveiller soigneusement tout ce qui se rapporte à l'interprétation de son œuvre, et comme d'ailleurs l'intérêt du directeur est intimement lié à l'intérêt de l'écrivain, il est de règle que ce dernier est maître de distribuer les rôles aux artistes, de régler la mise en scène, les costumes et les décors, enfin de diriger les répétitions. Examinons tour à tour ces diverses facultés.

51. I. Distribution des roles. — En principe, et sauf convention contraire, l'auteur choisit librement les acteurs dans la troupe du théâtre et leur distribue les rôles comme il lui convient : c'est au cas seulement où l'auteur n'use pas de cette faculté, qu'elle appartient au directeur. (Trib. Seine. — *Gazette*, 22 janvier 1865.) D'après les traités passés avec la Société des compositeurs dramatiques, l'auteur a seul le droit de distribuer ses rôles en premier et en double : la copie du tableau des interprètes de l'ouvrage est faite en double original signé par les parties au moment où l'ouvrage entre en répétitions.

52. Si l'auteur néglige cette dernière formalité, sa négligence peut entraîner pour lui de graves ennuis et l'exposer à de dangereuses conséquences : l'accord verbal intervenu entre lui et le directeur n'étant pas susceptible d'être prouvé par témoins, il n'aura d'autre ressource que de déférer à son adversaire le serment décisoire. Ce point a été nettement établi par un arrêt de la Cour de Paris du 21 janvier 1865. Mario Uchard avait fait recevoir une pièce au Vaudeville et avait, prétendait-il, posé comme condition nécessaire de la représentation que Febvre y jouerait le principal rôle : l'acteur étant tombé malade, l'auteur voulut retirer son manuscrit et ne consentit pas à confier à un autre artiste

l'interprétation attribuée à Febvre. Mais Uchard ne pouvant prouver son allégation fut débouté de sa demande, par suite de la prestation de serment du directeur, qui affirma que jamais la présence de Febvre n'avait été exigée comme condition *sine quâ non* de la convention.

53. Les acteurs sont obligés d'accepter les rôles qui rentrent dans les termes de leur acte d'engagement ; ils sont, en outre, forcés de se soumettre à toutes les modifications que l'auteur, de concert avec le directeur, juge utiles pendant les répétitions et même au cours des représentations. C'est en vain que l'artiste invoquerait, comme motif de refus d'un rôle, l'inconvenance des paroles ou du costume ; un jugement du tribunal de la Seine a adopté cette solution dans l'espèce suivante : Melle Tesseire avait été engagée par le directeur du Vaudeville, qui lui avait confié le rôle de la Treille de Sincérité dans la pièce intitulée : *les Vins de France*. L'actrice, trouvant le costume trop décolleté, refusa de revêtir le maillot qu'on lui imposait ; elle fut par suite assignée en résiliation : le jugement déclara sa prétention mal fondée et la condamna à des dommages-intérêts en se basant sur ce « qu'il résultait des débats que le rôle réservé à Melle Tesseire ne présentait pour elle aucune situation imprévue au théâtre et rentrait dans le répertoire qui lui était imposé par ses obligations » (Tr. de la Seine, 28 octobre 1853 [*Gaz. des Trib.* du 29]).

54. Jusqu'à la représentation, l'auteur peut, s'il a des motifs légitimes, retirer à un acteur le rôle qui lui aurait été distribué, alors même que ce rôle aurait été mis à l'étude ; toutefois, l'auteur ne peut arbitrairement user de ce droit, et si le retrait tardif a été pour l'artiste l'occasion de dépenses, notamment de frais de costumes, il y a lieu de lui payer une indemnité équivalente au préjudice qu'il éprouve.

55. Bien qu'en principe un rôle devienne après la première représentation une propriété véritable pour l'acteur qui le joue, l'auteur ou, à son défaut, le directeur, reste libre de retirer ce rôle à l'artiste qui montrerait une insuffisance notoire ou une mauvaise volonté évidente. Au cas de contestations à cet égard, les tribunaux décident généralement qu'il y a lieu à expertise.

56. Qu'arriverait-il si un acteur refusait d'accepter un rôle qui lui est attribué ? L'auteur pourrait retirer sa pièce, car, comme le dit un arrêt de la Cour de Paris du 21 janvier 1865, il a incontestablement le droit d'empêcher que sa pièce soit représentée par un acteur qu'il n'a pas agréé. Mais dans ce cas, tout en demandant la résiliation de son traité avec le directeur, il pourrait obtenir des dommages-intérêts de ce dernier qui demeure toujours responsable des actes de ses artistes.

57. II. Droit de régler la mise en scène, les costumes et les décors. — La mise en scène, qui concourt si largement au succès des représentations en plaçant les personnages dans le cadre qui convient à l'action dramatique avec leur cachet original et leur caractère propre, est généralement l'objet de tous les soins de l'auteur. Le temps n'est plus heureusement où, par un étrange anachronisme, on représentait les tragédies de Corneille, de Racine et de Voltaire avec les talons rouges, les paniers, la poudre et toutes les modes du règne de Louis XV. De nos jours, la vraisemblance historique et une scrupuleuse exactitude président à la mise en scène des ouvrages : les conventions entre auteurs et directeurs prévoient presque toujours les détails et les accessoires de la représentation. Toutefois, comme on ne saurait étendre une convention au-delà de son esprit ou de ses termes, s'il n'a pas été stipulé que l'entreprise théâtrale fournirait des costumes et des décors neufs, l'auteur ne peut exiger que des décorations et un ensemble de travestissements conformes au sujet de la pièce. Le directeur qui a promis une toile de fond, ne peut être tenu de fournir un ensemble de décors étagés et distincts.

58. III. Droit de diriger les répétitions. — Il est indispensable que l'auteur assiste aux répétitions pour indiquer aux interprètes de son ouvrage les modifications qu'il juge utiles et pour opérer, s'il y a lieu, les coupures qui peuvent être reconnues nécessaires. Quand les auteurs sont collaborateurs, le droit de diriger les répétitions appartient à chacun d'eux.

Il est de règle que le directeur du théâtre doit avertir par un bulletin les auteurs dont on répète la pièce ; cette lettre indique les jours et heures des exécutions.

Le droit de diriger les répétitions appartient également à l'auteur dont on remonte l'ouvrage.

Les répétitions doivent, en règle générale, être assez nombreuses pour que les acteurs puissent savoir convenablement leurs rôles ; si le directeur se refusait à une étude suffisante de la pièce, l'auteur et même les acteurs pourraient s'opposer à la représentation.

59. Ici s'arrêtent en principe les droits de l'auteur relativement à l'exécution de son ouvrage ; tout ce qui concerne la fixation de la première représentation, la composition du spectacle et la rédaction de l'affiche appartient au directeur. Toutefois, ce dernier ne pourrait pas, au moyen de manœuvres coupables, s'efforcer de nuire à l'auteur, par exemple en donnant la première représentation un dimanche ou un jour de fête, en changeant le titre de la pièce, etc., etc.

60. Le soir de la première représentation, l'auteur a le droit de pénétrer dans les coulisses pour stimuler par sa présence les interprètes de son ouvrage ; il est également en droit, au lendemain de cette représentation, d'exiger du directeur une répétition générale.

§ III. — *Droit de réclamer le prix stipulé.*

61. Le contrat qui se forme entre le directeur et l'auteur, par suite de la réception d'une pièce, donne enfin à ce dernier le droit de réclamer le paiement de la rétribution convenue.

Aux termes de la loi du 6 août 1790 et de l'article 10 du décret du 8 juin 1806, les parties peuvent déterminer librement le prix de cette cession et apposer à leur contrat toutes les conditions qu'il leur plaît, pourvu qu'elles ne soient pas contraires à l'ordre public et aux bonnes mœurs. Les règles générales du droit civil sont complètement applicables à notre matière, et les conventions forment la loi des parties, conformément à l'article 1134 du Code Napoléon.

62. La rémunération accordée à l'auteur se compose, d'après les traditions et les usages universellement suivis, de trois éléments distincts, qui sont :

1° Un prix déterminé d'avance ou une somme proportionnelle à prendre sur les recettes ;

2° La jouissance d'un certain nombre de billets qui représentent une partie des droits d'auteur ;

3° Le droit d'entrée au théâtre pendant un temps déterminé.

Reprenons séparément chacun de ces avantages.

63. I. Paiement d'un prix déterminé a l'avance ou d'une somme proportionnelle a prendre sur les recettes. — Les auteurs peuvent céder le droit de représenter leurs pièces moyennant le paiement d'un prix unique, invariablement fixé d'avance : dans ce cas, le directeur monte l'ouvrage à ses risques et périls, sans pouvoir, en cas d'insuccès, réclamer la somme versée, à moins bien entendu qu'il n'y ait dans la convention une clause contraire. Mais, en général, les choses ne se passent pas de cette manière, et les directeurs préfèrent ne pas s'exposer à cette façon de procéder trop aléatoire. On stipule que la part de l'auteur sera fixée à tant pour cent sur les recettes, et le prix de la cession est ainsi déterminé par le produit et par le nombre des représentations. Dans ce cas, les auteurs, pour contrôler les comptes du directeur, ont le droit d'exiger la production des livres et de la comptabilité du théâtre, et, au cas de fraude, ils seraient fondés à réclamer la résiliation du traité et des dommages-intérêts. En fait, ce droit de vérification est exercé par les agents correspondants de la Société des auteurs dramatiques lorsque les auteurs font partie de cette Société.

64. Les auteurs déterminent avec le directeur la part proportionnelle qu'ils percevront dans la recette : cette part est généralement conforme aux tarifs adoptés par l'association des auteurs : si la convention est muette sur le quantum du droit attribué à l'auteur, celui-ci est censé avoir accepté la rétribution habituellement payée par le théâtre pour les pièces du même genre et de la même importance. Le législateur a cru pour certains théâtres devoir fixer la part qui appartient au compositeur. L'article 1 du décret du 19 novembre 1859, modifiant l'article 72 du décret de Moscou, a décidé pour le Théâtre-Français que le droit d'auteur dans le produit brut des recettes serait de 15 % par soirée, à répartir entre les ouvrages tant anciens que modernes faisant partie de la composition du spectacle, conformément au tableau suivant.

Pièces	Part	
Une pièce seule		15 %.
2 pièces égales,	7 1/2	chacune, soit 15 %.
4 ou 5 actes,	11 %	chacune, soit 15 %.
1 ou 2 actes,	4 %	
4 ou 5 actes,	9 %	chacune, soit 15 %.
3 actes,	6 %	
3 actes,	10 %	chacune, soit 15 %.
1 ou 2 actes,	5 %	
3 pièces égales,	5 %	chacune, soit 15 %.
4 ou 5 actes,	8 %	
1 ou 2 actes,	3 1/2	chacune, soit 15 %.
1 ou 2 actes,	3 1/2	
4 ou 5 actes,	7 %	
3 actes,	5 %	chacune, soit 15 %.
1 ou 2 actes,	3 %	
3 actes,	7 %	
1 ou 2 actes,	4 %	chacune, soit 15 %.
1 ou 2 actes,	4 %	
3 actes,	5 1/2	
3 actes,	5 1/2	chacune, soit 15 %.
1 ou 2 actes,	4	

Cependant, ajoute le décret, les auteurs et les comédiens pourront faire toute convention de gré à gré, à la condition de ne pas réduire les droits d'auteur fixés dans le tableau précédent. Cette énumération qui présentait quelques lacunes a été depuis complétée par la Comédie-Française de manière à prévoir tous les cas qui pourraient se présenter.

65. Un décret du 10 décembre 1860 avait de même fixé pour l'Opéra les droits des auteurs et compositeurs à une somme fixe de 500 francs par soirée, répartie entre les ouvrages tant anciens que modernes faisant partie de la composition du spectacle. Ces droits étaient partagés par moitié entre l'auteur du poëme et le compositeur de la musique s'il s'agissait d'un opéra; s'il s'agissait d'un ballet, ils étaient attribués par tiers au compositeur de la musique, à l'auteur du programme et au compositeur de la chorégraphie. Mais depuis le mois de septembre 1870, l'Opéra ayant été assimilé aux autres théâtres de Paris, la somme fixe, qui n'était jadis pour les auteurs qu'une rétribution insuffisante, a été remplacée par un droit proportionnel de 6 1/2 pour cent sur la recette, en vertu d'un traité avec la Société des auteurs dramatiques. [1]

66. La somme attribuée à l'auteur sur la recette forme sa propriété dès qu'elle entre dans la caisse du directeur et elle conserve tellement ce caractère qu'elle ne peut être saisie par les créanciers de l'entreprise théâtrale. Ce privilège accordé aux écrivains par l'article 2 de la loi du 19 juillet 1791 est fondé sur cette considération qu'il serait impossible aux auteurs de se faire payer journellement. Toutefois, si les droits d'auteur ne peuvent être saisis par les créanciers du directeur, ils peuvent l'être par ceux de l'auteur lui-même. L'ancienne jurisprudence, dans un arrêt célèbre du 21 mars 1749, avait déclaré insaisissables les fruits des productions de l'esprit humain, et, les assimilant aux honoraires des avocats et des autres professions libérales, avait annulé une saisie opérée sur la part d'auteur de Crébillon dans les représentations de sa tragédie de *Catilina*. Mais la législation nouvelle n'ayant pas reproduit ce privilège, il faut le considérer comme

1 Le cahier des charges de l'Opéra fixe également ces droits à 6 1/2 0/0.

abrogé et dire que les droits d'auteur, peuvent être saisis-arrêtés par les ayants-droit. Les choses futures pouvant aux termes de l'article 1130 C. c., faire l'objet d'une obligation, ces droits sont valablement transportés à des tiers pour les représentations à venir (5 juin 1840. Trib. Seine. — Le *Droit* du 6 juin.)

67. II. JOUISSANCE D'UN CERTAIN NOMBRE DE BILLETS QUI REPRÉSENTENT UNE PARTIE DES DROITS D'AUTEUR. — Ces billets, dont le nombre est réglé par la convention ou par les règlements du théâtre, jouissent de tous les avantages attachés aux billets pris à l'avance et constituent pour l'auteur non pas une faveur mais un droit. L'auteur les met généralement en vente dans le public par l'intermédiaire des agences, mais il ne peut dépasser le nombre fixé sans en tenir compte au directeur. Lorsque l'ouvrage est dû à plusieurs collaborateurs, ces billets doivent être partagés également entre eux.

68. La Société des auteurs et compositeurs dramatiques, par une décision du 24 juillet 1874, a étendu aux ouvrages du domaine public cette faculté d'obtenir des billets d'auteur: elle a disposé en conséquence qu'on insérerait dans tous les traités avec les directeurs de Paris la clause suivante : « Les héritiers directs des auteurs, s'il en existe, ou à leur défaut les agents généraux, percevront le même nombre de billets que pour les ouvrages des auteurs vivants. A défaut d'héritiers directs, le produit de ces billets sera acquis, comme les droits d'auteur des mêmes auteurs, à la caisse sociale. »

69. Ces billets qui ne peuvent être considérés comme délivrés gratuitement mais représentent une valeur vénale, sont naturellement soumis au droit des pauvres : toutefois cet impôt doit rester à la charge du directeur et être acquitté par lui. (Paris, 29 juin 1864. — *Gazette* du 30 juin).

70. III. DROIT D'ENTRÉE AU THÉATRE PENDANT UN TEMPS DÉTERMINÉ. — Il est de tradition au théâtre que l'auteur qui a fait recevoir une pièce a pendant un certain temps ses entrées libres et gratuites. Sous l'ancienne législation, le règlement de 1757, applicable à la Comédie-Française, accordait le droit d'entrée franche pendant un an, deux ans, trois ans ou à vie, suivant les cas : l'auteur avait le droit de se placer dans toute la salle, excepté à l'orchestre, aux secondes loges et au parterre. Les comédiens ne pouvaient apporter obstacle à l'exercice de ce privilège sans s'exposer à une amende de 20 livres. Cependant un auteur pouvait être privé de son droit d'entrée, s'il était prouvé aux gentilshommes de la Chambre du roi qu'il avait troublé le spectacle par des cabales ou des critiques injurieuses. De même, à l'Académie royale de musique, le compositeur d'un opéra jouissait pendant toute sa vie de ses entrées au parterre et à l'amphithéâtre, même aux premières représentations. Rien n'est d'ailleurs plus naturel et plus légitime que ce droit, et rien ne serait en vérité plus étrange que de voir l'auteur obligé de payer sa place pour assister à la représentation de sa pièce, à une époque où son œuvre tient encore l'affiche et peut être susceptible de modifications heureuses.

71. Ce droit absolument personnel et incessible s'exerce pendant une période déterminée par les usages du théâtre ; toutefois des règlements spéciaux à certaines scènes établissent à cet égard des dispositions précises : c'est ainsi que pour la Comédie-Française, l'article 73 du décret de Moscou prescrit que l'auteur jouira de ses entrées du moment où sa pièce est mise en répétition et les conservera trois ans après la première représentation pour un ouvrage en cinq ou quatre actes, pendant deux ans pour un ouvrage en trois actes, et pendant un an pour une pièce en un ou deux actes. L'auteur de deux pièces en cinq ou quatre actes, ou de trois pièces en trois actes, ou de quatre pièces en un acte restées au théâtre, a ses entrées pendant la durée de sa vie.

72. Les peintres-décorateurs ont-ils droit comme les auteurs à leurs entrées au théâtre ? Le rôle considérable joué dans les représentations par la mise en scène nous amène à conclure affirmativement : les œuvres splendides exécutées par ces artistes leur attribuent, en effet une part importante dans le succès de l'ouvrage. Nous devons dire toutefois que la question ne s'est jamais présentée dans toute son étendue devant les tribunaux qui ont eu à statuer seulement sur le droit des décorateurs à pénétrer sur la scène. Une consultation de M. Daguerre, rapportée par Dalloz (v° théâtres-spectacles n° 303 et la note), semble corroborer notre opinion à cet égard.

SECTION IV.

Des causes qui amènent la rupture des conventions passées entre directeurs et auteurs.

73. A côté des causes générales, régies par le droit commun, qui amènent la résolution du contrat passé entre le directeur et l'auteur, il existe certains faits spéciaux, indépendants de la volonté des parties, qui produisent la rupture de la convention sans dommages-intérêts de part ni d'autre, et sur lesquels nous devons fixer particulièrement notre attention. Les principaux et les plus fréquents sont l'interdiction de la pièce par l'autorité et l'insuccès des représentations de l'ouvrage. Examinons tour à tour ces causes de résiliation en exposant les règles principales qui s'y rattachent.

§ I. — *Interdiction de la pièce par l'autorité.*

74. Le contrat formé entre le directeur et l'auteur est implicitement subordonné dans son existence à cette condition que la pièce pourra être jouée sans obstacle. Mais, lorsqu'une œuvre présentant des dangers au point de vue de l'ordre public, l'administration s'arme des droits qui lui sont impartis et interdit la représentation, il y a là un cas de force majeure, une sorte de fait du prince devant lequel les parties contractantes doivent forcément s'incliner. Cette intervention du pouvoir peut d'ailleurs se traduire sous deux formes différentes qui sont le refus de la censure et la suspension des représentations.

75. 1° *Refus d'autorisation de la censure.* — Deux hypothèses sont possibles.

1er *cas.* — La Commission d'examen refuse complètement son visa : dans ce cas, la convention tombe définitivement.

2e *cas.* — Les censeurs permettent la représentation, mais y mettent comme condition essentielle certains changements et certaines suppressions Dans cette seconde hypothèse, nous croyons que le texte nouveau doit être accepté par les deux parties : le directeur peut, en effet, soutenir que le manuscrit qu'on lui représente n'est pas celui qu'il a accepté, et, d'autre part, l'auteur peut se refuser aux modifications et retirer son œuvre en prétendant que la version reçue par le directeur n'est pas celle qu'on lui impose.

76. 2° *Suspension des représentations.* — Nous avons vu précédemment que la loi donne à l'administration le droit d'arrêter les représentations d'une pièce autorisée par la censure. L'auteur pourra-t-il, dans ce cas, contraindre le directeur à jouer l'ouvrage ou lui demander des dommages-intérêts. La question s'est posée bien des fois devant les tribunaux, et notamment dans un procès fameux qui a eu jadis un immense retentissement. En novembre 1832, le *Roi s'amuse*, joué avec autorisation au Théâtre-Français, fut interdit, après deux représentations, par le ministre du commerce : Victor Hugo assigna le directeur du théâtre devant le tribunal de commerce de la Seine pour le faire condamner à reprendre la pièce, sous peine de dommages-intérêts. Ce débat intéressant dont on retrouvera le compte-rendu et la physionomie dans les œuvres de Chaix d'Est-Ange (t. III, p. 5 et s., édition de 1877) se termina par un jugement d'incompétence. Le *veto* opposé par l'autorité à la continuation des représentations d'une pièce constitue, en effet, un acte administratif dont la juridiction civile ne peut connaître. La suspension des représentations, comme le refus de la censure, forme pour le directeur un cas de force majeure qui dégage entièrement sa responsabilité.

§ II. — *Insuccès des représentations.*

77. Le succès d'une pièce de théâtre dépend d'une foule de causes et surtout des caprices de l'opinion publique : il est donc impossible de prévoir d'une manière certaine quel sera le sort d'un ouvrage dramatique, et presque jamais on ne fixe *à priori* le nombre des représentations.

Le seul guide en cette matière est le succès : toutefois, comme un directeur ne peut être tenu de jouer indéfiniment une pièce accueillie chaque soir par les sifflets hostiles et l'opposition persistante de la salle ; comme, d'autre part, l'auteur ne saurait être astreint de subir les affronts répétés auxquels il plairait à un entrepreneur de l'exposer, en continuant contre le gré du public, la représentation de son ouvrage, on a précisé des règles qui forment la loi réciproque des parties et déterminent dans quels cas et à quelles conditions l'exécution d'une œuvre doit être arrêtée en cas d'échec.

78. Les traditions et l'usage, consacrés par la jurisprudence, veulent que le succès ou la chûte d'une pièce s'apprécient et se prouvent par l'accueil qu'elle reçoit pendant les trois premières représentations. Le droit à cette triple épreuve appartient à l'une et à l'autre des parties, mais l'auteur a de plus la faculté d'exiger une répétition générale au lendemain de la première soirée. Nous n'avons pas à faire ressortir les raisons qui ont fait adopter ces principes : il est évident qu'après une seule exécution de l'œuvre, le jugement de la critique et de la foule peut être encore indécis. Il était donc indispensable que le public pût se prononcer définitivement en face d'une interprétation dont on avait pu dans l'intervalle corriger les défauts.

79. Si la pièce est tombée, l'auteur doit la retirer : il ne peut exiger ni la continuation des représentations, ni des dommages-intérêts, à moins qu'il établisse que l'insuccès est dû à un dol du directeur.

SECTION V.

De l'autorité compétente pour statuer sur les contestations entre directeurs et auteurs.

80. Lorsque l'inexécution totale ou partielle de la convention par une des parties donne ouverture à une demande de résolution du contrat avec dommages-intérêts ou paiement d'une clause pénale stipulée, il faut distinguer si c'est le directeur ou l'auteur qui se trouve défendeur au procès.

Le directeur est un commerçant : il doit par suite être assigné devant le tribunal de commerce.

L'auteur, au contraire, est justiciable des tribunaux civils : la cession du droit de représenter une pièce constitue un contrat régi par les règles ordinaires du droit, et n'offre aucun caractère commercial.

CHAPITRE VI.

DES ACTEURS.

81. Il y aurait un bien curieux chapitre d'histoire à écrire sur la condition primitive des comédiens dans la société civile, sur les causes qui ont attiré longtemps sur leurs têtes le mépris public et les foudres de l'Eglise, enfin sur la forme constitutive adoptée autrefois par les troupes dramatiques. Le cadre de ce travail nous force de laisser de côté l'examen de ces questions intéressantes, mais, avant d'aborder l'engagement théâtral, il est utile que nous donnions quelques détails sur la manière dont se recrutaient autrefois les acteurs.

82. La représentation d'un mystère était au moyen âge une grande entreprise à laquelle présidait un but pieux bien plutôt qu'une pensée de spéculation. Toutes les villes n'ayant pas, comme Paris, des sociétés dramatiques permanentes, il se formait des associations temporaires dans lesquelles prenaient place tous ceux qui, par leur instruction et leur intelligence, étaient aptes à interprêter un rôle. On y voyait, à côté des plus humbles artisans, les seigneurs les plus puissants et les magistrats les plus graves ; le clergé lui-même ne dédaignait pas de s'associer à ces manifestations, et la *Chronique de Metz* nous a laissé à cet égard des renseignements précieux. « L'an 1437, dit-elle, le 3 juillet, fut fait le jeu de la Passion en la plaine de Veximiel, et fut fait le parc d'une très noble façon, car il était de neuf sièges de haut.... Et fut Dieu un sire appelé seigneur Nicolle, curé de Saint Victor de Metz, lequel fut presque mort en la croix s'il n'avait été secouru, et convint qu'un autre prêstre fut mis en sa place pour parfaire le personnaige du crucifiement pour ce jour, et le lendemain ledit curé de Saint Victor parfit la résurrection et parfit très hautement son personnaige.... Et un autre prêstre qui s'appelait

Messire Jean de Nicey, qui était chapelain de Métrange, fut Judas, lequel fut presque mort en pendant, car le cuer lui faillit, et fut bien hâstivement despendu et porté en voye [1]. »

Ces traits caractéristiques montrent combien chacun s'incarnait pour ainsi dire dans son rôle et le prenait au sérieux : du reste, un contemporain nous apprend de quelle manière les choses se passaient. « Les acteurs, dit Louis Lafontaine [2], s'engageaient par corps et sur leurs biens à parfaire l'emprise ; item, étaient tenus de faire serment et eulx obligier par devant hommes de fiefs et jurez de castel et notaires, de jouer ès jours ordonnez par superintendants... item, tenus (les jours de représentation) de comparaître à sept heures du matin aux hourdements pour recorder, sous peine de six patars. » Les infractions aux engagements étaient sévèrement punies, et nous trouvons notamment un arrêté des consuls de Grenoble du 8 février 1535, qui avise aux moyens de contraindre Pierre Buchalier à reprendre un rôle qu'il avait abandonné, après l'avoir étudié et répété durant cinq mois.

83. Plus tard, quand l'exploitation d'un théâtre devint une entreprise industrielle, quand, aux associations dramatiques permanentes ou temporaires, succédèrent les troupes d'acteurs, l'engagement théâtral n'apparaît pas encore avec les formes et les caractères qu'il revêt aujourd'hui. Que les compagnies de comédiens fussent nomades, comme celle dont Scarron, dans le *Roman comique,* nous a retracé l'odyssée ; qu'elles fussent au contraire fixes, comme la troupe de Molière, par exemple, elles constituaient en général des sociétés véritables dont les bénéfices étaient partagés entre les associés suivant des règles déterminées. L'acteur n'était pas lié pour une période invariable, il était libre de quitter la troupe qui se trouvait ainsi parfois complètement désagrégée : la mort de Molière fut notamment le signal d'une dissolution de ce genre, et Louis XIV en profita, nous l'avons vu, pour opérer la jonction du théâtre du Palais-Royal et du théâtre du Marais.

1 *Chronique de Metz*, citée par D. Calmet, *Histoire de Lorraine*, t. II. — On trouvera du reste d'intéressants détails à ce sujet dans la préface du livre de Jubinal intitulé : *Mystères inédits du XVe siècle.*

2 Manuscrit sur l'*Histoire de Valenciennes*, 1553, (Bibliothèque de cette ville).

84. Aujourd'hui, l'engagement théâtral est un contrat soumis aux règles générales du droit civil : les dispositions spéciales, restrictives de la liberté des contractants, édictées au commencement de ce siècle par le législateur, ont disparu depuis le décret du 6 janvier 1864. Autrefois, par exemple, la Comédie-Française jouissait, aux termes de l'article 62 du décret de Moscou, du droit d'enlever, sans indemnité, aux autres théâtres de Paris ou de province, les acteurs qui montraient quelque talent et de se les attacher d'une manière complète. L'artiste qui recevait du surintendant des théâtres impériaux un ordre de début, était obligé de s'y conformer et ne pouvait, sous peine d'une amende de 150 fr., refuser les rôles qui lui étaient confiés. Cette prérogative est abolie aujourd'hui (Décret du 6 janvier 1864, art. 7. — Trib. com. de la Seine, 8 octobre 1864. [DP. 66. 2. 230]) : toutefois, les théâtres subventionnés ont encore à l'heure actuelle le droit exclusif d'engager les élèves du Conservatoire. L'article 74 du règlement ministériel du 22 novembre 1850, qui a réorganisé sur de nouvelles bases cette école nationale, porte en effet que « tout élève admis au pensionnat ou à qui une pension est accordée, contracte par le fait même l'engagement de débuter, à l'expiration de ses études, sur un des théâtres subventionnés par l'Etat. Cette obligation lui constitue également un droit aux débuts sur ces mêmes théâtres. » Cette condition a pour but de permettre à nos grandes scènes d'engager, moyennant une somme modique, les élèves du Conservatoire qui se sont distingués dans les concours : on a voulu en second lieu empêcher que les artistes, dont l'Etat avait payé l'éducation lyrique ou dramatique, fussent enlevés de suite par les directeurs des théâtres étrangers. Une clause pénale dont le montant est en général de 10,000 fr., astreint les pensionnaires du Conservatoire à la stricte exécution de leurs traités : tout manquement à ces engagements donne lieu à l'indemnité stipulée, et récemment nous avons vu Mlle Vaillant qui, au mépris de la convention, avait passé un contrat avec le directeur du théâtre de la Monnaie à Bruxelles, être traduite devant nos tribunaux par le ministre des beaux-arts et condamnée au paiement de son dédit.

85. Définissons maintenant l'engagement théâtral :

C'est un contrat par lequel un acteur s'oblige, moyennant le paiement d'une somme déterminée, à remplir pendant un certain temps, au profit d'un directeur, un emploi donné dans une troupe lyrique ou dramatique.

86. L'engagement théâtral constitue incontestablement un louage d'industrie dans les termes de l'article 1710 du Code civil. (Cas., 24 février 1864 [DP. 64. 1. 135]; Tr. com. du Havre, 14 janvier 1865 [DP. 65. 3. 31].) Nous aurons à examiner plus tard si, comme on l'a soutenu, ce contrat constitue en même temps de la part de l'auteur un acte de commerce.

87. Nous diviserons notre sujet en cinq sections :

1° Des formes de l'engagement théâtral ;

2° Des conditions de fond nécessaires à la validité de l'engagement ;

3° Des droits et obligations qui résultent, pour l'acteur et le directeur, de l'engagement théâtral ;

4° Des causes qui mettent fin à l'engagement ;

5° De l'autorité compétente pour juger les contestations entre directeurs et acteurs.

Section I.

Des formes de l'engagement théâtral.

88. L'engagement théâtral n'est assujetti par la loi à aucune forme particulière : il peut être contracté soit verbalement, soit par écrit, et il est parfait par le seul consentement des parties.

Tel est le principe général : toutefois, en pratique, la convention est presque toujours rédigée par écrit. L'engagement en effet est soumis, comme tous les contrats, à la théorie des preuves édictée par les articles 1315 et suivants : au-dessus de 150 fr., la convention ne peut être établie par témoins, s'il n'existe un commencement de preuve par écrit. Aussi est-il nécessaire, non pas au point de vue de la validité du contrat, mais seulement au point de vue de la preuve, qu'on puisse établir indiscutablement les conditions acceptées par les parties.

89. Le contrat d'engagement peut être fait soit par acte authentique, soit par acte sous-seing privé : dans ce dernier cas, l'article 1325, applicable aux contrats synallagmatiques dans lesquels rentre le louage d'industrie, exige que la convention soit rédigée en autant d'originaux qu'il y a de parties ayant un intérêt distinct. Cette formalité des doubles doit être mentionnée dans chacun des actes.

Section II.

Des conditions de fond nécessaires à la validité de l'engagement.

90. L'article 1108 du Code civil porte que quatre conditions sont essentielles à la validité des conventions : 1° Le consentement de la partie qui s'oblige ; 2° la capacité de contracter ; 3° un objet certain qui forme la matière de l'engagement ; 4° une cause licite dans l'obligation.

Reprenons successivement ces quatre conditions et examinons-les au point de vue spécial de notre sujet.

§ I. — *Consentement.*

91. Le consentement réciproque des parties contractantes sur la durée et sur le prix est la condition *sine quâ non* de l'existence de la convention. Entre présents, l'accord se fait verbalement ; entre absents, le concours des volontés se forme par écrit, soit au moyen d'une lettre missive, soit au moyen d'une dépêche.

La manifestation du consentement, dans ce dernier cas, donne lieu à quelques difficultés.

Posons d'abord le principe général qui domine toute la matière : il est certain que la partie qui fait une offre peut toujours la rétracter jusqu'au moment où elle a été acceptée par l'autre partie. Si donc, avant que l'accord des volontés soit intervenu, la proposition est retirée par celui qui l'a faite, le contrat ne peut naître, et les pourparlers sont considérés comme non avenus. Mais pendant combien de temps la personne à qui l'on fait une offre peut-elle l'accepter, si la proposition ne porte l'indication d'aucun délai ? La jurisprudence décide avec raison, selon nous, que, dans ce cas, on doit accorder le temps nécessaire pour que celui à qui l'engagement est soumis puisse l'examiner et y répondre. (Voir sur cette question un intéressant arrêt de la Cour de Bordeaux du 17 janvier 1870 [DP. 71. 2. 96].)

92. Non seulement les deux volontés doivent se rencontrer et s'unir pour la formation du contrat, mais encore le consentement doit être exempt des vices énumérés par les articles 1109 et suivants : l'erreur, le dol et la violence vicient le contrat dans son existence, conformément aux règles générales du droit civil.

§ II. — *Capacité des contractants.*

93. En principe, toute personne qui n'a pas été déclarée incapable par la loi peut contracter librement une obligation.

Des exceptions à cette règle générale de capacité ont été formulées par le Code en ce qui concerne le mineur, la femme mariée, l'individu pourvu d'un conseil judiciaire et l'interdit.

94. I. Mineur. — L'individu âgé de moins de vingt-et-un ans (art. 388 C. civ.) est incapable de contracter un engagement théâtral sans le consentement de ses parents ou de son tuteur, et, lorsqu'il est émancipé, sans celui de son curateur, sauf controverse sur ce dernier point.

Quand le père est vivant, son consentement doit être requis : à défaut du père, le droit d'autorisation appartient à la mère. Si celle-ci est remariée, l'autorisation du mari cotuteur ne suffirait pas : il faut à la fois ce consentement et celui de la mère, tutrice de son enfant. (Trib. com. Seine, 8 mai 1843. — [*Gazette* des 8 et 9 mai.] Trib. civ., Seine, 13 août 1845. — *Gaz.* du 18 mars 1847. — Conf. Lacan et Paulmier, t. I, n° 226. — Dalloz v° théâtre, n°s 168 et s.)

Lorsque le mineur n'a plus ni son père ni sa mère, le droit d'autoriser l'engagement appartient au tuteur.

Le mineur émancipé peut-il contracter seul un engagement théâtral? Des auteurs prétendent qu'il faut au mineur l'assistance de son curateur : ils disent, pour arriver à cette solution, que l'engagement dépasse la limite des actes d'administration permis par les articles 480 et suivants. Nous croyons que cette opinion ne doit pas être admise dans tous les cas et d'une manière générale : il peut parfaitement se faire qu'à raison des circonstances particulières de la cause, ce contrat soit simplement un acte d'administration. (T. Paris, 14 mai 1841. — *Gazette* du 15 mai.)

Il n'est pas nécessaire que l'autorisation exigée des personnes que nous venons d'énumérer soit donnée d'une façon expresse : ce consentement peut être accordé d'une manière tacite, s'il est certain, par exemple, que le père ou le tuteur n'a pas ignoré l'engagement, n'a manifesté aucune opposition, et a implicitement ratifié la convention par son silence.

95. Que l'autorisation soit expresse ou qu'elle soit tacite, elle n'oblige en aucune manière ceux qui l'ont accordée, à moins qu'ils n'aient été partie au contrat et ne se soient engagés personnellement à l'exécution de la convention : cette solution résulte incontestablement des principes admis en matière d'autorisation, qui se résument dans ce brocard fameux : *qui auctor est non se obligat.*

96. II. Femme mariée. — La femme mariée ne peut contracter un engagement théâtral sans l'autorisation de son mari.

Nous n'avons pas à insister sur les motifs de haute convenance qui justifient cette solution au point de vue du bon sens : nous n'avons à examiner la question qu'au point de vue légal, et, sous cet aspect, nous disons que la nécessité du consentement est une conséquence de la puissance maritale.

L'autorisation donnée par le mari peut toujours être retirée : elle doit être renouvelée à chaque engagement, car il n'est pas possible d'admettre, croyons-nous, la validité d'une autorisation générale.

97. On a controversé longuement la question de savoir si la femme, à laquelle le mari refuse le consentement nécessaire, peut demander à la justice l'autorisation de contracter un engagement théâtral? La Cour de Paris a eu dernièrement à se prononcer sur cette difficulté dans l'espèce suivante :

M. Crémieux ayant refusé à sa femme le consentement nécessaire pour débuter à l'Opéra-Comique sous le nom de Mobelli, Mme Crémieux a assigné son mari devant le tribunal de la Seine pour se faire autoriser par justice à contracter un engagement. Le défendeur soutenait que son autorisation ne pouvait être suppléée par celle du tribunal.

La justice, tout en repoussant au fond la demande de la dame Crémieux, a reconnu que la disposition de l'article 219 du Code civil qui permet aux tribunaux d'accorder à la femme, en cas de refus du mari, l'autorisation de passer un contrat, « est générale et n'admet point d'exception. » Il est donc hors de doute qu'une femme peut être autorisée par justice à contracter un engagement théâtral : seulement, en cas de refus du mari, les tribunaux examinent si ce dernier a de sérieux motifs d'opposition, ou si, au contraire, sa résistance ne repose sur aucune base sérieuse. Dans cette dernière hypothèse, les juges donnent à la femme le pouvoir nécessaire pour s'obliger valablement. (Trib. de la Seine, 26 août 1842. *Droit* du 27 août. — Cour de Paris, 3 janvier 1868. [DP. 68. 2. 28].)

98. III. Individu pourvu d'un conseil judiciaire. — Aux termes des articles 499 et 513, les seuls actes pour lesquels est requise l'assistance du conseil judiciaire sont les suivants : plaider, transiger, emprunter, recevoir un capital mobilier ou en donner décharge, aliéner et hypothéquer. Pour tout le reste, et par suite aussi pour l'engagement théâtral, la capacité de l'individu reste entière.

99. IV. Interdit. — L'interdit est privé, même pendant les intervalles lucides, de la capacité de contracter : il ne pourra donc mais s'obliger valablement en passant un engagement théâtral.

§§ III et IV. — *Objet et cause licite.*

100. L'objet du contrat, c'est le concours que l'acteur prête au directeur : la cause, c'est la raison même qui fait conclure l'engagement.

Nous ne pouvons que nous référer sur ces deux points aux principes généraux du droit civil qui dominent toute cette matière. Remarquons seulement que toutes les fois qu'on rencontre dans un engagement une clause contraire à la loi, à l'ordre public ou aux bonnes mœurs, elle vicie complètement le contrat. Ainsi, une convention qui porterait que l'acteur s'oblige envers le directeur pour toute la durée de sa vie, serait nulle comme contraire à l'article 1780 du Code civil, qui ne permet d'engager ses services que pendant un certain temps (art. 6, 1131 C. civ. —Paris, 20 juin 1826; Sir. 1827, 2. 53.) Il en est de même des conditions potestatives qui mettent l'existence du contrat à la merci de l'une des parties. (Art. 1170 et 1174 C. civ. — Paris, 6 juillet 1855. — *Gazette* 14 juillet.)

SECTION III.

Des droits et obligations qui dérivent pour l'acteur et le directeur de l'engagement théâtral.

101. Nous étudierons dans deux paragraphes distincts :

1° Les droits et obligations de l'acteur;

2° Les droits et devoirs du directeur.

§ 1. — *Droits et devoirs de l'acteur.*

102. Le louage d'industrie, avons-nous dit précédemment, est un contrat par lequel une personne s'engage à faire quelque chose pour une autre, moyennant un prix convenu entre elles.

103. La dernière partie de cette définition nous indique le premier et le principal droit de l'acteur, celui de réclamer le prix stipulé.

En pratique, le paiement des appointements peut affecter cinq formes différentes.

On distingue d'abord les appointements fixes, payables par fractions mensuelles ; puis, les appointements au prorata, dont le quantum n'est pas déterminé *à priori*, mais est proportionnel aux recettes. De la combinaison des deux modes précédents est né l'appointement avec assurance et prorata qui consiste dans le paiement d'une somme fixe et d'une somme variable proportionnée aux bénéfices. D'autres fois, au contraire, l'acteur, au lieu d'être engagé à l'année ou au mois, est engagé au cachet, et touche par représentation un prix stipulé à l'avance : dans ce cas, la convention assure à l'artiste un minimum de représentations par chaque mois. Enfin on distingue les appointements fixes ou variables avec feux : on appelle ainsi une somme, généralement modique, qui est allouée à l'acteur par chaque soirée où il joue. Les loges d'artistes n'étant autrefois ni chauffées, ni éclairées, l'usage s'introduisit au XVIIIe siècle de donner aux acteurs une somme représentative des dépenses qu'ils faisaient pour le chauffage et l'éclairage. Cette coutume s'est continuée, bien qu'aujourd'hui les administrations théâtrales fournissent presque toujours aux artistes le feu et la lumière qui leur sont nécessaires.

104. A côté des appointements payés suivant les modes que nous venons d'énumérer, l'acteur a droit en général à une représentation à son bénéfice. Nous avons vu qu'à la Comédie-Française cette représentation n'a lieu que lorsque le sociétaire prend sa retraite définitive après vingt ans de services : mais c'est là, en somme, une exception, et il est de règle que les engagements stipulent une représentation annuelle au bénéfice des acteurs. C'est généralement au directeur qu'appartient le droit de fixer le jour de cette représentation ; toutefois, on trouve des engagements qui accordent ce droit à l'acteur et lui permettent de régler la composition du spectacle. Lorsque l'artiste a laissé expirer l'année pendant laquelle son bénéfice devait être donné, on ne présume pas en principe qu'il ait renoncé à la représentation, et son droit reste entier. (Paris, 7 septembre 1865. — *Gazette* du 14.) Le directeur fournit la salle et les décors (Paris, 16 février 1860. *Annales de la propr. ind. et art.*, t. VI, p. 240). Le produit de la représentation, déduction faite des frais journaliers, appartient à l'acteur. (Paris, 3 juillet 1856. Constant, *Code des théâtres*, p. 227), et sur appel, 28 novembre 1856, *Journal des trib. de com.*, t. VI, p. 9.)

105. Les appointements doivent être payés aux artistes d'une façon régulière et suivie : toutefois certaines causes, les unes prévues par l'acte d'engagement, les autres totalement imprévues, viennent parfois en suspendre momentanément le cours. Les premières sont en général la clôture annuelle, la fermeture de la salle pour réparations, les maladies, absences, congés ou interruptions de service des acteurs. Les secondes sont les faits de force majeure qui arrêtent les représentations. Le défaut de paiement par le directeur, hors les cas que nous venons d'énumérer, n'autorise pas l'artiste à abandonner de suite le théâtre où il est engagé, mais lui permet de demander la résiliation de son traité, qui reste debout jusqu'à la décision de la justice. (Voir notamment sur ce point constant en droit et en jurisprudence, un jugement du trib. de Paris, 6 octobre 1842. — *Gazette* du 8 octobre.)

106. Les appointements sont touchés par l'artiste, cela est hors de doute : toutefois on a demandé si le droit de les percevoir appartenait en propre à la femme mariée sous le régime de la communauté, ou si ce droit appartenait au contraire à son mari. Nous croyons qu'en présence de la combinaison des art. 1421 et 1388 du Code civil, cette question ne peut faire difficulté : le mari, chef de la communauté, a seul le droit d'administration des biens. C'est là un principe d'ordre public auquel il n'est pas possible de déroger. — Il en serait autrement si la femme était mariée sous le régime de la séparation de biens

107. Les acteurs ont-ils un privilège, soit en vertu de l'art. 2101 § 4 du Code civil, soit en vertu de l'art. 549 Code de commerce, sur l'actif du directeur ou au moins sur son cautionnement?

Cette question célèbre qui, à de nombreuses reprises, a excité les controverses des jurisconsultes, est encore l'objet de graves discussions.

Des auteurs prétendent que le privilège accordé par l'art. 2101, § 4 du Code civil s'étend aux acteurs. La loi du 11 brumaire an VII, dit-on à l'appui de ce système, ne donnait de droit de préférence qu'aux gages des « domestiques », mais cette formule restrictive a été remplacée en 1804 par celle de « salaires des gens de service. » Il est évident que ces mots ont un sens plus larges que les termes dont s'est servi la loi de l'an VII : de plus, le rapport de M. Grenier au tribunal établit d'une façon péremptoire que le législateur a voulu, dans un but de prudence et d'humanité, accorder ce privilège aux gens de service, afin que celui à qui ils prêtaient leur concours, ne fût pas abandonné par eux dans les moments critiques. Or, il est certain que ce motif s'applique aux acteurs dont les services sont indispensables au directeur. Cette opinion est adoptée par M. Troplong qui, dans son *Traité des privilèges et hypothèques* (t. I, n° 142) s'exprime ainsi : « Je ne fais pas difficulté d'appliquer notre article, non seulement aux domestiques et gens attachés à la personne, mais encore aux commis, secrétaires, *agents*, qui, moyennant un traitement fixe à l'année, font tourner la totalité de leur travail au profit de celui qui les paie. » Les mêmes principes sont admis par Zachariæ (Cours de Code civil, t. II, § 260, p. 101), par Duranton (Cours de Droit français, t. XIX, n° 58), par Delvincourt (t. III, n° 270 et notes), enfin par Rolland de Villargues (Répertoire du notariat, v° engagement d'acteur, n° 21).

Cette doctrine a été consacrée par un assez grand nombre d'arrêts, et notamment par une décision de la Cour de Montpellier, (25 mars 1862 [DP. 62. 5. 260.) :

« Attendu qu'en accordant un privilège aux gens de service, l'article 2101 s'est évidemment référé aux dispositions de l'article 1780 du même Code, qui n'a pas eu uniquement en vue la domesticité, mais qui comprend, parmi les gens de service, tous ceux qui engagent leurs services pour un temps ou pour une entreprise déterminés. — .... Que l'engagement des artistes envers les directeurs d'une entreprise théâtrale répond exactement aux conditions indiquées par l'article 1780 et par l'article 2101, et constitue un louage d'industrie. — Que si, pour obéir aux exigences de nos mœurs, et pour ménager de justes susceptibilités, on ne donne pas aux artistes, dans le langage usuel, la qualification qui leur appartient dans le langage du droit, on ne peut s'arrêter devant de pareils scrupules, quand, dans l'intérêt d'une existence trop souvent précaire, les artistes revendiquent eux-mêmes les avantages attachés à cette qualification... »

108. Les artistes dramatiques, ajoute une autre doctrine, ont droit non seulement au privilège de l'article 2101, mais encore à celui de l'article 549 al. 2 du Code de commerce, qui accorde un droit de préférence aux salaires des commis pour les six mois qui précèdent la déclaration de faillite. En admettant, en effet, qu'ils ne soient pas des « gens de service », ils doivent certainement être mis dans la classe des commis dont parle le Code de commerce, « puisque, remplissant les rôles qui leur sont confiés, ils appellent le public, et font la recette de l'entreprise théâtrale, recette que le directeur ne ferait pas sans eux. »

109. Il serait tout à fait désirable que cette solution fût adoptée par le législateur; mais, dans l'état actuel des choses, nous devons reconnaître, avec la Cour de cassation et la jurisprudence presque unanime des Cours d'appel, que les acteurs ne peuvent prétendre ni au privilège des gens de service, ni à celui des commis. — Si, en effet, le Code, dans l'article 2101 n° 4, a substitué les mots *gens de service* à ceux de *domestiques*, employés par la loi du 11 brumaire an VII, il résulte à l'évidence des travaux préparatoires qu'on n'a pas voulu étendre le privilège à d'autres services que ceux qui étaient primitivement visés par la loi, mais élargir seulement la catégorie des serviteurs attachés à la personne ou à la maison d'un individu Il s'agit, dans cet article, de gens placés dans une condition d'infériorité sociale et de dépendance complète : d'ailleurs, est-ce que le bon sens et le langage usuel ne protestent pas énergiquement contre cette qualification de gens de service donnée aux acteurs? Y a t-il une assimilation possible entre ceux qui rendent des soins domestiques et ceux qui interprètent d'une façon vivante les chefs-d'œuvre de notre théâtre? Evidemment non, et la lettre comme l'esprit de la loi se refusent absolument à une interprétation de ce genre. Du reste, le motif qui a fait admettre le privilège des gens de service, est précisément la modicité de leurs salaires ; ce sont, en général, de faibles sommes dues à des gens nécessiteux qu'il fallait retenir jusqu'au dernier moment près de leurs maîtres. Le privilège des acteurs absorberait, au contraire, bien souvent l'actif entier de la direction théâtrale, et les raisons qui s'appliquent aux gens de service ne s'appliquent pas avec la même force aux artistes dramatiques.

110. On ne saurait davantage accorder aux acteurs le privilège de l'article 549 du Code de commerce : le mot commis, dans son acception vraie et légale, suppose un préposé chargé de représenter le chef d'une maison de commerce, un mandataire dirigeant les affaires de son maître ; les fonctions de l'acteur ne renferment rien de semblable à celles du commis. L'artiste, en effet, prête simplement son concours au directeur et contracte avec lui un contrat de louage d'industrie. Il n'est nullement en rapport avec le public, devant lequel, par les nécessités de sa profession, il se contente de paraître.

(Cassation, 24 février 1864 [DP. 64. 1. 135]). — Trib. de com. du Havre, 14 janvier 1865 [DP. 65. 3. 31]).

111. L'acteur qui, d'après la loi, n'a pas de privilège sur l'actif du directeur, a-t-il au moins un droit de préférence sur le cautionnement ?

C'est là une question très délicate, sur laquelle la Cour suprême n'a jamais eu à se prononcer directement.

Il est certain qu'en général le cautionnement répond de l'exécution des engagements du directeur, non seulement vis-à-vis de l'État ou de la municipalité qui le subventionne, mais encore vis-à-vis des tiers. Ce point, contredit explicitement par le jugement du tribunal de commerce du Havre que nous venons de citer, est expressément admis par un arrêt de la Chambre des requêtes. (27 février 1850, DP. 50. 1. 191). Toutefois en résulte-t-il un privilège pour l'artiste ? Un système prétend que les privilèges étant de droit étroit et ne pouvant être arbitrairement créés au profit de certaines personnes, les acteurs ne peuvent jamais venir sur ce cautionnement qu'en concours avec les autres créanciers. Nous pensons qu'il est difficile de poser la thèse d'une façon aussi absolue : presque toujours en effet le cahier des charges imposées aux directeurs subventionnés porte que leur cautionnement servira de garantie à l'exécution du contrat et à celle des engagements des artistes. Dans ce cas, il est évident que le cautionnement doit être affecté spécialement au paiement des appointements, et cela est si vrai que, s'ils n'étaient pas soldés régulièrement, non seulement la subvention cesserait, mais encore que les artistes pourraient s'adresser à l'autorité pour réclamer leurs droits sur le cautionnement.

112. Abordons enfin une dernière question relative aux appointements des acteurs.

Les appointements des artistes sont-ils saisissables? Bien des fois la jurisprudence a eu à se prononcer sur cette question, et toujours elle a admis que les sommes payées aux artistes, les feux et produits des représentations à bénéfice, pouvaient être saisis arrêtés par leurs créanciers. Ces saisies doivent être pratiquées aux mains du directeur et non au bureau du caissier du théâtre : ce dernier en effet n'est pas le débiteur véritable.

113. Les appointements échus peuvent être saisis par les créanciers comme les appointements à échoir; toutefois les tribunaux ont considéré avec raison qu'il était nécessaire de déterminer dans quelle proportion ces dernières sommes pourraient être arrêtées. Les appointements ont en effet un caractère alimentaire, et de plus une saisie complète eut mis l'acteur dans l'impossibilité de se procurer les costumes et les accessoires indispensables à l'exercice de sa profession. Ce résultat, qui eut été fâcheux au point de vue du débiteur comme à celui du créancier, a été atténué en pratique par des limitations apportées au droit de saisie : les juges examinent quelles sont les ressources et les besoins de l'artiste, et ils permettent, suivant les cas, la saisie du quart, de la moitié ou même des deux tiers des appointements. (Cassation, 17 février 1874. — Annales, t. 19, p. 140).

114. Le second droit qui dérive pour l'artiste de son engagement est celui de jouer les rôles qui, d'après la convention, lui sont attribués.

Un directeur ne pourrait, tout en payant à un acteur ses appointements, le tenir constamment écarté de la scène : il est indispensable pour l'artiste qu'il puisse jouer, paraître devant le public et acquérir ainsi la notoriété que mérite son talent. Ce point ne fait en pratique l'objet d'aucune difficulté. (Trib. de com. de la Seine, 27 novembre 1844 ; le *Droit* du 28).

115. L'usage et les traditions ont fait admettre que le rôle créé par un artiste devenait pour lui une propriété véritable dont il ne pouvait être arbitrairement privé par l'auteur de la pièce ou par le directeur. Il en est de même quand le rôle est devenu le partage d'un acteur par suite de la retraite de celui qui l'interprétait.

116. On controverse la question de savoir si l'auteur, dans l'intérêt de son œuvre, peut retirer un rôle à l'acteur qu'il trouve insuffisant ; cette question également agitée pour le directeur a été résolue négativement pour le cas où le directeur s'est engagé à donner le rôle à l'artiste. (Tr. Paris, 19 août 1862 ; *Gazette* du 30). Mais il nous paraît certain que si l'incapacité de l'acteur, en dehors bien entendu d'une convention de ce genre, exposait la pièce à un insuccès, le directeur ou l'auteur pourraient demander à la justice le retrait du rôle en se basant sur l'insuffisance notoire de l'artiste. (Trib. de com. de la Seine, 29 octobre 1850. — Solution implicite, voir *Gazette* du 30).

117. Hors ce cas, l'acteur est propriétaire du rôle qui lui est confié, et il peut même le reprendre après sa guérison, lorsqu'il a été forcé de l'abandonner momentanément pour cause de maladie. Cet usage a été consacré par un jugement du tribunal de Paris (2 janvier 1861 ; *Gazette* des 7 et 8 janvier), dont nous reproduisons les considérants :

« Attendu que, d'après les principes et les usages admis au théâtre, un rôle confié à un artiste devient sa propriété, et ne peut lui être retiré que pour une cause sérieuse ; que, suivant les mêmes usages, une indisposition temporaire et de nature seulement à apporter à l'administrateur un préjudice passager, ne doit pas exposer l'artiste à la privation de son rôle...., le Tribunal, etc., etc... »

L'acteur a donc le droit de jouer, de conserver les rôles qui lui sont confiés, en un mot d'exiger la stricte exécution des clauses de son traité.

118. A côté de ces droits contractuels, l'artiste peut toujours réclamer une indemnité à raison des délits ou quasi-délits du directeur. Ainsi, si l'acteur a été blessé dans l'exercice de sa profession, par suite de la négligence de l'administration ou de ses agents, il est évidemment fondé à formuler une action en dommages-intérêts. Lorsque l'artiste éprouve une altération de la voix ou une indisposition physique, non plus sur la scène, mais en voyageant pour venir se mettre à la disposition du directeur, on a parfois admis qu'il y avait lieu à indemnité pour l'acteur : nous croyons que c'est là une solution vraiment trop large, car peut-on dans ce cas attribuer une faute quelconque au directeur? Evidemment non. Quoi qu'il en soit, on ne lira pas sans intérêt une sentence arbitrale de MM. Berryer et Poncelet, rapportée dans la *Gazette des Tribunaux*, du 2 avril 1834, sentence qui se prononce dans un sens opposé à notre opinion.

119. Après avoir étudié les droits principaux de l'acteur, passons maintenant à l'examen de ses obligations envers l'administration théâtrale.

L'acteur doit se conformer aux clauses de son engagement et remplir tous les rôles qui lui sont confiés dans les limites de son traité : il doit de plus se procurer les habits de ville et autres accessoires compris sous cette dénomination, qui lui sont nécessaires pour les représentations. Dans le silence de la convention, les costumes de caractère sont, d'après l'usage, à la charge du directeur.

L'acteur est enfin obligé de se soumettre aux réglements du directeur relativement aux heures et au nombre des répétitions, aux amendes, à la distribution des loges d'artistes, en un mot aux détails d'administration et de police intérieure qui sont du domaine de la direction.

§ II. — *Droits et obligations du directeur.*

120. La convention fait la loi des parties; c'est dans son texte que le directeur puisera à la fois ses droits et ses devoirs.

121. Le premier des droits du directeur est évidemment celui de faire jouer l'acteur.

En règle générale, le contrat réserve au directeur la faculté de renvoyer l'artiste si ses débuts ne sont pas agréés par le public : on nomme début l'apparition d'un artiste sur la scène. Le droit d'apprécier si les débuts ont été favorables appartient quelquefois au directeur : mais le plus souvent il est abandonné au public, qui se prononce sur l'admission ou le renvoi de l'acteur. Des arrêtés municipaux ont réglé, dans un certain nombre de villes, la manière dont le public manifesterait son opinion : à Rouen, à Orléans, à Nantes, les abonnés et habitués du théâtre procèdent par voie de scrutin et décident ainsi du sort de l'engagement. Toutefois, il est de règle que l'acteur a droit à trois débuts et que le directeur de son côté peut exiger cette triple épreuve. Il est possible, en effet, que la première représentation ait été douteuse, et que l'artiste paralysé dans ses moyens par l'émotion ou par toute autre cause, n'ait pu donner à la première épreuve la mesure exacte de son talent.

Lorsque les débuts sont favorables, le directeur est obligé de garder l'artiste : toutefois, il ne peut lui confier que les rôles qui rentrent dans son engagement. Ainsi, il a été jugé qu'un directeur ne peut imposer à une actrice qui doit jouer le drame un rôle de danseuse. (Trib. de Paris, 1er février 1859 — voir aussi les décisions rapportées dans la *Gazette* des 2, 3, 7, 10 mai 1831 — 16 et 28 octobre 1845 — 22, 25 février et 4 mars 1852.) De même une chanteuse qui possède une voix de soprano assoluto ne peut être tenue de chanter les rôles de mezzo soprano. (Trib. Paris, 10 septembre 1861 — *Gazette* du 13).

122. Nous bornons ici ces citations qu'on pourrait multiplier à l'infini : les exemples que nous venons de donner montrent de quelle manière les termes de la convention doivent être interprêtés. Nous allons du reste examiner les clauses les plus importantes qu'on retrouve dans les engagements.

123. Quels sont d'abord les droits qui résultent pour le directeur de la faculté de confier à l'acteur « tous les rôles convenables à son physique et à son talent? » La généralité des expressions employées met pour ainsi l'artiste à la merci du directeur, qui seul apprécie, sauf recours aux tribunaux en cas de contestations, les rôles qui sont appropriés au genre de talent de son pensionnaire. Ce dernier est par suite obligé d'accepter les emplois qu'on lui confie, quelles que soient leur importance, leur difficulté ou leur insignifiance : cette clause autorise même le directeur à exiger que l'acteur coupe sa barbe ou ses moustaches. Ce point ne fait pas controverse en jurisprudence.

124. Cette clause dangereuse est parfois atténuée par des réserves : ainsi, on stipule que l'artiste jouera seulement les rôles de premier ténor, ténor léger, jeune premier, père noble, etc., etc. Le directeur est libre alors de lui imposer les rôles qui conviennent « à son physique et à son talent », mais il est obligé de se renfermer dans la catégorie d'emplois qui ont été expressément prévus.

125. Lorsque, d'après l'engagement, l'acteur doit être « chef d'emploi », le directeur n'a pas le droit de le forcer à jouer comme doublure un rôle créé par un autre acteur : si toutefois ce rôle était abandonné par celui qui l'a créé, il est certain que l'acteur engagé comme chef d'emploi serait obligé de le prendre. (Trib. de com. de la Seine, 1er octobre 1857 : *Journal des Trib. de comm.* VI, 492 — Seine, 23 juillet 1858 : *eodem* VII, 411.) Quand l'artiste et le directeur sont en désaccord sur le caractère d'un rôle auquel l'une des parties dénie la qualité d'emploi principal, il y a lieu à expertise pour déterminer son importance réelle : mais l'expert ne doit pas s'attacher exclusivement pour baser son jugement à l'étendue de ce rôle dans la pièce ni à l'existence d'un autre rôle pour le même registre de voix. L'appréciation de l'emploi constitue une question de fait pour laquelle il est impossible de tracer *à priori* des règles invariables : les circonstances influent en effet d'une manière capitale sur le caractère d'un rôle. (Paris, 29 août 1866 : *Gazette* des 30 août et 2 septembre).

126. Le directeur a en second lieu le droit d'exiger que l'acteur se conforme à tous les règlements du théâtre et consacre exclusivement son talent à l'entreprise qui l'a engagé. En principe, l'artiste ne peut paraître sur aucune autre scène, ni sur aucun théâtre de société sans le consentement du directeur. Il est de plus obligé d'exécuter son contrat jusqu'à l'expiration du terme fixé, sans pouvoir annoncer à l'avance et pour l'époque où il sera libre de tout engagement, une représentation sur un théâtre rival. (Trib. de Rouen, 5 juillet 1865: *Gazette* du 9 juillet).

127. La limite des obligations de l'acteur marque en même temps celle des droits du directeur, car, nous le répétons une fois encore, il s'agit ici d'un contrat synallagmatique dans lequel tout devoir de l'une des parties correspond à une faculté de l'autre.

128. Après les développements qui précèdent, nous n'avons guère à nous appesantir sur les devoirs du directeur : nous les avons indiqués *à contrario* en étudiant les droits de l'acteur. Le directeur doit payer régulièrement à l'acteur les appointements qui lui appartiennent, il est obligé de le faire jouer conformément aux termes de son engagement, il doit enfin lui accorder les congés et autres bénéfices qui ont été convenus.

Section IV.

Comment l'engagement théâtral prend-il fin?

129. La cause normale et régulière qui met fin à l'engagement théâtral est l'expiration du temps pour lequel il a été contracté : mais à côté de ce motif ordinaire de dissolution de la convention, certaines circonstances accidentelles peuvent amener prématurément sa rupture. Cette division, tirée du fond même du sujet, nous amène à distinguer :

1° L'extinction de l'engagement par suite de l'échéance du terme ;

2° Les causes de résiliation.

§ I. — *De l'extinction de l'engagement par suite de l'échéance du terme.*

130. Les engagements sont faits pour un certain nombre de représentations ou au mois, ou encore à l'année. Ce dernier mot s'entend de l'année théâtrale qui commence le 1er avril pour finir au 31 mars suivant.

131. Lorsque l'acteur est engagé au mois, le directeur qui veut mettre fin au traité est obligé de lui donner congé un mois à l'avance. (Cour de Nancy, 16 juillet 1862: le *Droit* du 16 septembre). Ce congé ne doit pas nécessairement être fait par ministère d'huissier; seulement ce mode présente de grands avantages au point de vue de la preuve, car le congé donné verbalement ne peut être facilement établi. Il faut du reste que le congé soit signifié à l'artiste lui-même, et il ne suffirait pas que le directeur annonçât au public par la voie des journaux qu'il a renvoyé son pensionnaire. (C. Rouen, 18 novembre 1857. [DP. 58. 2.193].)

132. En principe général, l'expiration du délai met fin au contrat : nous devons toutefois faire connaître une exception à cette règle. La tacite reconduction, admise par l'article 1738 du Code civil en matière de baux immobiliers, a été étendue par les usages et par une jurisprudence constante à l'engagement théâtral. En d'autres termes, quand, à l'expiration de la convention, l'acteur continue à jouer sans traité exprès sur le même théâtre, un nouvel engagement, qu'on suppose semblable au précédent, s'opère par la volonté tacite des parties. L'acteur ne peut dès lors être renvoyé en dehors des délais d'usage. Les tribunaux sont souverains pour apprécier si la continuation des services de l'acteur est suffisante pour faire présumer la tacite reconduction.

Toutefois certains auteurs, et parmi eux M. Agnel (*Code-manuel des artistes dramatiques p. 161*), n'adoptent pas complètement cette théorie dans les termes où nous venons de l'exposer. Ils admettent bien que l'engagement nouveau sera soumis aux conditions générales de l'engagement précédent, mais ils pensent que sa durée sera indéterminée, et que chacune des parties pourra s'en départir en prévenant l'autre trois mois à l'avance. Nous croyons que cette solution n'est pas exacte : quand, en effet, un engagement est fait sans durée fixe, les tribunaux jugent toujours qu'il est censé être passé pour l'année théâtrale. Comment dès lors admettre que les parties n'ont pas voulu se soumettre à cette règle? Nous croyons que cette interprétation est plus conforme à la réalité des faits et à l'intention des contractants (Vivien et Blanc, *Législ. des théâtres*, n° 268.)

§ II. — *Causes de résiliation.*

133. L'inexécution volontaire ou forcée de l'engagement par l'une ou l'autre des parties amène sa résiliation. Cette rupture, quand elle est le résultat d'une faute de la part d'un des contractants, donne lieu en outre à des dommages-intérêts ou au paiement du dédit qui accompagne chaque traité. Cette cause pénale ne peut, en principe, être réduite par les tribunaux quelque exagérée qu'elle soit ; toutefois, au cas d'exécution partielle de l'engagement, les juges pourraient réduire le montant de l'indemnité stipulée (Seine, 18 mars 1852 [*Journ. des Trib. de com.*, t. VIII, p. 317] ; trib. de la Seine, 4 février 1869 [Constant, *Code des théâtres*, p. 263]).

134. La résiliation n'a jamais lieu de plein droit : elle doit être demandée aux tribunaux, et elle est sous-entendue, conformément à l'art. 1184, dans tous les contracts synallagmatiques.

135. Après cet exposé sommaire des principes qui régissent la résiliation, passons à l'examen des causes qui produisent, soit de la part de l'acteur, soit de la part du directeur, soit enfin indépendamment de la volonté des parties, la rupture du contrat.

136. Le motif qui, du côté de l'acteur, donne le plus souvent ouverture à résiliation, est le refus de jouer et le refus ou l'abandon d'un rôle : ce manquement aux obligations acceptées constitue une condition résolutoire de l'engagement. Bien des fois les tribunaux ont fait l'application de ce principe. Nous ne citerons comme exemple que l'espèce suivante : le 1er février 1866, on répétait la *Foire aux grotesques*, d'Henri Rochefort et Pierre Véron ; cette pièce devait être représentée le lendemain. Melle Ferraris, chargée d'un rôle important, refusa de se conformer aux indications des auteurs et de retrancher une phrase de son dialogue qui avait été remplacée par une autre. Ni les exhortations, ni les prières ne purent vaincre sa résistance : elle déclara qu'elle aimait mieux rompre son engagement que de céder aux exigences des auteurs. Le lendemain, lorsqu'elle se présenta au théâtre pour reprendre son rôle, on lui apprit qu'il était confié à une autre actrice. La résiliation fut demandée et obtenue par le directeur (Paris, 3 mars 1866 [*Gazette* du 11]).

137. Les circonstances qui mettent l'acteur dans l'impossibilité d'exercer son état ou de prêter un concours efficace au directeur, sont encore des causes de résiliation : telles sont l'altération de la voix et une maladie prolongée qui lui interdit l'accès de la scène (C. Paris, 28 février 1863 [*Annales*, t. X, p. 302]). Toutefois, les suites fâcheuses ou les infirmités qui proviennent de ces diverses causes, peuvent n'être pas suffisantes pour motiver une résolution de contrat. Cette question a été tranchée à propos des traces que la petite vérole avait laissées sur le visage d'un artiste (trib. de com. de la Seine du 25 février 1845 [*Gazette* des 13, 26 février et 6 juillet]).

138. Une actrice est-elle fondée à opposer son état de grossesse comme cause d'empêchement légitime d'exécution de son contrat ? Cette question délicate, lorsqu'elle n'est pas prévue par l'acte d'engagement, est résolue par les tribunaux d'après la distinction suivante :

Si l'actrice est mariée, son état de grossesse ne peut donner lieu à une retenue d'appointements lorsque l'interruption de service n'est pas trop prolongée ; de plus, l'actrice pourrait demander la résiliation de son contrat sans être tenue de dommages-intérêts. « Attendu, dit un jugement du tribunal de Nancy qui consacre cette doctrine (*Gazette* du 15 mai 1845), qu'un directeur, qui contracte avec une femme légitimement mariée, doit s'attendre à une interruption probable pour survenance d'enfants ; — que s'il est d'usage de retenir aux artistes leurs appointements, en raison du temps qu'ils restent éloignés du théâtre pour cause de maladie, l'éloignement par suite des couches est un cas trop spécial pour qu'à défaut de stipulations, le tribunal le confonde avec celui occasionné par toute autre espèce de maladie et n'y supplée d'office ; — que la grossesse, et par conséquent les couches, est chez une femme mariée un état normal ; — que si Miroir eût voulu y trouver une cause de retenue, il aurait dû en convenir avec la dame Bernard ; — ... qu'en l'absence de tout règlement sur la matière, il est équitable d'adopter l'usage des théâtres de Paris en ce qui concerne les femmes mariées seulement ; — le tribunal, etc., etc. »

Si au contraire l'actrice n'est pas mariée, elle ne peut se prévaloir de son état pour se prétendre déliée de son engagement sans indemnité. Le tribunal de commerce de la Seine a consacré cette opinion par le jugement suivant :

« Attendu qu'il résulte des débats et des pièces produites que, par un engagement verbal intervenu entre les parties le 1er octobre 1856, la demoiselle Plunkett a contracté vis-à-vis des demandeurs l'engagement de jouer du 20 octobre au 1er décembre suivant, sur le théâtre de la Fenice à Venise ; — attendu que la défenderesse ne s'est pas présentée à l'époque stipulée, pour remplir son engagement ; qu'elle ne justifie d'aucun obstacle pouvant être accueilli comme étant de force majeure ; qu'ayant causé par le fait de l'inexécution dudit engagement un préjudice aux demandeurs, elle leur en doit réparation ; — condamne la demoiselle Plunkett, même par corps, à payer aux demandeurs la somme de 2,000 fr. à titre de dommages-intérêts » (2 janvier 1857 [DP. 58. 3. 56]).

139. L'inconduite habituelle de l'acteur se traduisant par des faits d'ivresse manifeste, sa détention préventive prolongée pendant un temps dont les tribunaux apprécient la durée, motivent de la part du directeur une demande en résiliation; il en serait de même des absences fréquentes ou de la fuite d'un artiste à l'étranger.

140. Une épidémie qui fait dans un pays de profonds ravages délie l'artiste de ses obligations ; le jugement qu'on va lire fera connaître les principes juridiques admis à cet égard :

« Attendu que des documents produits il résulte que pendant tout l'hiver de 1869, une violente épidémie de fièvre typhoïde a régné à Bruxelles ; — que cette épidémie a constitué un cas de force majeure de nature à empêcher toute représentation théâtrale, et a délié Mme Carvalho de l'obligation de donner à Bruxelles des représentations, ainsi qu'il avait été convenu ; — que si le théâtre de la Monnaie est resté ouvert, cette circonstance ne saurait justifier Letellier ; — qu'en effet, elle est due uniquement aux justes préoccupations de l'administration belge, qui n'a pas voulu augmenter par la fermeture du théâtre les alarmes de la population, etc., etc. » (trib. civ. de la Seine, 17 avril 1869 [*Gazette* du 24]).

141. Il est également admis que l'appel d'un acteur sous les drapeaux constitue un fait de force majeure qui amène la résiliation sans dommages-intérêts : le directeur a dû, en effet, s'attendre à ce que son pensionnaire, soumis par son âge au service militaire, pût lui être enlevé par l'administration supérieure.

142. Ces causes de résiliation varient à l'infini, et il faudrait des volumes entiers pour les passer successivement en revue ; nous avons indiqué seulement les principales et les plus fréquentes, afin de montrer la distinction de celles qui constituent une faute de la part de l'artiste, et de celles qui, au contraire, établissent en sa faveur un cas de force majeure.

143. La résiliation est prononcée à la charge du directeur toutes les fois qu'il n'exécute pas strictement les conditions de l'engagement. Lorsque, par exemple, le directeur refuse de faire jouer l'artiste, ne lui confie pas les rôles qui doivent lui appartenir, ne paie pas régulièrement les appointements, les tribunaux prononcent contre lui la rupture du contrat avec dommages-intérêts.

144. Cependant la convention elle-même ou l'usage réservent dans certains cas au directeur le droit de briser lui-même l'engagement; le cas le plus ordinaire est celui de l'insuccès des débuts de l'artiste. Lorsque ce dernier n'est pas agréé du public, le contrat tombe *ipso facto* (trib. de com. de la Seine, 4 mai 1854 [*Journal des trib. de com.*, III, 316]). Toutefois, c'est au directeur à rapporter, en cas de contestation, la preuve de la défaveur avec laquelle les débuts de l'artiste ont été accueillis par les spectateurs (trib. de com. de la Seine, 23 décembre 1858 [*eôdem*, t. VIII, p. 171). Le directeur peut, du reste, dans un engagement, se réserver la faculté de renvoyer l'acteur *ad nutum*, alors même que les débuts auraient été satisfaisants ; toutefois, ce droit ne doit pas excéder comme durée la limite ordinaire du temps d'essai, sinon cette condition pourrait dégénérer en une clause potestative interdite par la loi (art. 1170 C. civ.; Rouen, 12 nov. 1852 [DP. 53. 2. 243]; Lyon, 6 février 1857 [DP. 57. 2. 220]).

145. Lorsque l'autorité a défendu à un acteur l'accès de la scène, par suite des désordres qu'occasionnait sa présence, le directeur peut aussi s'armer de ce cas de force majeure pour réclamer la résolution de l'engagement. Toutefois, ce point n'est pas admis sans difficulté, et un certain nombre de jugements ont attribué des dommages-intérêts à l'artiste ainsi renvoyé (Orléans, nov. 1826 [*Gazette*, 2 décembre]; trib. de com. d'Amiens, 24 juin 1827 [*Gazette* du 19]).

146. Nous n'avons plus à examiner, depuis le décret du 6 janvier 1864, la question autrefois controversée de savoir si le retrait du privilège donnait à l'artiste le droit de demander la résiliation avec dommages-intérêts. Il importe cependant de savoir quelle sera la solution en cas de faillite, de révocation, de démission ou de décès du directeur.

147. La faillite rompt complètement les engagements; les acteurs sont dégagés de leurs obligations, et il est inexact de prétendre, avec certains auteurs, qu'ils pourraient être tenus de continuer leur concours aux créanciers de l'entreprise si ceux-ci voulaient diriger l'exploitation et leur donner des garanties. Ce résultat pourra *en fait* être accepté par les artistes qui y trouveront sans doute plus d'avantages qu'à la formation d'une société entre eux pour la gestion du théâtre; mais en droit, ils ne sauraient être contraints de fournir leurs services à des personnes envers lesquelles ils ne sont astreints par aucun lien légal. Il est, du reste, de principe que la faillite met fin au louage d'industrie.

148. Le directeur qui exploite un théâtre subventionné peut donner sa démission s'il se trouve dans l'impossibilité de continuer sa gestion, ou être l'objet d'une révocation à raison de l'inexécution des clauses imposées par son cahier des charges. Dans l'un et l'autre cas, l'engagement est rompu avec dommages-intérêts au profit des acteurs.

149. Le décès du directeur met fin à l'engagement théâtral, mais à la condition seulement que le directeur ne laisse pas d'héritiers ou que ceux-ci renoncent à la succession. Hors ce cas, ceux-ci sont évidemment tenus des obligations de leur auteur, conformément au texte de l'art. 1122, qui dit qu'on est censé stipuler pour soi et pour ses héritiers ou ayants-cause. Les principes généraux en matière de succession veulent d'ailleurs que les héritiers soient investis à la fois des droits et des obligations du décujus.

150. Examinons enfin une dernière cause de résiliation qui se présente en fait bien souvent : nous voulons parler de l'incendie du théâtre. En règle générale, l'incendie est considéré comme un cas fortuit qui résout l'engagement; toutefois, cette conséquence ne se produirait pas si le directeur se trouvait en mesure de faire jouer ses artistes sur une autre scène. Le cas s'est présenté dans ces dernières années pour l'Opéra qui, à la suite de l'incendie de la salle de la rue Lepelletier, continua ses représentations à la salle Ventadour.

SECTION V.

De l'autorité compétente pour statuer sur les contestations entre directeurs et acteurs.

151. L'arrêté ministériel du 25 avril 1807 porte dans son art. 19 que « l'autorité chargée de la police des spectacles statuera provisoirement sur toutes contestations soit entre les directeurs et les acteurs, soit entre les directeurs et les auteurs ou leurs agents, qui tendraient à interrompre le cours ordinaire des représentations, et que la décision provisoire pourra être exécutée, nonobstant le recours vers l'autorité à laquelle il appartiendra de juger le fond de la contestation ».

Cette compétence de l'autorité administrative doit être, comme toutes les exceptions, limitativement restreintes dans ces termes : ce pouvoir de statuer, qui appartient aux municipalités, leur a été accordé dans l'intérêt de l'ordre public, et pour éviter les troubles que pourrait occasionner à l'heure de la représentation la résistance ou l'opposition d'un individu. Mais cette décision rendue par le maire ou ses adjoints n'a qu'un caractère essentiellement temporaire et provisoire ; les règles du droit commun reprennent leur empire lorsqu'il s'agit de statuer sur le fond du débat.

152. Il est de principe que l'autorité judiciaire est seule compétente pour trancher les difficultés relatives à l'engagement théâtral. A cette formule générale, il existe pourtant une exception que nous devons mentionner : l'article 50 de l'acte de société de la Comédie-Française, passé devant Me Hua, notaire à Paris, le 27 germinal an XII, décide « que toutes les difficultés qui pourront s'élever entre les artistes pendant l'existence et la durée de la société sur les clauses de l'acte social en ce qui touche leurs intérêts respectifs et en toutes matières contentieuses, seront jugées en dernier ressort par les membres composant le conseil de la Comédie, sans pouvoir être portées en appel ou en cassation. »

153. L'autorité judiciaire étant seule compétente, faudra-t-il soumettre les contestations à la juridiction du tribunal civil ou à celle du tribunal de commerce ?

A cet égard, une distinction fondamentale doit être faite entre le directeur et les acteurs.

Aux termes de l'article 632, l'entrepreneur de spectacles publics étant commerçant, doit être évidemment assigné devant le tribunal de commerce.

En est-il de même des acteurs, et peut-on, lorsqu'ils sont défendeurs, les faire juger par les magistrats consulaires?

L'absence de textes a donné lieu à une intéressante controverse qui vient d'être tranchée pour la première fois par un arrêt de principe de la cour de cassation.

Avant d'aborder cette discussion célèbre, il est nécessaire que nous indiquions l'intérêt pratique de la question.

Il était considérable avant la loi du 22 juillet 1867, qui a prononcé l'abolition de la contrainte par corps. Lorsqu'il s'agissait d'une dette commerciale de 200 francs et au-dessus, la contrainte était attachée de plein droit à la condamnation encourue par l'artiste, tandis que devant la juridiction civile la contrainte était facultative pour le juge, et ne pouvait être prononcée qu'en matière de dommages-intérêts, et pour une somme de 300 francs au moins. Aujourd'hui encore la distinction offre de l'intérêt, au point de vue des délais d'assignation, des constitutions d'avoués, de l'exécution provisoire et surtout de la preuve.

Un premier système, adopté par beaucoup d'auteurs et consacré pendant un demi-siècle par la jurisprudence, s'appuie sur les articles 632 et 634 pour prétendre que les acteurs sont justiciables des tribunaux de commerce.

L'article 632, dit-on d'abord, répute actes de commerce toutes entreprises de spectacles publics ; or, en prêtant son concours à un directeur, en coopérant à une exploitation qui ne saurait subsister sans lui, l'artiste fait acte de commerce. L'être collectif formé par la réunion de la troupe fournit au public les pièces annoncées par l'administration théâtrale : les acteurs font, en un mot, partie essentielle de l'entreprise. A un autre point de vue, ne peut-on pas dire qu'ils tombent sous le coup de l'article 634, qui attribue aux juges consulaires la connaissance des actions contre les facteurs ou commis des marchands? L'acteur qui doit obéir au directeur, paraître en scène quand celui-ci l'ordonne, prendre part à ses travaux en qualité d'agent indispensable et subordonné, n'est-il pas véritablement son employé? Evidemment oui, et il ne faut pas s'arrêter à la surface des choses ni aux expressions habituellement employées, mais examiner la situation réelle et véritable. (Pardessus, *Dr. com.*, t. I, n° 45, et t. II, n° 317 ; Carré, *Organis. judic.*, t. VII, p. 214, en sens contraire ; — mais Orillard, *Comp. des trib. de com.*, n° 350 ; Nouguier, *Trib. de com.*, t. I, p. 443, et d'autres auteurs approuvent cette doctrine. — Montpellier, 3 déc. 1874 [DP. 76. 5. 431] ; Nîmes, 14 mars 1870 [DP. 70. 2. 163].)

Nous croyons, avec la Cour de cassation et un certain nombre de cours d'appel, que cette théorie est complétement inadmissible, et que les acteurs ne sont justiciables que des tribunaux civils.

Les tribunaux de commerce sont une juridiction exceptionnelle à laquelle on ne doit soumettre que les contestations qui lui ont été expressément dévolues par la loi : Il s'agit donc d'examiner si le Code de commerce, dans ses articles 632 et 634, comprend les acteurs.

Il est bien vrai que le premier de ces textes répute commerciales les entreprises de spectacles publics : il est certain, par suite, que ceux qui dirigent ces exploitations avec les chances de gain ou de perte, inhérentes aux opérations commerciales, sont de véritables commerçants. Mais il ne résulte nullement de l'article 632 que cette qualité doive appartenir à l'artiste qui n'est en aucune façon l'associé de l'entrepreneur, qui ne fait pas acte de commerce, puisqu'il ne s'expose à aucun *alea*, mais contracte simplement un louage civil d'industrie. Dira-t-on que le concours prêté par l'acteur au directeur modifie cette règle et le fait participer à l'entreprise ? Cette raison est, de tous points, inexacte : le contrat ne change pas de nature, il reste soumis aux principes du droit civil, et la compétence ne peut être en rien modifiée par ce fait, qui dérive de l'essence même des obligations de l'acteur. Celui-ci s'engage à jouer moyennant un certain prix, et il reste étranger à tous les hasards de l'exploitation. Du reste, la jurisprudence contraire aboutit à une véritable contradiction : elle refuse en effet aux artistes le privilége de l'article 549 du Code de commerce, et elle les soumet à la juridiction du tribunal de commerce, sous prétexte qu'ils sont compris dans les expressions de l'article 634, en qualité de commis! Nous avons déjà eu l'occasion de nous expliquer à cet égard : l'employé, dans son acception usuelle, est celui qui reçoit le mandat plus ou moins large de représenter le chef d'une entreprise commerciale, de diriger en son nom tout ou partie de l'exploitation. Or, rien de semblable n'existe pour les acteurs, auxquels il est impossible d'étendre, par analogie, une disposition dans laquelle ils ne sont pas nommément désignés. Personne, d'ailleurs, n'admettra que le législateur ait pu assimiler aux facteurs ou commis l'acteur dont le talent donne un corps et une âme aux conceptions de nos poëtes : le langage du droit ne peut être à ce point en désaccord avec le langage usuel, et on ne peut, à défaut d'un texte clair et spécial, rendre les acteurs justiciables d'un tribunal d'exception [1].

L'acteur peut être assigné non seulement sous son nom véritable, mais encore sous le surnom de théâtre qu'il a choisi : le tribunal compétent est en général celui de l'acteur, conformément aux règles de l'article 59 du code de procédure civile.

1 Bordeaux, 1er avril 1867 (DP. 68. 2. 8); trib. de la Seine, 16 octobre 1867 (DP. 71. 5. 378); civ. cass. 8 décembre 1875 (DP. 76. 1. 359).

CHAPITRE VII.

DU PUBLIC.

154. Pour les auteurs et les artistes, le public est le juge souverain qui consacre par ses applaudissements ou ses sifflets le succès ou la chûte d'une œuvre dramatique et proclame le talent ou la médiocrité des interprètes de la pièce. Vis-à-vis du directeur au contraire, les spectateurs jouent le rôle d'une partie contractante qui achète le droit d'entrer au théâtre et remplit ainsi la caisse de l'entreprise.

155. Pendant longtemps le prix des places fut abandonné à la volonté des comédiens qui le fixaient librement ; mais la troupe de l'hôtel de Bourgogne ayant « sans permission exigé du peuple sommes excessives », une ordonnance de Henri IV du 12 novembre 1609 défendit aux acteurs de prendre « plus grande somme des habitants et autres personnes que de cinq sous au parterre, et dix sous aux loges et galeries ; et en cas qu'ils y aient quelques actes à représenter où il conviendra plus de frais, il y sera pourvu sur leur requeste préalablement communiquée au procureur du Roy. » Le succès des *Précieuses ridicules* fit doubler en 1659 le prix des places qui alla en progression croissante, de manière qu'en 1667 Boileau pouvait dire dans sa satire neuvième :

> Un clerc pour quinze sous, sans craindre le hola,
> Peut aller au parterre attaquer Attila.

Le prix du parterre, où prenaient place les pages et autres ordures de l'humanité, selon le mot de Scarron, fut notablement augmenté pendant le XVIIIe siècle : il est nécessaire de dire qu'on y avait placé des banquettes, et que les spectateurs, qui primitivement devaient rester debout pendant toute la durée de la représentation, eurent la facilité de s'asseoir.

156. A côté des entrées payées à la porte, on trouve dès le XVIIIe siècle les abonnements et les entrées à vie : certaines personnes, bourgeois et grands seigneurs, avaient l'habitude de n'acquitter la location de leurs loges qu'au bout de plusieurs années, et encore elles ne l'acquittaient pas toujours [1]. Le registre de la Grange atteste enfin qu'il existait un grand nombre d'entrées gratuites : certains personnages de la cour qui trouvaient probablement que leur présence honorait suffisamment la comédie, jugeaient bon, comme celui sans doute dont Molière, dans les *Fâcheux*, nous a décrit la bruyante entrée sur la scène, de ne jamais payer leurs places. [2] Cet abus, imité par un grand nombre d'officiers, excita les réclamations de Molière qui se plaignit à Louis XIV : le roi défendit en conséquence « à toutes personnes de quelque qualité et condition qu'elles fussent, même aux officiers de sa maison, gardes, gendarmes, chevau-légers, pages de Sa Majesté, de la reine, des princes et princesses du sang, des ambassadeurs et à tous autres d'entrer au spectacle sans payer. » Cette réforme excita des troubles sanglants : une bande de mécontents prit d'assaut le théâtre, tua le portier et voulut mettre à mort tous les acteurs. Ces scènes qui se renouvelèrent à l'hôtel de Bourgogne, firent édicter de nombreuses ordonnances qui défendirent de stationner près des théâtres et d'y entrer avec des épées ou des armes à feu. [3]

157. L'arrêté ministériel du 25 avril 1807, afin de parer aux inconvénients qui pourraient se produire, édicta dans son article 17 la disposition suivante : « Les spectacles n'étant point au nombre des jeux publics auxquels assistent les fonctionnaires en leur qualité, mais des amusements préparés et dirigés par des particuliers

1 Jousselin de la Salle. *Souvenirs dramatiques*, *Revue française*, n° 109.

2 *Mém. inéd. sur la Com.-Franç.* par M. Regnier, dans le *Monde dramatique*, 1re année.

3 On trouvera dans le t. IV du *Traité de police* de de la Marc, un grand nombre d'ordonnances relatives à ce sujet : le public, paraît-il, ne s'y conformait pas facilement, puisque les 16 novembre 1720, 18 janvier 1745, 24 décembre 1769, et 2 avril 1780, on sentit le besoin de prohiber l'entrée gratuite de l'Opéra et des Comédies à tous les personnages que nous venons d'énumérer.

qui ont spéculé sur le bénéfice qu'ils doivent en retirer, personne n'a le droit de jouir gratuitement d'un amusement que l'entrepreneur vend à tout le monde. Les autorités n'exigeront donc d'entrées gratuites des entrepreneurs que pour le nombre d'individus jugé indispensable pour le maintien de l'ordre et de la sûreté publique. »

Ces dispositions, rappelées souvent dans la suite, ont été complétées dans ces derniers temps par une loi des 21 mars-2 avril 1872 qui, sur la proposition de M. Claude (de Meurthe-et-Moselle), a supprimé toutes les entrées et loges de faveur concédées aux ministres, ministères, secrétaires généraux, beaux-arts, architectes, domaine, préfecture de la Seine, préfecture de police, et Académie française. (Séance du 20 mars 1872. — *Journal officiel* du 21.)

158. De plus, la fixation du prix des places qui, avant le décret du 6 janvier 1864, appartenait à l'administration, est aujourd'hui complètement abandonnée à la volonté des directeurs ; seuls, les théâtres subventionnés par l'Etat ou par les communes échappent à cette règle générale, et le tarif des entrées est encore soumis par les cahiers de charges de ces entreprises au contrôle de l'autorité.

159. L'exploitation d'un théâtre n'étant plus à l'heure actuelle qu'une entreprise purement industrielle, le billet d'entrée est une marchandise que le directeur vend à tous au prix qu'il lui plaît. Les anciennes ordonnances, notamment celle du 16 novembre 1720 défendaient « à tous domestiques portant livrée, sans aucune exception, d'entrer à la Comédie ou à l'Opéra, même en payant. » La loi qui reconnaît aujourd'hui l'égalité civile de tous les Français, a fait nécessairement disparaître ces vestiges du passé : le directeur ne pourrait même exiger des spectateurs qui se présentent dans une mise décente, une toilette plus ou moins recherchée, telle que l'habit pour les hommes et la robe de soirée pour les dames. (Paris, 17 juin 1831 : *Gazette* du 18, id. 12 octobre 1837, *Gazette* du 13.)

160. Nous étudierons dans deux sections :

1° Les droits qui résultent d'un billet de théâtre pour celui qui en est porteur ;

2° Les droits qui compètent aux abonnés et aux titulaires d'entrées.

SECTION I.

Des droits qui résultent d'un billet de théâtre pour celui qui en est porteur.

161. Tous les billets de théâtre, qu'ils soient achetés à titre onéreux ou qu'ils soient gratuits [1], qu'ils aient été délivrés au contrôle ou acquis sur la voie publique [2], confèrent à la personne qui les représente certains droits qu'il importe d'examiner.

162. Le premier de ces droits est celui d'exiger non seulement une place quelconque d'une catégorie déterminée, mais la place même dont le numéro est indiqué sur le ticket. Le spectateur peut se refuser à accepter un strapontin ou un autre siège que celui qui est désigné sur son billet, et, en cas de refus de l'administration, il a droit non seulement au remboursement de sa place, mais encore à des dommages-intérêts. Le directeur, par suite du contrat qui intervient entre lui et le public, s'oblige à livrer une chose spécialement individualisée : tout manquement à cet engagement entraîne à sa charge la résiliation du contrat (art. 1184 et 1142 C. civ. : Trib. de Paris, 4 janvier 1861 : *Gazette* du 5).

163. Le second droit du spectateur est d'exiger que la pièce annoncée par l'affiche soit représentée : l'affiche constitue, en effet, une offre et une promesse qui obligent l'administration du théâtre. Il arrive parfois qu'un événement imprévu empêche l'exécution des œuvres qui avaient été annoncées : dans ce cas, l'objet que les parties ont eu en vue lors du contrat faisant défaut, le spectateur

1 Paris, 3 janvier 1839. — *Gazette* du 5.

2 Paris, 20 juin 1861. — *Gazette* du 21.

est en droit de réclamer le prix qu'il a payé et ne peut être forcé de subir un autre programme que celui qu'il a primitivement accepté. En cas de changement de spectacle, les ordonnances de police exigent que le directeur avertisse le public au moyen de bandes blanches, appliquées sur les affiches du jour avant l'ouverture de la salle (art. 35, ord. du 1er juillet 1864). — Les personnes qui malgré cette annonce s'introduisent dans le théâtre, sont censées adhérer *ipso facto* aux modifications proposées par l'administration.

164. Le public peut exiger que la représentation ait lieu à la date fixée et avec les interprètes qu'on lui a annoncés : mais est-il fondé à se plaindre à raison des coupures ou des mutilations opérées dans la pièce ?

La question s'est présentée devant le tribunal de Paris dans une espèce assez curieuse. Un amateur de musique prit un billet d'entrée à l'Opéra où l'on donnait la traduction du *Freyschütz* de Weber : cet ouvrage, par suite des nécessités de l'adaptation à la scène française, avait été l'objet d'un certain nombre de suppressions et d'arrangements. Le spectateur, prétendant qu'il ne reconnaissait pas dans cette reproduction imparfaite l'œuvre magistrale du compositeur allemand, assigna le directeur de l'Opéra en restitution du prix de sa place. Son action fut repoussée par les tribunaux qui décidèrent que s'il est regrettable qu'une affiche annonce comme intactes des œuvres tronquées à la représentation, le public ne peut, lorsque ces mutilations existent dès l'origine et que par suite il a dû s'y attendre, former une action en dommages-intérêts. (DP. 54. 3. 7.)

165. Il y a enfin un dernier droit que, selon Boileau, on achète en entrant à la porte : c'est celui de manifester son appréciation sur le mérite de l'ouvrage ou le talent des artistes, par des applaudissements ou par des sifflets.

166. A côté des personnes qui expriment librement leur opinion indépendante, il existe dans tous les théâtres une catégorie d'individus dont le métier consiste à applaudir bruyamment : ces entrepreneurs de succès, qui ont reçu dans le langage usuel le nom de claqueurs, sont payés par les directeurs pour entraîner par l'exemple de leur approbation enthousiaste les suffrages de la foule. En fait, voici comment les choses se passent : l'administration se met en rapport avec un individu auquel elle distribue un nombre de billets déterminé, à la charge par lui de faire une ovation à telle pièce ou à tel artiste. Ce chef de claque qui, — si l'on en croit certains auteurs, — gagnerait dans plusieurs théâtres des sommes très importantes, amène chaque soir avec lui un certain nombre d'individus qui soulignent par leurs applaudissements les passages qu'on leur signale. Cette claque qui, dit-on, est indispensable, a donné lieu à bien des procès : les tribunaux appelés à se prononcer sur les conventions de la nature de celle que nous venons d'indiquer, n'ont jamais hésité à les déclarer contraires à l'ordre public. Elles sont nulles comme basées sur une cause illicite, et ne peuvent à aucun point de vue être légitimées. (Paris, 23 juillet et 8 août 1853 [DP. 53. 5. 450].)

167. Notre génération n'a plus ce profond enthousiasme de l'art qui transformait parfois le parterre en une arène de combattants : les manifestations de défaveur sont aujourd'hui assez peu dangereuses, mais elles sont souvent assez bruyantes et se traduisent ordinairement par des sifflets. On a demandé si la loi pénale atteignait ceux qui expriment leur opinion de cette manière. En règle générale, dit la Cour de cassation (arrêt du 25 juillet 1846 [DP. 4. 39],) le fait de siffler au théâtre ne constitue pas une contravention, et ne peut être assimilé au tapage injurieux et nocturne : toutefois, lorsque l'administration municipale prend un arrêté défendant de siffler dans telle ou telle circonstance, celui qui enfreint ses dispositions se rend passible des peines de simple police édictées par l'article 471, § 15 C. pén. — (Art. 3 et 4, tit XI. L. 24 août 1790).

168. Disons enfin un mot de la critique théâtrale.

Le journaliste peut librement discuter le talent d'un artiste, mais il doit garder le silence le plus absolu en ce qui concerne sa personne : d'ailleurs, la critique dramatique doit avant tout être impartiale et ne pas dégénérer en un dénigrement systématique. L'acteur qui serait en proie à la malveillance continuelle d'un journal et serait l'objet d'articles inspirés par l'intention de lui nuire, pourrait évidemment s'adresser aux tribunaux et former sinon une action en diffamation, tout au moins un procès en dommages-intérêts. (Trib. corr. de Lille, 15 juillet 1845 ; *Gazette* du 19. — Trib. corr. de la Seine, 22 novembre 1850 ; *Gazette* du 23.)

Section II.

Des droits qui appartiennent aux abonnés et aux titulaires d'entrées.

169. Les abonnements peuvent affecter des formes variées, et les combinaisons adoptées par les directeurs de théâtres sont extrêmement multiples : les principales sont l'abonnement au mois ou à l'année pour une place déterminée et l'abonnement aux places vacantes.

170. Les abonnements sont soumis aux règles générales des articles 1708 et suivants en matière de louage : le directeur est obligé de faire jouir l'abonné de la place qu'il lui a promise, et il est tenu à la garantie de droit.

171. Les abonnés jouissent de tous les droits que nous avons examinés dans la section précédente, sauf de celui d'exiger la représentation annoncée par l'affiche : ils doivent à cet égard s'incliner devant les changements qu'il plaît au directeur d'introduire. Ils peuvent toutefois réclamer le nombre de représentations promis par le contrat, et demander que la composition de la troupe soit conforme au tableau qui leur a été présenté par l'administration théâtrale. Lorsque leur abonnement est suspendu conformément à la convention, ils sont obligés de payer leur place : de plus les abonnements sont absolument personnels et incessibles.

172. Les personnes qui sont titulaires d'un droit d'entrée ne peuvent pas, comme les abonnés, prétendre en général à une place déterminée : elles peuvent seulement s'emparer des sièges qui ne sont pas occupés. La durée de ces entrées est fixée, nous l'avons vu, soit par la convention, soit par les règlements du théâtre. Un arrêt de la Cour de Paris du 18 janvier 1875 a nettement précisé les devoirs de ceux qui ont droit aux entrées : ils ne peuvent se faire délivrer une place au bureau de location, et lorsqu'il ne reste plus de fauteuils vacants, ils ne peuvent réclamer aucune indemnité. (Journal le *Droit* du 20 janvier 1875).

POSITIONS

DROIT ROMAIN.

I. Les acteurs n'encourent pas la *capitis deminutio* (page LX).

II. Les acteurs qui montent sur la scène *quæstûs causâ* encourent seuls l'infamie (page LXI).

III. Pour que l'infamie soit encourue, il faut que le théâtre soit public (page LXII).

IV. La censure théâtrale n'existait pas à Rome (page XLIII).

V. Les acteurs ne pouvaient ni céder leurs créances ni se rendre cessionnaires des créances d'autrui (page LXXI).

VI. Même avant le sénatus-consulte rendu sous Marc Aurèle (L. 16 *de Ritu nuptiarum*), les mariages contractés contrairement aux prohibitions des lois Julia et Papia Poppœa étaient frappés de nullité (Conf. *Accarias*, t. I, page 170).

VII. Lorsqu'un préteur désigné meurt avant d'avoir donné ses *editiones*, ses fils et ses filles sont tenus concurremment de remplir cette obligation. (Conf. Godefroi, commentaire de la loi 17 *de Prætor*. Cod. Theod. Lib. VI, tit. IV).

DROIT CIVIL.

I. La femme peut, au cas de refus arbitraire du mari, être autorisée par les tribunaux à contracter un engagement théâtral (page 151).

II. La femme, mariée sous le régime de communauté, et qui exerce la profession d'actrice, ne peut toucher seule ses appointements (page 153).

III. Les acteurs n'ont pas, sur l'actif du directeur, le privilège accordé aux gens de service par l'art. 2101, § 4, C. civ. (p. 153).

IV. Ils ne peuvent prétendre davantage au privilège de l'article 549, C. com. (page 155).

V. Toutefois, ils peuvent avoir un droit de préférence sur le cautionnement du directeur, lorsque le cahier des charges stipule que ce cautionnement est affecté au paiement de leurs appointements (page 156).

VI. Les hospices n'ont aucun privilège pour le recouvrement du droit des pauvres (page 95).

VII. Les billets d'auteurs, lorsqu'ils sont la représentation d'une partie des droits d'auteurs, sont soumis au droit des pauvres (page 94).

VIII. Les acteurs ne sont pas justiciables des tribunaux de commerce (page 170).

IX. La grossesse d'une actrice non mariée ne peut être invoquée par elle comme cause de résiliation de son engagement sans dommages-intérêts (page 165).

X En cas de collaboration, le consentement de chacun des auteurs doit être requis pour la représentation de la pièce par le directeur de théâtre (page 115).

XI. Toutefois, malgré les termes de l'article 428, C. p., qui exige que l'autorisation soit donnée par écrit, l'auteur ne serait pas fondé à réclamer la sanction édictée par cet article, s'il était établi qu'il a donné verbalement son consentement à l'exécution de l'ouvrage (page 117).

XII. Lorsqu'une œuvre, qui est restée au répertoire, est reprise par le directeur de théâtre où elle avait été reçue, l'autorisation de l'auteur ne doit pas être sollicitée (page 112).

DROIT ADMINISTRATIF.

I. Le principe de la séparation des pouvoirs s'oppose à ce qu'un tribunal civil ordonne la continuation des représentations d'une pièce interdite par l'autorité administrative, ou condamne le ministre à des dommages-intérêts à raison de cette interdiction (page 74).

II. La décision d'un ministre qui défend la représentation d'un ouvrage dramatique n'est pas susceptible d'un recours devant le le Conseil d'Etat si ce n'est pour incompétence ou excès de pouvoir (page 74).

III. Le président d'un tribunal civil ne peut statuer en référé sur les questions relatives au droit des pauvres (page 97).

IV. La compétence spéciale et provisoire accordée à l'autorité chargée de la police des spectacles, n'appartient qu'au maire et à ses adjoints et non aux commissaires de police (page 169).

DROIT PÉNAL

I. Les pénalités édictées par les lois des 30 juillet 1850 et 30 juillet 1851 contre ceux qui enfreignent les dispositions relatives à l'examen préalable des ouvrages dramatiques, ne peuvent plus être appliquées aujourd'hui. Toutefois le décret du 30 décembre 1852, ayant le caractère d'un règlement général de police, ces contraventions tombent sous le coup de l'art. 471 § 15, C. p. (page 78).

II. Le fait de siffler au théâtre ne peut être assimilé au tapage nocturne et ne peut être punissable en l'absence d'un arrêté municipal qui l'interdit (page 180).

III. Le décret du 28 mars 1852, qui interdit et punit la contrefaçon, sur le territoire français, d'ouvrages *publiés* à l'étranger, ne s'applique pas à la représentation des œuvres théâtrales (page 113).

DROIT DES GENS

I. L'art. 9, C. civ., qui décide que l'étranger, né en France d'un étranger, peut réclamer la qualité de Français dans l'année qui suit sa majorité, se réfère à la majorité déterminée par la loi du pays auquel cet étranger appartient jusqu'à sa réclamation, et non à la majorité française.

II. L'acquisition de la qualité de Français, en vertu de l'art. 9, C. civ., n'est pas rétroactive au jour de la naissance de l'étranger et n'a d'effet que pour l'avenir.

III. L'enfant né d'une femme française, qui a perdu sa nationalité en épousant un étranger, peut invoquer le bénéfice de l'art. 10, alinéa 2, C. civ.

Vu
Ce 27 *Avril* 1880.
Le Doyen de la Faculté, Président de la Thèse,
Daniel de Folleville.

Permis d'imprimer :
Ce 27 *Avril* 1880.
Le Recteur,
FONCIN.

TABLE DES MATIÈRES

DROIT ROMAIN

DROIT FRANÇAIS

PREMIÈRE PARTIE

Législation administrative.

DEUXIÈME PARTIE

Lille.—Imp. Lefebvre-Ducrocq

www.ingramcontent.com/pod-product-compliance
Ingram Content Group UK Ltd.
Pitfield, Milton Keynes, MK11 3LW, UK
UKHW020315230726
13925UKWH00002B/429